怎样说话
不伤孩子

父母说对了，孩子才优秀

静涛 ◎ 著

立信会计 出版社
LIXIN ACCOUNTING PUBLISHING HOUSE

图书在版编目（CIP）数据

怎样说话不伤孩子/静涛著.—上海：
立信会计出版社，2015.1
　　（去梯言）
　　ISBN 978-7-5429-4387-3

　　Ⅰ.①怎…　Ⅱ.①静…　Ⅲ.①家庭教育－通俗读物
Ⅳ.①G78-49

中国版本图书馆CIP数据核字（2014）第263576号

策划编辑　蔡伟莉
责任编辑　陈　昕
封面设计　久品轩

怎样说话不伤孩子

出版发行	立信会计出版社			
地　　址	上海市中山西路2230号		邮政编码	200235
电　　话	（021）64411389		传　　真	（021）64411325
网　　址	www.lixinaph.com		电子邮箱	lxaph@sh163.net
网上书店	www.shlx.net		电　　话	（021）64411071
经　　销	各地新华书店			

印　　刷	北京柯蓝博泰印务有限公司		
开　　本	720毫米×1000毫米	1/16	
印　　张	19.25	插　　页	1
字　　数	247千字		
版　　次	2015年1月第1版		
印　　次	2018年1月第6次		
书　　号	ISBN 978-7-5429-4387-3/G		
定　　价	36.00元		

如有印订差错，请与本社联系调换

前　言

天下父母无不盼望自己的孩子成龙成凤，但大多数的中国式家庭教育让我们看到，许多孩子没有在父母的打骂中成功，也没有在老师的严厉管教下成材。而多数实例证明，恐吓、吼叫、打骂、争吵、批评、斥责、冷处理等方式在教子问题上起到的作用并不大，甚至起到了反作用。一些孩子表现出来的叛逆、不听话、不顺从、不服软、爱撒谎、离家出走等不良后果，很多时候都是因为沟通方式不当造成的。传统的棍棒教育可能会起作用，但只是暂时的，不会持久。其实，要想培养乖巧听话的好孩子，只要改变一下与孩子间的沟通方式就对了。聪明父母会说也会听，在言语上做到不伤害孩子，从而促进家庭和谐，让孩子更优秀，更可爱。

以下是我们常见的几种教子方式，听上去很平常，却殊不知这种语言方式很可能已伤害到了孩子敏感的自尊心。

教育孩子说得最多的莫过于：

"你这孩子怎么那么不听话？"

"我说过多少遍了，你就是不长记性是吧？"

"你等着，看我抽出工夫怎么揍你！"

"看你那德行，早知这样我生你干啥？"

"你能不能说句话？哑巴啦？"

"你可真笨，我就没见过这么笨的孩子。"

面对孩子的行为，做父母的常常忍不住这样脱口而出。是的，天凉了让加衣服就是不加，地板凉可就是要打赤脚，就是不爱刷牙，就是要把饭弄得满桌子都是，就是不叫叔叔阿姨，就是要把屋子弄得乱七八糟，到吃饭的点了还要看电视，就是不愿意做作业等，怎么说都不听。

无数家长为此烦恼，家里充满呵斥和吵嚷声，甚至为此打骂孩子。可是这样没用，火药味越浓烈，问题就越难解决。

家长爱孩子，对孩子严格要求并没有错，错的是所使用的教育手段不恰当。现在有一些家长教育孩子，一不听话就训斥，就骂，就打，而不是予以尊重，耐心说服，不注重与孩子沟通。有关亲子教育的研究指出：孩子如果生活在批评之中，就学会了谴责；如果生活在敌意之中，就学会了争斗；如果生活在讽刺之中，就学会了害羞；如果生活在暴力之中、地狱之中，就会成为"魔鬼"！

所以，吼叫、打骂、冷战等，这些都不是亲子间沟通的好方法。父母如果经常斥责或打骂孩子，会造成严重的亲子隔阂，不仅让孩子失去自信，性格懦弱，而且也令大人充满失望和伤心。

天下的为人父母者，如果你的孩子不听话，改变一下你与孩子之间的沟通方式吧！认真思考一下，你怎么说孩子才会听，怎么听孩子才肯说。

在这里，我们先为各位父母透露几条亲子沟通最不可或缺的技巧和方法，让你和孩子之间说话心平气和，减少冲突，避免矛盾和顶撞。

一、倾听是亲子间拉近彼此距离的最有效方法

多一分了解，就少一分误解。父母一定要抽时间常与孩子、孩子的保姆以及孩子的老师多多沟通，只有走进孩子的心里，才能猜透孩子的想法，真正地了解孩子，理解孩子。

二、尊重是让孩子获得自尊的根本之道

有些父母总喜欢用以上对下的态度来对待孩子。对此，教育专家建议，父母对孩子要真正地放下架子，尊重孩子，才能赢得孩子的尊重。

三、心平气和比暴跳如雷更管用

在面对不听管教的孩子时，脾气暴躁的父母通常最直接的反应就是打骂。其实，此时父母应该先让自己冷静下来，尝试着走入孩子的内心，耐心地询问孩子不听管教的真正原因。当父母把心思放在了解孩子的想法，并想办法帮孩子解决问题上时，也许就会发现孩子的行为其实是情有可原的，同时也会释放掉自身的很多负面情绪，因而也会避免打骂孩子了。

四、要知道，天才都是夸出来的

赏识孩子应该发自内心，从孩子本身出发，不要盲目地拿自己的孩子与别人的孩子作比较，尤其不要把自己孩子的短处和别人孩子的长处相比，而应该看到自己孩子的长处，看到自己孩子的进步，让孩子活出属于自己的精彩。

……

想知道更多的亲子沟通秘诀，答案就在本书中！

父母的一句话，可以照亮孩子的一生，让孩子的人生充满阳光和快乐；同样，父母的一句话也可以让孩子失去信心，变得叛逆。父母的态度和语言就是有这样强大的力量。所以，聪明父母懂得在孩子面前充当朋友、知音、爱神和智者等多重角色。

《怎样说话不伤孩子》用温馨暖人的亲切话语向天下父母和孩子们传递正能量，通过列举家庭生活中亲子沟通存在的种种问题，阐述了父母的言语管教对孩子的成长具有怎样的影响和作用。

书中用积极的、正面的、有效的沟通方式来终止亲子间的言语伤害，避免了父母和孩子在日常生活和学习中的交流误区，从而促进亲子感情，拉近父母与孩子的心灵距离，使家庭氛围更加和谐，亲子关系更加融洽。对孩子进行正面沟通，有助于培养孩子快乐、积极、健康、开朗、勇敢、自信等美好健全的人格和情商，有助于孩子拥有积极健康的心态和幸福快乐的人生。事实表明，能跟父母进行良好沟通的孩子人际关系会更融洽，更受人欢迎。可以说，父母与孩子做好完美沟通，是家庭教育的关键。

目 录

第1章

做孩子的知音，用倾听读懂孩子的内心世界

与孩子进行真正的心灵沟通

雨琦是个出色的"小明星"，各方面都很优秀，喜欢她的男同学经常送礼物给她。面对刚刚步入青春期的女儿，妈妈坦然地教她自然地看待这样的事，同时教她怎样友善地拒绝男孩子们的礼物。女儿很顺利地处理好了这些事情，没有过早地陷入情感的波动中。美好的青春总伴随着几多烦恼，尤其是对女孩子，母亲的角色在沟通中更能够显示出优势。

当父母的给孩子的最好礼物是什么？是沟通。在现实生活中，常听到一些做父母的感叹："孩子长大了，就不听我们的话了。"其实，这主要是父母与孩子缺少沟通所致。沟通，是指通过谈话或其他方式进行相互了解。父母与子女之间需要沟通，需要相互间的了解和谅解，这样才能更融洽地生活。可以说，沟通是做父母的都应学会的一门艺术。

为什么相当多的中国家庭缺少沟通而不自觉呢？因为在我们的国度里，传统的不民主的家庭教育模式影响太深了。不少家庭对孩子是：批评多于表扬，禁止多于提倡，指责多于鼓励，贬低多于欣赏，威胁多于启发，命令多于商量。在这样的背景下，孩子处在不被尊重的地位，双方之间怎么可能产生真正的心灵沟通呢？

许多家长自己就是在传统观念的影响下长大的，没有意识到家长与孩子的沟通对孩子的成长是多么重要。亲子间沟通的重要性至少有三点。

（1）家长与孩子如果不能沟通，实际上会完全丧失教育权力。对于在校园暴力中受侮的学生自杀的事件，人们感到奇怪，为什么这些孩子受到欺负不敢向家长述说，非要选择自杀这条路呢？其实主要原因之一就是因为亲子间平日缺少沟通，孩子误认为如果告诉家长，家长不会相信，自己反而会挨打。可见，亲子间如果不能有效沟通，孩子远离家长，实际上等于家长完全丧失了教育权力。

（2）如果家长与孩子不能进行有效地沟通，肯定会降低教育效果。现在不少家庭所谓的家庭教育也只是在表面进行。这主要有三种表现：一是无的放矢，家长对孩子的需要不了解，只是一厢情愿地向孩子唠叨；二是误解孩子，家长主观地判定孩子的问题，然后进行教育；三是空洞说教，家长对孩子的接受水平不了解，想用成人熟悉的"有分量"的概念去打动、启发孩子。

（3）沟通是减缓压力的良方。在竞争日趋激烈的今天，孩子们一方面有着优厚的生活条件和良好的学习环境，一方面又要承受越来越大的精神压力，这种压力多来自学业。于是一些孩子开始厌学，一些孩子产生考试恐慌症。在这种情况下，如果家长还进一步地给孩子施压，效果往往并不好，而家长的理解和良好的沟通则能够大大缓解这种压力。郑州的一位同学在小学升初中模拟考试前夕非常紧张。妈妈就对他说，所谓考试就是考考试试，接着拿自己新近岗位竞聘的经历做例子，鼓励儿子只要考出自己应有的水平就行了。儿子一下子释然了。在母亲的帮助下，他慢慢学会了保持良好的心态去战胜自我、迎接挑战。

亲子正面沟通秘诀

沟通是做父母的都应学会的一门艺术。

1.注意听孩子在说什么

当孩子向你谈他感兴趣的问题时，要集中注意力听，不要似听非听，或者一边做其他事一边听。如果正在做十分紧急的事，不妨跟孩子先说一声，取得孩子谅解。

2.耐心听完孩子的话

即使一开始就不同意孩子的意见，也要耐心听完，充分了解他的看法。要以交换意见的方式发表自己的看法，不要唠叨说教而不考虑孩子的意见。

3.用尊重的语气发言

用尊重的语气而不是教训的语气发言。尊重孩子会使孩子也尊重你，教训孩子常常带来他们的反感和对立，只会产生相反的效果。

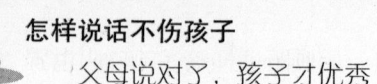
4.帮助孩子认识自己

父母要正视孩子自我意识的增长和认识能力的提高，指导、帮助他们正确认识自己所处年龄阶段的生理、心理特点，明确指出他们自身尚存的幼稚性、依赖性和认识上的片面性。

5.可以试着让孩子"参政"

家里的事也可以征求孩子的意见，如果他的意见合理或与大人的意见一致，就以他的意见作出决定，这样可以增加他的"参政（家政）感"和责任感，从而促进家庭关系的和谐。

父母要平等对待孩子，设身处地地为孩子着想，努力达到与孩子的相互理解，用经验和成熟的思考引导孩子，但不能一味将自己的喜好强加于孩子。

认真倾听，解开孩子的心结

场景一："妈妈，我没有某某漂亮和优秀，也没有某某讨人喜爱，你是不是很失望？"孩子感到自卑。妈妈看着孩子的眼睛，抚摸着孩子的头告诉孩子："孩子，你和她一样优秀！能看到别人的优点，这就是你最大的长处，我喜欢你做我的女儿，也因此感谢老天的恩赐。"

场景二："我早晨到校晚了，没有做好值日，老师罚我值日一个星期。老师就知道罚，真烦人。"孩子怨气很大。父亲这样安慰孩子："为了做好班级工作，老师奖罚分明，学生应该理解。在班级里，每一个学生都应当承担一份工作，并把它做好，这是应尽的义务。老师罚你做值日，也不是一件坏事情，可以增强你的责任意识，对你今后的成长很有益。"听了父亲的话，孩子的怨气消去了大半。

场景三："我们班调皮孩子多，纪律涣散，老师让我当班干部，我才不愿意费力不讨好呢。"孩子对老师安排的工作有抵触情绪。母亲这样开导孩子："这可是老师对你的信任呀，老师这样信任你，说明你有能力做老师的小帮手，我看你不应该失去这次锻炼机会，更不应该让老师失望，妈妈相信你能挑起这副重担。试试吧，你一定会干得很出色的。"妈妈这样一番话，既告诉孩子要尊重老师，又告诉孩子要有热爱班集体的品质，要有敢于承担责任的勇气。

父母和孩子双方都在寻求这样的友谊，它能够提供足够的安全感使我们在表达思想的同时也流露出感情。与我们关系最密切的人通常是这样的人：他们对我们的爱能使我们表现自己的感情，而不是相反。孩子是很容易表现自己内心世界的：沮丧时会发脾气，害怕时会出汗和发抖，伤心时会大哭。能得到父母倾听的孩子在幼年时会常常哭泣和发脾气，这些都属于消除紧张与困惑情绪的自然过程。孩子的恐惧和悲伤就好比他们身上多余的负担，会影响孩子的注意力。如果孩子能充分地显露并甩掉它们，就能重新恢复他们那有爱心、有信心的与人合作的本性。

允许孩子表露情绪，直到他平静下来，对孩子是很有益的。

但是，通常我们对待孩子的情绪流露的典型反应是"采取措施"助他恢复平静。之所以这样是因为我们成年人非常担心孩子会变得没有理性，会带着偏见地观察事物。事实是，当有人给予他们起码的关心、肯定和尊重时，孩子的情绪流露肯定会改善其观察力和自信心。

孩子开始哭或发脾气时，很重要的一点是父母要持续和蔼地倾听，亲切地留在孩子身边，温和地抚摩或搂住他，讲几句关心的话，但不要多。例如，"再多告诉我一些""我爱你""发生这样的事我很难过"等。假如你在此时说话说得太多，就会在这种"交流"中凌驾于孩子之上，不能倾听孩子的话。如果你能听听孩子的想法，而不是企图"纠正"他，那么孩子会深深地感受到你的关心。孩子把自己的情绪通过发火或哭喊发泄出来后，会重新注意你和他周围的情况，而且一般说来，他会感到轻松和精神焕发。跟随着孩子的浅笑或哈欠而来的暴风骤雨似的哭泣，常常预示着孩子正在重新调整自己的意识。

当孩子感到紧张或孤独时，他可能"制造"一个情况，以使父母不得不

对他的行为给予限制。一旦父母制订出了合理的限制，孩子就会乘机哭闹发脾气，从而消除他感受到的紧张。假如此时父母能给孩子几句使他安心的话并耐心倾听他的诉说，他就能摆脱恶劣的心境，变得情绪放松、明白事理，接受父母制订的限制。不过，如果孩子身上已积累了大量的不安、愤怒或不信任感，那么他就得经过若干场哭闹才能消除掉足够多的情绪积累，从而意识到父母是爱他的。

许多父母发现，倾听孩子哭泣或发脾气而不是要求他"恢复正常"的做法，实际上要比试图控制并转移他的注意力或强迫他举止温顺有礼更容易，也更有益处。孩子在哭泣和发脾气的时候会感到自己的世界已经崩溃，而此时你向他传递你的爱可达到最佳的效果。当你留在他身边，不提任何要求，他迟早会修整好自己的世界，而你对他的关怀会成为这个世界中充满活力的一部分。

定期地给孩子"专门时间"倾诉，意味着父母开始尊重孩子的判断力，开始倾听他急于摆脱的紧张及其他感受。一开始，"倾听"几乎对于所有的父母都非常困难，因为他们现在学着要给予孩子们的关怀与"倾听"，他们自己都不曾享受过。在这陌生的领域中，父母们会感到不舒服，但是孩子的反应就是他们的向导。每一次耐心地倾听孩子们的倾诉，每一次充满探索或笑声的"专门时间"，都会说明：父母寻求的与孩子之间的爱和信任正在得到加强。

亲子正面沟通秘诀

实践证明，成功的倾听应把握以下几点。

1.要专心

每个孩子都希望自己的讲话能受到重视，他们有被尊重的心理需要。因此，家长在倾听时需精力集中、态度端正、全神贯注，尽量注视着孩子的眼睛，不要做看手表、抠耳朵、打哈欠等影响孩子情绪的动作，否则会让孩子觉得你心不在焉。

2.要耐心

不要因孩子话语过长而感到厌烦，家长要善于控制自己的情绪，耐心地听孩子把话讲完。特别是孩子发表见解或有火气的时候，更要耐心倾听，给孩子提供表达情感的机会，从而促进问题的解决。

3.要诚心

要尊重孩子，在孩子还没有充分把意见表达出来之前，不要随意表态或乱下断语，也不要随便批评。此时倾听者的坦率、真诚尤为重要，否则会产生一种距离感，影响沟通效果。即使不同意孩子的看法也不要轻易打断孩子的话，如确有必要纠正其不妥的观点，也要等孩子把话讲完后再阐明自己的观点。

如果在孩子情绪最糟时你在倾听、关切他，他会深深地体会到你对他的爱。

家长在倾听中，还要学会透过现象看本质，通过孩子的身体语言、情态，弄清话中之话，把握孩子的真实意图，从而有的放矢地做好导向工作，促进问题的顺利解决，解开孩子的心结。

关注孩子的心声，不要重才轻思想

在五年级的一节劳动课上，老师在教学生缝制椅子垫儿。正好赶上"三八妇女节"，老师就号召同学们回家后给妈妈缝一个椅子垫儿。

老师说："妈妈平时关心你们，付出了很多心血，你们也应该关心自己的妈妈。送给妈妈一个自己亲手做的礼物，这是关心妈妈的实际行动。"孩子们听了，积极性很高。

楠楠听了老师的话，回家后顾不上做作业，翻箱倒柜地找出布啊，针线啊，忙了半天，辛辛苦苦地给妈妈缝了个椅子垫儿。长这么大，他还从来没有为妈妈付出过这么多的劳动，他多希望妈妈会因为他变得懂事了而喜出

望外啊。他在一针一针缝椅子垫儿的时候，想象着妈妈回家后看到这份特殊的礼物时的高兴劲儿。他想给妈妈一个惊喜，就把缝好的椅子垫儿先藏了起来，不让妈妈看见。

妈妈下班回家，开口问道："写完作业没有？"

楠楠回答说："还没有呢。"

妈妈一下来了气："放学这么半天，你干什么了？"

楠楠说："妈妈，今天是'三八妇女节'，我给您做了个礼物。"说着拿出了藏在门后边的椅子垫儿。

他满以为妈妈会高兴呢，没想到，妈妈不但没有什么惊喜，反而一手抓过椅子垫儿，说："你弄这玩意儿干吗？不写作业？"边说边把楠楠忙了半天做的椅子垫儿拆了。

楠楠当时气得直哭，他对妈妈的一片爱心被妈妈粗暴地伤害了。他万万没想到妈妈会这样。他大失所望，不明白妈妈怎么就不懂自己的心。

如果你依然拥有一颗童心，一种孩童的眼光，这实在是令人高兴的事情。如果你已经丢失了它，请努力把它找回来。

童心的失而复得是人生的一种新境界。只有在这种境界里，你才可能走进孩子的心灵世界，成为孩子的心灵导师。物质上的给予比不上一颗真诚的心，用心去和孩子沟通吧。

教育家经常说，教育要"抓住时机"。对上例中的妈妈来说，孩子亲手给自己缝椅子垫儿，这是一个多么好的教育时机！它的意义远不止于孩子会干活儿了，其意义主要体现在人的情感上，在孩子的一针一线中浸透着孩子对妈妈的爱和关心，浸透着孩子对妈妈的感情回报。这是一个多么好的母子情感双向交流的机会呀！

专家在对中国和澳大利亚的一些父母进行测试和比较之后，发现中国父母与澳大利亚父母有一点非常明显的差别。那就是，中国的父母最重视孩子是不是听话，是不是认真、刻苦地学习，是不是遵守纪律等，相对来说不太重视孩子的情感和情绪表现。而澳大利亚父母却把孩子的情绪、情感放在相当重要的位置上，非常重视孩子平时的情绪状态，如孩子是不是高兴、乐观

等。专家们把这种现象称作"文化差异"。

你到医院去，说"我病了"，医生会问："哪儿不舒服？感冒发烧，还是哪儿不合适？"如果你说："我心情不好，老是不高兴。"医生会说："你回家吧，我治不了。"他认为你没病。

但是，如果在西方国家，医生听到你说这句话，他一定会非常重视，会认真地建议你去找一个精神科医生看一看。因为在他们那里，如果一个人情绪、情感上出了问题，会被人们当做大问题。

这种文化差异给我们的启示之一，就是我们要不要适当地转变一些家庭教育观念？比如，你望子成龙，这并没有错，谁不希望自己的孩子将来有出息？但是，孩子整天坐在那里写啊、念啊，学习、学习、再学习，他就能"成龙"吗？如果他的情绪、情感发展不正常，如果他不善于和别人打交道，如果他的"努力"和"勤奋"都是被强迫的，如果他不诚实守信，如果他冷漠无情，不善于理解别人，他将来会怎样？

教育，不要忽视心理的、思想的教育。重才轻思想，是悲剧的根源之一。

亲子正面沟通秘诀

家长如何关注孩子的心声呢？

1.最好自己也"长不大"

孩子喜欢活泼幽默的父母。在孩子面前，我们做父母的，如果像他们一样爱玩爱闹，孩子就把我们当成无话不说的朋友了。为什么不少孩子喜欢一些外教，就是因为他们从里到外都像"孩子"，孩子能不喜欢"孩子"吗？特别是充满幽默感的"大孩子"。

2.懂得情趣，懂得换花样跟孩子沟通

正面的谈话方式是可以的，但这样的沟通往往被家长演化为"说教"，结果只会让孩子觉得你啰唆，觉得你烦。所以，多给他们讲故事、谈看法、论时事，在潜移默化中影响他们的思想，这很重要。

沟通，还有一种方法，就是跟孩子共同读一本书，各拿一张纸，把看书

的感受和认识写下来，这种互相学习的感觉非常好。有心的母亲最好把这些读书笔记订起来，保留一份最珍贵的亲子沟通记录。

3.尊重自己的孩子

我们经常可以看到这样的画面：一个孩子因为某件事对母亲谈着自己的看法，孩子仰视着母亲，一脸的严肃和专注，而母亲却在忙着手里的活计，一副漫不经心的样子。孩子正讲到激动处，母亲却一声呵斥："你懂什么，小孩子家！"孩子立即低下了头，眼里闪着泪花。

这样的画面太多太多了，或许我们就时常扮演着那位母亲的角色。这种时候，孩子的内心在想些什么呢？成年人都有希望得到别人尊重的需求，那么作为独立个体的孩子是不是就不需要尊重呢？

在日常生活中，我们首先要站在孩子的立场上，设身处地体验孩子的真实感受，多一分对孩子的理解，少一分对孩子的训斥。只有这样，才能加强亲子之间的沟通，创造出孩子成长的宽松氛围。只有这样，你才可能走进孩子的心灵世界，成为孩子的心灵导师。

4.做孩子最好的朋友

一位母亲经常对孩子说："你和妈妈是好朋友，你的喜怒哀乐牵动着妈妈的心：你高兴，妈妈就快乐；你遇到不顺心的事情，妈妈会比你更难过的。无论你遇到什么事情，妈妈都会给你出主意，一同和你商量解决的办法，绝不会因为你的所作所为而痛骂你的。"因此，她的孩子对她很信任，也愿意和她讲真话。

每天抽出一点时间和子女做些沟通

小良家买了新房子。这天晚上，爸爸妈妈在商量怎样装修新房的事情。小良在旁边认真地听着，他一直梦想有一个属于自己的房间，他仔细地听着爸爸妈妈说话，想知道他们如何装修他的房间。

说着说着，爸爸妈妈就自然地提到了小良的房间的装修问题。

"小良的房间怎么装修呢？"妈妈问道。小良一下子就竖起了耳朵。

"还能怎么装修？放张书桌，放一张小床就行了！"爸爸轻描淡写地说道。

"不，我想把我的房间刷成淡淡的蓝色，我想要一个和床一体的书架。还要有个电脑桌……"小良忍不住插嘴道。

"你怎么那么多话？哪里有精力给你弄！你懂什么？小孩子的房间越简单越好，讲究的是实用！"妈妈不耐烦地说道。

"可是，我们班的板报设计一直都是我做的，大家都说好，我就想自己设计自己的房间……"小良小声嘟囔了一句，见爸爸妈妈盯着自己看，连忙低下了头。

"你脑子里整天都在胡思乱想什么，今天你这样想，谁知道明天你又怎样想？房间里弄得花里胡哨的，像什么样子？"爸爸也在旁边呵斥了一句。

小良的眼泪一下子流了下来。

这是一个9岁的德国小女孩英格在学校里写的一篇短文，讲的是她参加家庭集体会议的亲身经历："我们开了一次家庭会议，为什么？我们有时候出现问题，可是我们又不愿意实实在在地说出来。部分原因是由于害怕，部分原因是觉得丢脸。家里的人全都是这样，包括我们的父母和我们这些孩子。一直到母亲说：'我的心理医生对我说，如果大家愿意痛痛快快地说出心里话，那就应该举行一个家庭会议，在会议上每个人都可以发表自己的意见。'于是我们每人买了一个笔记本，在上面记下（我弟弟是在上面画上）所有其他人对他做错的事情。我们规定一个时间举行会议，每次会议结束时选出一个新的领导人，由他来办所有的事情。从那以来我们觉得情况好了很多。"

在家庭中沟通是最重要的，是对沟通技能、方法的掌握与学习，这些与孩子未来社会适应能力的高低紧密相连。如果一个孩子从小在家庭中能够同别的成员进行很好地沟通，当他步入社会时，也能很好地与人沟通。

亲子正面沟通秘诀

家长与孩子出现沟通危机，如果说是因为家长忙，那是大人的自我推脱，最主要的原因是做父母的不注重孩子的生理和心理变化，缺乏和孩子沟通的技巧。家庭教育不是"正规教育"，而是一种生活教育、实践教育，家长是孩子的首任老师，家长与孩子沟通时要淡化学校教育的色彩。而在现实生活中，家庭教育学校化现象很普遍，孩子到学校的任务是学习，可回到家里，家长仍然追着孩子的学习不放，孩子自然会很反感。

经常有家长向教育专家咨询：和孩子每天沟通多长的时间比较合适？如果家庭教育规定出时间，那样就太刻板了，家庭教育要融入日常生活中，应随时随地、自然而然地进行。

再忙的父母，每天都该空出一点时间来和子女作些沟通。那么，如何在和谐的家庭环境中与孩子实现有效沟通呢？

1.定期举行家庭会议

家庭会议既可以是严肃的，也可以是游戏式的，它并不拘泥于形式和内容，只要是家庭内的事，无论大小都可以通过"会议"这一渠道来沟通和决定。关键是要全体参与，人人发表意见，以保证它是平等的。为什么要定期呢？定期，容易使之渐渐成为家庭成员共有的习惯，成为家庭"惯例"。

2.安排父母与孩子独处的黄金时间

"黄金时间"是指父母每天或每星期抽出一段时间，让孩子决定在这"黄金时间"中的活动。孩子可向父母说出心底的话，而父母一定要用心倾听，了解孩子的感受，但不要立刻下判断。孩子亦可以要求与父母玩各种游戏。父母关心孩子在学校的表现、与朋辈的关系是理所当然的事，若能每天抽出时间与孩子相处，让他们自由发挥，他们便更容易向父母倾诉心中的想法。

3.有一本专门的对话本

这是一种纸上的对话，旨在交换意见和感受。对含蓄的中国父母来说，不宜口头探讨的问题，如青春期的生理保健等，用文字说明更方便些。之所

以要用专门的本子，是为了平时可以"回顾"，将来可以"回味"。

4.对一时不能达成共识的问题，先微笑着将其保留

国外的教育学家、心理学家经过认真研究，提出"微笑协商解决冲突"法。其具体步骤为：分析确定冲突是什么；分析判断冲突的实质是什么；找出解决这一冲突的各种办法；分析冲突一方不能接受的解决方法；找出冲突双方都能接受的解决方法；实践并检验、调整双方都能接受的解决方法。

缺少沟通的生活是没有生气的枯燥的生活，父母与子女的沟通是情感的需要也是成长的需要。让沟通成为我们生活中重要的一部分，通过沟通让生活变得更美好。

父母应该真诚地向孩子敞开心扉

刘先生不苟言笑，严肃古板，是一位典型的威权父亲，他可能从来未曾体会到孩子的感受，也可能从来没能欣赏孩子的笑容。他负责社区的清洁工作，社区的孩子们都知道，刘先生很凶，脾气暴躁，没人敢接近他。

刘先生的孩子们都惧怕父亲，碰到父亲在场，尤其是吃饭的时候，都不敢讲话。孩子先帮他把饭盛好，稍有一些地方不符合父亲的意思，就得挨骂。有时邻居能亲眼看见，他的小孩在做家务时，动作稍微慢一点儿，他就大吼大叫，孩子们都吓得不敢讲话，低着头拼命做事。

孩子们慢慢长大，都离开了家庭。后来，刘先生年老体衰，生病了，没有一位孩子愿意去照顾他，唯独年老的老伴在身旁照顾。病症愈来愈严重，刘先生去世了，而他跟孩子的关系也随风而逝。

刘先生不爱他的孩子吗？他像牛马般地努力工作，难道不是为了家人幸福？只是因为时代与文化环境的局限，让他的观念跟不上时代，变得僵化，不知该如何跟孩子们有效沟通，如何温情相处。他的苦，不是他自己愿意的啊！每当看到许多孤单而受苦的老父亲们，我们的内心难道就没什么感触吗？

传统父亲在孩子的心目中"既熟悉，又陌生"。有一位接受调查的成员无奈地说出自己对父亲的感觉："我的父亲是个非常严肃的人。从很早以前，我们的沟通就很少、很浅，单独和父亲相处，竟会带给我许多焦虑和不安。并不是因为我畏惧他，而是不知道如何处理与一位陌生人相处所带来的情绪和反应。即使到了今日，我明白这样的关系是我心中一个难解的结，但我依旧不知如何与父亲接近。"

这种父亲往往都坚持父亲的权威不容侵犯。若孩子"不听话""不乖"，等于是漠视他的命令或者是忤逆他。这会使他感觉权威地位的动摇，因而他就会采取非常手段以巩固他一家之主的地位。即使他自己做错事，也不愿向孩子道歉。这种父亲对其他人都可以道歉，唯独对自己的小孩不行。一个拥有健康人格的孩子，会愿意长期忍受父亲如此的教导方式吗？

父母一味地要求孩子向自己敞开心扉是不行的，父母也需要向孩子敞开心扉。只有向孩子敞开自己的心扉，才能得到孩子的认同，从而促进亲子关系的发展，建立良好的亲子沟通关系。

当孩子关切地问父母"您为什么不高兴啊？是不是工作上有了麻烦""您有什么麻烦，能不能告诉我"的时候，父母就应该认真地考虑一下，是否应该敞开心扉跟孩子谈一谈。如果只是搪塞敷衍地说"没什么，很好"或"不关你的事，去玩你的吧"，那就等于是将孩子对父母的关心推开。

父母真诚地向孩子敞开心扉，表现了对孩子的尊重和信赖。为人父母者，若能在孩子面前以一种轻松的方式让孩子接受自己的不完美，承认自己的错误，不仅会让孩子觉得自己与父母更亲近，从而加深亲子之间的感情，而且能把一种坦然、放松的处世态度传达给孩子。

亲子正面沟通秘诀

在中国的亲子关系中，有一个很奇怪的现象：父母往往很少向孩子透露自己的内心世界，却要求孩子能够向父母吐露一切，这种不平等的关系是亲子沟通的一道屏障。

那么作为父母，如何向孩子敞开自己的心扉呢？

1.和孩子分享你的喜怒哀乐

有位哲人说过：分享快乐，快乐就会加倍；分担痛苦，痛苦就会减半。

父母和孩子的关系是世界上最亲密的关系，更应该一起分享喜怒哀乐。父母向孩子敞开自己的心扉，分享喜怒哀乐，那么孩子就能感觉到父母对他的信任和尊重，就会更加尊敬父母，向父母敞开心扉。

2.让孩子了解你的工作状况

很多父母埋怨现在的孩子花钱大手大脚、不知道量入为出、自私自利，等等，但是父母却从来不会把工作、生活的艰辛告知孩子，因为孩子不知道父母是如何辛勤工作的，所以就不会把金钱与工作紧密地联系起来。

父母应该明确地告诉孩子自己做什么工作，工作的内容是什么，所从事的工作对整个社会、国家甚至人类有什么意义，等等。现在，许多父母的确都很忙，但挤出一点时间来陪陪孩子，和孩子说说自己的工作细节，谈谈工作的酸甜苦辣，聊聊成功的幸福体验，对孩子来说是十分重要的。

3.告诉孩子你的隐私或秘密

在父母眼里，孩子永远都是小孩，什么也不懂，很多事情告诉他们也没用。尤其是自己的隐私或秘密如果让孩子知道了，会是一件很丢面子的事情。其实不然，如果孩子知道自己的父母愿意跟自己分享隐私和秘密，便会更加信任父母，父母也就能更容易地走进孩子的内心深处。

4.让孩子知道你对他的期望

父母对孩子的期望不能过高，过高了会对孩子造成压力和伤害。家长应该根据孩子的实际情况出发，对孩子确立合理的期待。父母应该让孩子知道对他的具体期待是什么，最好能够让孩子理解这种期待，明白这些期待并不过分。父母如果能够做到这些，那么孩子也一定会从父母的期待中汲取前进的力量，一定会努力成为一个不让父母失望的好孩子。

5.寻找合适的机会

父母要多找一些机会和孩子一起活动。比如一起打篮球、一起去郊游，在这些活动中展示自己和孩子沟通交流。如果你以"孩子，让我们来谈谈"开始你们的谈话，那么结果往往是说话的只有你一个人，交流不会很好地

进行下去。而如果家长在不经意间说出自己的看法，开始和孩子进行交流、沟通会更加顺利。

6.间接地提出问题

直接提出问题，孩子可能会反感，间接婉转的做法也许会收到更好的效果。比如，一位妈妈询问心理医生，她的丈夫死后，孩子很伤心，她去安慰儿子，可儿子总是闭口不谈。后来，在心理医生的建议下，妈妈不再问孩子的感受，而是直接和孩子一起，提起自己对丈夫的思念，和孩子一起回忆一家人曾经的快乐时光。这样儿子反倒开口交流了，开始主动分担妈妈的痛苦，自己也不再那么郁闷了。

7.控制自己的反应

向孩子敞开心扉的过程中，可能不是那么顺利，有很多令你不高兴或失望的事情发生，你必须很好地控制你的情绪。比如，当你兴高采烈地告诉孩子当年你如何地发奋读书、如何优秀时，孩子却并不对你的努力表示赞赏，你可能会很失望，但无论如何，也不能表现出这种情绪。孩子都不喜欢让父母失望，如果你过分表现出失望，就会给孩子的心灵造成不良的反应，影响沟通的顺利进行。

总之，父母与孩子沟通一定要讲艺术，只有真诚地向孩子敞开自己的心扉，才能引起孩子感情上的共鸣，从而与孩子建立起一种相互信任的关系，使亲子关系融洽起来。

你应该是孩子最信赖的好朋友

刘清为即将中考的女儿榛榛制订了一套学习方案，女儿也同意了。按方案的规定，只有在做完作业后，榛榛才能玩一会儿游戏，到时间就要休息。

有一天，刘清出差提前回到家，发现榛榛在房间里聚精会神地玩游戏，而且没有先完成功课。

"榛榛！"刘清大喊一声，死死地盯住女儿。

女儿急忙把游戏关掉，试图做出一个笑脸，然后故作镇静地说："我做了一个小时的功课，刚刚才坐下来休息一会儿。"

"榛榛，你真让我伤心，你怎么会这样对待妈妈，你懂不懂这样做会对你有什么样的影响？你不必解释了，听我说。"看见女儿似乎要申辩，刘清急忙地制止住了她。

"我不想听你任何的解释，你让我失望极了，你知不知道我这样做全是为了你？"

"那你不要管我好了。"榛榛顶了一句。

"什么？"妈妈的眼睛瞪了起来，声音骤然升高。

此时，榛榛的眼睛里开始出现恐惧的样子，她在寻找退路。"不管你？这是我的责任，我当然要管。你回房间去想一想，还有……"刘清忽然想起榛榛这周末要去参加一个同学的生日聚会，"还有这周末你不能去参加聚会了。"

"为什么？"榛榛大叫，愤怒和绝望像洪水一样涌出，"我要去，我就要去，你不讲理！"

看着女儿那种狂怒的表情，刘清也有些不安了。她知道女儿是多么盼望能去给最要好的朋友过生日，但她的愤怒阻止她收回这道"命令"。

"是你自己放弃了这次机会。"

"为什么？你是不是太过分了？我就要去，看你怎么办！"女儿暴跳如雷，她此时困兽似的表情和姿态是刘清最不愿意看到的。

"你马上停止，不然我要发火了。"

"你已经发火了，我就这样，怎么样？"

"啪、啪"，刘清狠狠地在女儿背后拍了两下。

"哇！"女儿哭着冲进自己房中，"咣啷"一声将门关上。

随着这两下，刘清的气泄了，却感到十分的内疚，有一种被击败的感觉。

一直在旁注视的保姆说："刘姐，这几天她都没有贪玩，今天的确是先做了一些作业，才央求我让她玩一会儿的，我觉得她是很看重你的规定的，你应该信任孩子才是。"

用制度强求孩子，一旦出了问题就过于鲁莽地、不加思索地采用不正确方式的母亲，即使她内心有多么关心孩子，在我们看来，她也可能是个失职的母亲，因为她既没有做到相信自己的孩子，也不够体谅孩子。

父母与子女的相互信任是成功进行家庭教育的重要因素。一些教育专家在家庭调查中发现，子女对父母有特殊的信任，他们往往把父母看成是自己学习上的蒙师，德行上的榜样，生活上的参谋，感情上的挚友。他们也特别希望能得到父母的信任，他们认为，只有父母的信任，才让他们觉得最踏实、最可靠。父母的信任意味着压力、重视和鼓励，这是真正触动他们心灵的动力。

许多普通的、不为老师和家长看好的孩子，他们的潜能表现在日常生活的细微之处，做父母的一定要对他们充满信心，坚信只要是生命就能绽放灿烂的花朵，并耐心地帮助孩子挖掘出那闪烁着独特光芒的潜质，让它成为打开孩子生命潜能的金钥匙。

充分信任孩子，才能感染孩子、激励孩子；充分信任孩子，才能使孩子的潜能得到最充分的展现。对孩子的信任，能够激发出孩子内心的动力，让孩子体会到成功的快乐和失败的忧伤。他们会在父母充满信任的目光和言语中，自己从摔倒的地方爬起来，一步一个脚印地走向成功，实现他们心中的理想。

亲子正面沟通秘诀

怎样才能做到信任孩子，做孩子的好朋友呢？

1.培养孩子的自信心

有位哲人说："自信心是每个人事业成功的支点，一个人若没有自信心，就不可能有所作为。有了自信心，就能把阻力化为动力，战胜各种困难，敢于夺取胜利。"因此，父母要注重培养孩子的自信心，要引导孩子尊重别人但不迷信别人，要用科学的态度对待别人的成功与失败。正确看待自己的进步，要有成功的自信心。而有了自信作为基础，才能够做到信任他人。

2.正确对待孩子的缺点

当孩子犯了错误时，不要用偏激的言辞去斥责他们，而要循循善诱，晓之以理，和孩子一起分析事件的来龙去脉，指出孩子犯错误的原因以及造成的危害，然后帮助孩子改正错误。一生中不犯错误的人是没有的，特别是人生观和道德观正在形成中的孩子，犯错误的可能性更大。做父母的要充分理解他们、信任他们，并引导他们正确对待错误。

3.和孩子一起面对挫折

在日常生活中，对孩子的一切，切忌热心包办和冷淡蔑视。凡是孩子能做的事，只要是有益的，父母就应支持他们去做。孩子缺乏经验和技术，有时失败了，或者有什么失误，这是正常现象。当孩子遇到挫折和失败时，父母应多进行安慰和鼓励，帮助他们找出原因，使他们的自信心得到充分的保护。

4.对孩子宽严相济

要做孩子的朋友，既要对孩子严格要求，善于从日常生活中发现问题，随时给孩子引导和指引，又要把孩子作为平等的伙伴，与孩子一起学习一起玩，尊重孩子的一切。还要给孩子确实到位的帮助，让孩子心里踏实，健康成长。

因此，不能只在嘴上对孩子表示信任，还要表现在行动上，尤其是那些学习成绩不理想的孩子的父母，要特别注意这个问题。因为任何孩子都希望自己是最棒的，有些孩子成绩上不去，屡遭挫折，心理压抑，心情烦躁，他们多么希望父母说几句鼓励的话，以减轻心里的负担。如果父母不理解孩子此时的心情，偏要在孩子身边一遍遍唠叨此事，即使父母的用意是好的，招来的却是孩子对父母的反感，而且因此伤害了孩子的自尊心，导致孩子自卑、怯懦、缺乏进取的勇气，甚至厌学。

总之，父母应该同孩子们建立起相互信任、相互平等、相互尊重的朋友关系。因为，孩子们不仅需要在生活上能抚养自己的父母，也需要阅历广、愿意倾听并能够给予自己忠告和帮助的朋友。

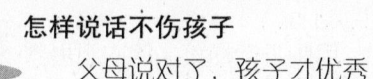
如果父母还没有和孩子建立起平等信任的朋友关系，双方不妨现在就坐到一起，开诚布公、推心置腹地进行沟通和交流，把彼此的想法告诉对方，这样才会更好地消除隔阂、化解代沟。其实，父母慢慢地就能体会到，同孩子做朋友是一件非常有趣、非常快乐的事情。

请记住：父母应该是孩子最信赖的好朋友。

善于倾听孩子的弦外之音，理解孩子的心

在一个闷热的下午，李心洁浑身是汗地骑着自行车在人流、车流中艰难地行进。女儿坐在李心洁的车后座，向她讲着在班里与同学闹别扭的事，劳累疲惫、心里正烦的她毫无反应地听着。

渐渐地，女儿的声音弱了下来。突然，她小声说："妈妈，我差点儿忘了，老师让买一盒橡皮泥。"李心洁不耐烦地说："早干吗去了，刚才路过文具店为什么不说！"谁知当她极不情愿地带着孩子返回文具店时，女儿竟然气鼓鼓地自己跳下车，恨恨地说："不买了，回家！"说完，头也不回地径直往家走。

一进家门，李心洁就冲到女儿面前质问她为什么这么不听话。女儿眼泪汪汪地望着她说："妈妈，你知道吗，我们小孩子也很可怜！"李心洁一下子愣住了，像遭到重重的一击。女儿的小脸通红，哽咽着："妈妈，你们父母心烦的时候，可以冲我们发火；我们心烦的时候，找谁发火呢？你知不知道，我们有时也很难受……"孩子的话使李心洁的内心长时间都无法平静下来。

"我们也很可怜"，这句话使李心洁猛然惊醒，她知道，自己粗暴的态度已经伤害了孩子幼小的心灵。望子成龙的殷殷期望、缺乏兄弟姐妹的亲情沟通、繁重的学习压力……他们太需要心的交流和沟通了。许多父母常常忽视了这一点，而只关注孩子的学习，只看重每次考试的分数，却不知道这样

做会不利于孩子心理的健康成长。所以，许多的孩子因此变得不愿和父母说话。在这种环境下成长起来的孩子，又怎么不会和父母产生代沟，又怎么不会心生隔膜呢？

从这以后，李心洁就开始有意识地给自己的心灵留出一块空间，去容纳孩子的喜怒哀乐。她知道不仅应该在学习和生活上关心孩子，更应该悉心地去体味孩子那一颗渴望得到理解的心。

从此，她与孩子之间的沟通越来越密切，代沟这堵墙在她们之间消失得无影无踪。

我们曾经也是孩子，也曾因为父母拒绝了我们的正当要求而难过，或因为一次误解遭斥责而伤心……这种伤害往往留下难以抚平的伤痕，有时甚至会伴随我们一生。今天，做了父母的我们，却因为工作、生活的压力和烦恼而把不良情绪发泄到孩子身上，全然不顾孩子的心理变化和承受能力，这是不应该的。

在家庭教育中要善听孩子的弦外之音，才能明白孩子的真实意图。而许多父母老是在那里自以为是地评价孩子，总是打断孩子的话，使他们根本无法完整地表达一件事。更何况，父母的评价总是站在成人的立场上，有些评价对孩子来说也许不太适合。

父母应该做的是：认真听完孩子的话。这不仅是在对孩子进行平等做人、平等对待别人、平等对待自己的教育，也是走进孩子心灵的有效手段。然而做孩子忠实的倾听者，是需要付出时间和耐心的。作为孩子的父母，只有真正换位思考，对孩子的诉说才能认真听下去，才能在交流中产生互动。否则，没等孩子说两句话，就不耐烦了，那会伤了孩子的自尊心。

因此，作为一个称职的父母应学会倾听、乐于倾听，并善于倾听孩子的弦外之音，才能真正学会从孩子的倾诉中真切地感受和把握孩子的喜怒哀乐，真正了解孩子在想些什么，要求什么，希望什么；才能真正领会孩子的思想意图，分享孩子的快乐，真诚地为孩子的进步而高兴，为孩子的成功而喝彩；才能有效地用父母的体贴去化解孩子的烦恼，营造出充满爱意的温馨

家庭环境，也才能赢得与孩子的真诚友谊。

倾听孩子弦外之音的最主要目的在于建立亲密的关系，帮助孩子发展健全的性格。

亲子关系品质的加强要依赖于倾听，除了建立亲密关系外，还能为孩子的成长提供良好的素材。孩子在人生旅途中会发展成什么样子与父母有很大的关系，但父母很难决定孩子这一生会走的方向，影响层面在于父母们提供了什么素材与对待他的方式。所以倾听孩子的弦外之音有两种目的：一方面让孩子发展健康性格；另一方面帮助孩子发展"人生脚本"。

有人说，教育就是不断消除误解的过程。倾听孩子的弦外之音，可以增进沟通，促进理解。一个孩子就是一个世界，父母都应学会倾听，倾听他们的话语，倾听他们的心声，倾听他们对世界的理解和对未来的梦想。

父母都想保护孩子，以免他们失望、受挫或与别人发生冲突，但父母不能将他们永远地置于自己的保护之下。父母能够做的就是帮助他们理解并处理不愉快经历的感受。通过与父母共同分担不愉快的感受，孩子将会减少伤害和压力，同时也逐渐增强了对自己情绪的控制能力。在面对挑战和日常生活中的失意时，他们将会作出较好的选择。

亲子正面沟通秘诀

怎样才能更好地倾听孩子的弦外之音呢？下面介绍的几种行之有效的方法，以供父母参考。

1.接受和尊重孩子的所有感受

孩子向父母诉说时，父母应安静、专心地倾听，但不给予评判。父母不必接受孩子的所有行为表现，而只是接受他的感受即可。例如，孩子可能会告诉父母自己对小伙伴有多生气，但父母不能允许孩子通过嘲弄或打人来表达他的愤怒。

2.向孩子显示你正在听他讲话

孩子向父母诉说时，父母的关注表示自己对孩子的尊重和自己愿意分担孩子的想法和感受。当孩子开口向父母讲话时，父母应停下正在做的事情，转向他，保持目光接触，并仔细地听。同时还要通过点头或不时地用"嗯……""是的……"等来显示对他的注意。

3.告诉孩子你所听到的以及你的想法

不时地总结、重述或复述孩子所讲的关键内容，包括他的感受以及导致这种感受产生的情境原因。仅仅倾听和理解是不够的，父母还必须用语言对他所说、所想及所感的事情作出反应。但尽量不要逐字地重复孩子的话，应使用相似的语言来表达相同的意思。

4.对孩子的感受进行确认

在仔细听取孩子的诉说并观察其面部表情后，对他的感受进行猜测并试着确认。如果第一次的猜测不正确，再试一次。讲话时要尊重孩子，保持冷静，且语速要缓慢。当猜测不正确时，应鼓励孩子帮助父母纠正。

只有在帮助孩子确认其感受之后，父母才能给他提供忠告、建议或教他以不同的方式看待事情。如果父母先给予这些帮助，那将会妨碍孩子努力去表达和理解自己的感受。

总之，只有当父母真正理解孩子的表达时，才能和孩子进行有效的沟通。

说出口的爱才能使孩子有安全感与价值感

一位上班族妈妈，每天不得不很早地离开家，她的小宝贝们很少能对她说"再见"。为了能让孩子们知道她有多么的爱他们，每天早上离家前，她先悄悄地进入他们的房间，给他们每人脸上一个深深的吻，到孩子们起床时，会从镜子里看见妈妈留下的鲜红的吻，知道妈妈是爱他们的，并向他们说"再见"。

每逢周末，这位妈妈会把准备好的午餐放在一个野餐篮里，带着她的孩子们进行一次美妙的活动。一整天，她和孩子们一起散步、放风筝、玩皮球。

她的宝贝们知道，这是一周中最特殊的时间。

任何一个孩子都需要父母的爱，被爱使孩子有安全感与价值感。父母对子女示爱时，除了能使孩子体验到被爱的满足之外，也能使孩子知道因何事而被爱，从而使其逐渐树立是非观念。更有调查表明，如果经常对孩子说"我爱你""真高兴，你是我的宝贝"等，以及经常拥抱、抚摸和亲吻孩子，会慢慢地让孩子们充满自信。孩子们长大后注定要在充满压力的环境中生存，而自幼就得到亲子行为温暖的人更能承受住社会环境的压力，并可能会避免得那些与压力有关的疾病。

让我们看看美国的父母是如何关爱自己的孩子的。

一位美国爸爸如是说：

我会常常用又大又暖的毯子裹着女儿，带她到庭院里，让她坐在我的大腿上，我们一起观赏月亮和星星，这对我们俩来说是最美好的时候。

我给我的每一个孩子都保存了一本他们四到九岁的日记。我让他们知道，我是多么地爱他们。没有这些记录，他们的一些重要瞬间、美妙时刻将很容易被遗忘，也靠着这日记，他们成长中的趣事、思想乃至"恶作剧"都能被如实地记录下来。

记得在我还是小孩的时候，我的父亲常双手握住我的手，目光凝视着我，然后握我的手三次，好像对我说："我爱你。"现在我也用同样的方式，试着握住我女儿的手，女儿会用双手回握我，我非常激动。

亲子正面沟通秘诀

高尔基说："爱孩子，这是连母鸡都会的。"大家都知道，"母爱"是无私的，是一种奉献，但在这儿，"无私奉献"并不是"崇高"的代名词，因为"母爱"只是任何动物都具备的一种本能。人和动物的区别在于人有意识，因此，人在爱自己的孩子时头脑一定要清醒，要有原则地、理智地去爱。但是，许多家长"望子成龙"心切，却不知道怎样合理地去爱孩子，甚至造成了以下几种不正确的教养态度。

1.溺爱型

这种类型的家长很爱孩子，但这种爱缺乏理智和分寸，他们想方设法满足孩子的一切需求，包括无理的要求。久而久之，父母的权威就丧失殆尽，教育便无从谈起。这种教养形态下的孩子自然是任性、自私和懒惰的。在幼儿园中，他们是很难与同伴融洽相处的，对于老师的教育也常常难以接受。

2.放任型

这种类型的家长，无论孩子做什么，他们都一点也不关心、不责备，让孩子自由地做自己想做的事，放任孩子自行发展，对孩子的家教几乎为零，对孩子的行为没有什么明确要求，对他们的奖惩往往是随心所欲的。

3.专横型

与以上两种方式截然相反，这种教养方式下的孩子，意见和愿望不容易得到表达，正当需要得不到满足。他们常常受到父母的斥责和禁止，得不到应有的温暖和尊重，缺少参加社会交往的机会，和家长缺少沟通。在这种教育方式下，孩子易形成畏惧、利己、缺乏安全感、对人不能宽容等缺点。在与同伴的交往中，也不会用语言去跟别人商量、交流，而多是用一些粗暴的行为去满足自己的需求。

4.不一致型

这种类型的家长对待子女的态度，常依自己当时的情况而异，有时非常严厉，有时非常溺爱；或是父母双方或家庭成员之中一方非常严厉，另一方非常溺爱。总之，他们对子女的态度不一致。这种类型家长对孩子的教育是有意识的，但方法多变、配合不好，以致教育效果不理想，也容易引起各种矛盾，对孩子的成长形成许多不利的因素。

爱孩子是父母的天性，有意识地爱孩子是培养孩子安全感和勇气的最重要的方法。当孩子被无条件地爱着的时候，他的自信心会大增，会感受到自我价值。

很多家长对孩子的爱是有条件的，要求孩子作出相应的行为或取得相应的成绩，然后再给予孩子与之相适应的爱，家长与孩子的关系成了"生意"关系。这种有条件的爱会极大地扼杀孩子的自尊心，孩子在意识深层感觉到

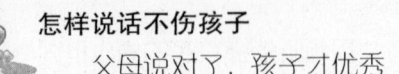

的会是屈辱，是人格的贬损，是自尊心的伤害。

心理学家认为，孩子最需要的爱就是无条件的爱。孩子最害怕的就是被遗弃与遗忘。对孩子来说，父母的爱是无条件的包容的爱，这种无条件的爱会使人有安全感和价值感。人一旦有了安全感，自信、稳定、自在的感觉就会油然而生，这样，人才能勇敢地冒险，不怕艰难困苦。可以说，无条件的爱是人类最基本的需要。

每天给孩子多一分关注

一天，某中学的校长气冲冲地对该校一位班主任说："我去上厕所，回到校长室，正好看到这个女孩在翻我的抽屉，手里有两枚一元硬币。"

班主任听后倒抽一口冷气，对这个女孩气急败坏地说："昨天你私进美术室拿走四罐橡皮泥的事还没有解决呢，今天居然……"班主任像泄气的皮球坐在凳子上，打量面前这个胆大妄为的女生：乱糟糟的头发，脏兮兮的衣服，光从外表看就是一个不惹人喜爱的孩子。

"你去校长室拿了多少钱？"

"就两元。"

"做什么用？"

"买铅笔。"

"为什么不问家长要？"

"他们不给，说我乱花钱，他们只喜欢弟弟。"最后那句话充满委屈。

放学后，班主任去了女孩家做家访。

女孩所谓的"家"只是一个汽车库，闷热、潮湿，屋里乱七八糟地堆满了生活必需品和劳动工具。

在与女孩父母的交谈中，班主任得知：女孩从小在农村长大，祖辈也甚为娇宠，为了上学才来大城市与父母一起生活，家中还有一个弟弟。父母在车站靠帮人拉行李、运东西谋生，每日起早贪黑、忙于生计，无暇顾及姐弟俩的生活，即使有空闲，也仅对家中的男孩关注多一些。于是，女孩便只能有脏兮兮的衣着、乱糟糟的头发，同学对其疏远也就难免了。女孩小时候也是被祖辈宠爱着长大的，如今在家中、在学校都备受冷落，幼小的心灵就这样迷失了。

女孩缺乏关注，得不到成人世界的肯定和鼓励，孤独的她需要用各种反常的行为来引起成人世界的关注，加之小时候在祖父母身边长大，难免任性、缺乏良好的行为习惯，父母又没有耐心和时间来关心教育她，她便迷失了方向。

关注是一种爱，至于爱有多深，就看你关注得有多深、多细致了。

每个孩子都需要从父母那里得到足够的重视。孩提时代缺乏父母关注的人往往自私、执拗，不懂得理解别人，也往往不信任自己。

其实，现在的独生子女都很孤独。家长把过多的精力放在了生活的忙碌和生存的压力上，好像这成了生活本来的意义和目的；老师忙于通过批改作业和加课来提高教学质量，好像这就是学生在学校的唯一目标。总之，人们无暇或疏于通过口头或肢体的语言向自己的亲人表达关注的情感。孤独的孩子有的沉默，有的内向，他们的成长尽管不缺乏物质的满足，不缺乏知识的灌溉，却缺乏应有的爱的关注。

孩子中除却少数优秀和少数后进的以外，其余的大多数都是普通人，他们不会有骄人的成绩，也不会有反常过激的行为，每天不需要父母和老师费多少心思。他们"乖乖"地生活和学习，教室里老师甚至感觉不到他们的存在，家里父母也只关注学习成绩。可能一学期老师都没有和他们谈过话，可能他们在家里和父母的谈话仅限于"功课做好了吗""考试成绩怎样了"等。谁来关注他们内心世界的波动和烦恼呢？他们的心理成长几乎是自生自灭的，或者可以说是在孤独中摸爬滚打的。

亲子正面沟通秘诀

有人说，21世纪将是心理疾病高发的时代，我们的孩子何其不幸，要面

临这样一个压力空前的生存环境。父母应该尽可能地作出努力，每天给孩子多一分关注，让孩子远离因缺乏关注而造成的孤独情绪，别让他们在孤独中成长。

那么，父母该如何给予孩子积极的关注呢？

（1）经常聆听孩子的倾诉，力争准确地理解并表述出对他的感受，使孩子感到他在父母心中所占的重要位置。

（2）及时赞许孩子表现出的良好品行，使孩子有机会了解自己的优点、长处和进步，从而引起积极的进取愿望和信心。

（3）在生活中，父母应尽可能多地抽出时间与孩子进行一些亲子阅读或亲子游戏之类的活动，活动中父母可以以"助手"或"顾问"的身份，给予孩子好的建议，引导他们提高活动能力和水平。

（4）适当让孩子做一些简单的、力所能及的家务，让他们在劳动中体验自己的价值，并增强为家庭成员服务的责任感。

用沟通构筑和谐民主的家教环境

战国的时候，有一个很伟大的思想家孟子。孟子小的时候非常调皮，他的妈妈为了让他受到好的教育，花了极大的心思。当时他们住在墓地旁边，孟子就和邻居的小孩一起学着大人跪拜、哭嚎的样子，玩起办理丧事的游戏。孟子的妈妈看到了，就皱起眉头说："不行！我不能让我的孩子住在这里了！"孟子的妈妈就带着孟子搬到市集旁边去住。到了市集，孟子又和邻居的小孩学起商人做生意的样子，一会儿鞠躬欢迎客人，一会儿招待客人，一会儿和客人讨价还价，表演得像极了！孟子的妈妈知道了，又皱了皱眉头说："这个地方也不适合我的孩子居住！"于是，他们又搬家了。这一次，他们搬到了学校附近。孟子开始模仿祭祀、打躬作揖、进退朝堂的礼仪。这个时候，孟子的妈妈很满意地点着头说："这才是我儿子应该住的地方呀！"后来，大家就用"孟母三迁"来表示人应该接近好的人、事、物，才能养成好的习惯、得到好的教育！

在孩子的成长过程中应避免以下七种不良家教。

（1）父母品质不好。父母本身行为不端，潜移默化地影响着子女的品行习惯。

（2）破裂家庭。家庭破裂，孩子受冷落或成了出气筒，从而易被社会上的恶习所吸引，自暴自弃或逆反攻击别人。

（3）父母文化素质低，缺乏科学的教育方法。多表现为教育方法简单粗暴，使子女无所适从，容易出现各种行为问题。

（4）娇惯溺爱型。由于无止境地满足孩子的要求，容易使孩子形成贪婪、懒惰、自私、任性的性格，适应社会能力差，依赖性强，易受坏人引诱，以至于走上邪路而不能自拔。

（5）放任型。有些家长忙于工作、挣钱，认为有了钱就有了一切，忽视了对孩子的教育；还有的父母看到自己管教方法不奏效，无计可施而放任自流。

（6）矛盾型。父母间或与祖父母间，在教育孩子的问题上态度不一致，一方管，一方护。孩子利用这种护短心理，肆无忌惮，为所欲为。

（7）心理虐待型。目前打骂虐待孩子的少了，但由于心理卫生知识的缺乏，心理虐待现象极为严重。一是剥夺孩子正常的心理需要，如交友、游戏、自尊等，一切从大人的想法出发，望子成龙心切，逼着孩子学这学那，或盲目地与其他孩子比，并常以讽刺挖苦孩子为刺激手段；二是负面心理刺激过强，对孩子猜疑，甚至查看孩子日记、跟踪等，在他们眼里孩子总是不够好。孩子好的行为不能得到及时的鼓励，久而久之便会破罐破摔产生逆反心理，成了问题儿童。

天下的父母大多爱护自己的子女，这已经成为人人接受的不容置疑的真理了。然而，实际上许多父母对子女都进行过精神虐待，只是他们自己全然不知罢了。这并非危言耸听。美国的一些精神病学者和儿科医生认为，父母在不知不觉中对子女进行的精神虐待可归纳为三种。

（1）表面的冷漠：有些父母为了严格要求子女，在他们面前故意喜怒不形于色，还有些父母为了增加孩子的独立自主意识，对他们的一切常表现出不闻不问的样子。

殊不知，这些父母往往使他们的孩子失去安全感，孩子们会渐渐疏远他们，不再对他们推心置腹，因为这些其实已经受到精神虐待的孩子害怕遭到冷遇。

（2）夸大的指责：有些父母在批评做错事的孩子时，习惯用"总是""从来不"之类的字眼，对孩子的过去及其他一切进行不负责任、夸大其词的全盘否定。还有些父母由于望子成龙心切，爱用成人的标准来要求自己未成年的孩子。一些孩子做的事情，对他们那样的年龄已经堪称"壮举"了，但被他们的父母用成人的眼光一衡量，就变得无足轻重、微乎其微、不值一提了。

这样做给孩子们带来的精神刺激是可想而知的。其后果可能会挫伤孩子们进取向上的积极性，促使他们养成胆小怕事、自卑无能的性格。

（3）爱的束缚：有些父母出自对子女的爱，常用威胁恐吓的办法来束缚他们，欲使他们免遭灾祸。有这样一个事例，四岁的汤米做了扁桃体切除术，快要康复了，然而这时护士发现他变得异乎寻常的孤独离群，不肯与任何人讲话了。后来，医生了解到，原来汤米的母亲为了能让儿子早日病愈，便吓唬他说，如果他对陌生人讲话就会死的。

做父母的利用子女对自己的信任，让他们置身于恐怖的境地，终日神经紧张、提心吊胆，这难道不是残酷的精神虐待吗？

环境具有强大的影响力，能给孩子耳濡目染、潜移默化的力量，环境是立体化的、从头到尾的"三维教材"。就像青蛙在不同的环境中会改变不同的体色，孩子在不同的环境中会形成不同的个性。

亲子正面沟通秘诀

孩子成长需要哪些环境，父母又该如何给孩子建设一个有利于成长的环境呢？

1.人际环境——民主、平等、和睦

孩子是家庭中平等的一员，父母不要娇宠溺爱，也不要冷落他。一家人要做到互相关爱，分工劳动，遇事商量，共同享受生活的乐趣；一家人还要互相赞美良好的行为表现，运用礼貌语言和幽默；一家人可以经常开故事会、朗诵会、运动会，表演各种节目，还可请亲戚、朋友、小伙伴来家里玩，尽情享受亲情和友情。

2.智慧环境——爱阅读、爱提问、爱操作

父母要给孩子准备好小书桌、小书柜、玩具柜、大地图、地球仪等。生活环境要整洁优美，特别是孩子的生活环境要有色彩鲜艳的图案、美丽的风景画、优美的书法作品，"好宝宝表扬栏"更对孩子有积极的鼓励作用。当然，别忘记给孩子设立一个锻炼身体的环境，如可以吊上小沙包让孩子打等。

3.意志环境——按时起居、规律生活、自我控制

养成孩子良好的行为习惯，父母可以和孩子一起制订各种作息时间，如早起、早锻炼。制订作息时间表有利于孩子养成有动有静的活动习惯。培养孩子按时吃饭、洗漱、排便、睡眠、劳动、看电视的习惯，逐步做到不催促、不提醒，培养孩子的责任感和坚持力。3岁以后的孩子看什么电视，父母要事先与孩子商量好，以儿童节目为主，在规定的时间内不多看也不少看。3岁以前的孩子每天以10分钟为宜，3岁以后每天20～30分钟为宜。

我们是否该把"望子成龙""逼子成龙"改为"让子成龙"呢？现代社会所需要的不是书呆子，让孩子拥有更多创造的自由，激发孩子的创造力和学习欲望，让孩子自己渴望成龙，这样孩子才能自觉求知，最终真正成龙。

闲暇与假期，让孩子多到邻居、亲戚、朋友的家里去串门做客，与各种各样的人交往，既可开阔他的心胸、启迪他的智慧，又可培养他的胆识，造就他豁达的性格。即使他在与别人交往中发生争执，也可以提高他的思辨能力以及口头表达能力。

给孩子的内心·灌输阳光正能量

场景一：南京市一位8岁的小学生毛毛（女）没有回家，其父母多方寻找后在一个垃圾房里找到了孩子。出人意料的是，在孩子书包内藏着一把刀，还有一张用作业纸写的"自杀信"："爸爸妈妈，我天天都不想回这个家。我还想死。"此前，8岁的毛毛挨打后已多次离家出走。

场景二：贵州遵义市一个小学里5位女孩集体服药自杀。5位女孩分着服下其中最大一位女孩王某（13岁）用压岁钱买回的120粒安眠药自杀（后经抢救脱险），原因是感觉"爸妈对我们不好"。

近年来，青少年自杀事件常常见诸报端，引起了社会广泛的关注。15~34岁的青年自杀已占自杀死亡人数的40%，18~20岁更是青年自杀的高峰年龄段。他们为何在人生的花季选择死亡？仔细分析起来，原因千差万别。下面根据国内学者库少雄先生的研究成果，对青少年自杀的原因作一个简要的介绍。

导致青少年自杀的危险因素虽然错综复杂，但归纳起来主要有四大类，分别是生理危险因素、心理危险因素、认知危险因素和环境危险因素。这些危险因素之间可能发生相互作用，一旦综合作用达到了个人承受能力与应对技能的极限，自杀意念就有可能产生。当自杀意念发展到一定程度的时候，它可能以预警信号的方式表现出来，也可能因触发事件而得到加强，最终导致自杀行为的发生。

生理危险因素包括遗传因素和个体的生理因素的差异。越来越多的研究表明，抑郁症患者大脑中的神经传递物质也许是导致抑郁症的重要因素，可能是导致自杀的间接原因。

心理危险因素主要包括抑郁的情绪、绝望和无助的感觉、不良的自我概念与低自尊、不良的自我防御机制与应对能力，以及对生命意义的怀疑等。

对于青少年来说，其绝望心理特别值得关注。已有研究表明，与抑郁、不良的自我概念和低自尊相比，绝望度能够更准确地预测自杀行为。青少年在生理、心理和社会性各方面都尚不成熟，他们必须受到家长和学校的约束，受同辈群体的压力，必须寻求社会的接受并在社会中寻找自己的位置，必须努力发展自己的独特个性。有时，这些努力会遭遇不可克服的困难，让人绝望———些在成人看来并不严重的问题却足以使青少年感到伤心绝望，其中又以繁重的学业（特别是在父母过高的期望下）、情感问题（往往是父母和老师与孩子缺乏沟通）居多。

认知危险因素主要来自三个方面。第一个方面是青少年已经达到的认知水平。处在前运算思维阶段的儿童若想自杀特别危险，因为这一阶段的儿童不知道死亡是不可逆转的。因此准确地判断儿童与青少年处在哪一个认知发展阶段有助于诊断其自杀的危险性并制订适当的介入策略。

第二个方面来自于我们对自己的认识以及适应外部环境的方式，也可称之为"自我谈话"。消极的"自我谈话"可以导致对环境的不良适应，而积极的"自我谈话"有助于对环境的适应。自杀者倾向于不断进行消极的"自我谈话"，这会加强已经存在的否定性的思维方式，从而加速自杀意念的产生。

第三个方面是消极刻板的认知，包括过度概括、消极归因等。过度概括即对事件的评价以偏概全，常片面地根据某件事情的一方面评估自己的价值，其结果常导致自暴自弃、自责自罪，认为自己一无是处而产生焦虑抑郁情绪，只认为事件的发生会导致非常可怕或灾难性的后果。这种非理性的信念常使个体陷入羞愧、焦虑、抑郁、悲观、绝望、不安、极端痛苦的情绪体验中而不能自拔。这种糟糕透顶的想法常常是与个体对己、对人、对周围环境事物的要求绝对化相联系的。

环境危险因素主要有两类。第一类环境危险因素是成长环境。例如，否定性的家庭经历有助于产生自杀的意念与行为。在自杀儿童的家庭中，虐待与忽视是经常遇到的，而自杀青少年的家庭中，父母的关系往往是不和与紧张的。因此，不良的家庭环境是生命各阶段自杀的重要危险因素。第二类环

境危险因素是否定性的生活事件。既包括考试失败和高考落榜，也包括亲人与朋友得重病或不幸去世。对那些已经有自杀念头的人来说，这样的损失——特别是当它们接踵而至的时候，就可能彻底摧毁其脆弱的生存勇气而成为自杀的触发事件。

触发事件不一定是青少年最严重、最糟糕的事件，但它犹如压倒骆驼的最后一根稻草，在最脆弱之时压在了他们柔弱的肩上。这个时候自杀的青少年可能表现出，也可能不表现出预警信号。常见的预警信号如他们也许会说一些不想活、想自杀之类的似乎是开玩笑的抱怨的话，而最危险的预警信号是以前的自杀行为。许多以前尝试过自杀的青少年最终还是自杀了。其他常见的预警信号还有吃睡不宁、学习成绩下降、社交方面渐渐退缩、与父母或其他在生活中占有重要地位的人中断交往以及有似乎是不顾一切的、自我伤害的、非常独特的行为，如严重的吸毒、酗酒，不顾一切地乱开车等。

亲子正面沟通秘诀

父母要善于发现孩子身上的闪光点，尝试走进孩子的内心世界，让他对自己敞开心扉；同时，父母也要和孩子一起分享阳光，分担风雨。那么，面对孩子的自我否定，家长该怎么做呢？

1.保持镇静

不要让孩子的悲伤影响你的判断。孩子需要他人尤其是家长帮助他恢复理智和客观，而不需要一个本身就情绪不稳的人来帮助他。

2.指出孩子自身的优点

谈论孩子的优点和长处是有益的。例如，孩子的优点是举止文雅、乐于助人、努力工作、待人诚恳、活泼开朗、富有吸引力，等等。想自杀的孩子很可能只看到他自身及其生活中不好的一面，而忘记了好的一面。

3.不要与孩子发生争论

避免就生命与死亡的哲学问题与孩子争论。同时也应避免说一些陈词滥调，例如，"还有很多美好的东西在等着你，你的生命才开始"，等等。这种说话方式使孩子觉得你是在泛泛而谈，而非真正理解他们内心的感受。企图自杀的青少年最需要的是客观的、设身处地的、感情移入的理解和支持。

4.帮助孩子获得客观的态度

一个被各种问题和压力压得喘不过气来的孩子很可能无法冷静、客观地评价自己和环境。在这种情况下，做家长的首先要保持客观的态度，并帮助孩子尽可能客观地看待自己所处的环境。

5.抓住想活下去的愿望

想自杀的孩子几乎都是矛盾的，一方面想死，另一方面还想活下去。发现并紧紧抓住他们想活下去的愿望是非常有帮助的。

6.指出其他的行为选择

由于个人经历、生活压力等原因，人们常常囿于个人对生活的一己之见——他们也许只看到了目前的危机而看不到其他的东西，平时注意与孩子谈谈其他的可能的选择是有益的。有时想自杀的人处于其情绪的最低点，他们认为人生从来就是如此糟糕而且永远如此糟糕。实际上，人生如潮水，有涨也有落。一个想自杀的人很可能曾经"涨"过，并且在以后的生活中将再次"涨"起来。作为家长，向孩子指出这种生活涨落的规律是有益的。

7.帮助孩子获得资源

对孩子最有力、最具体的支持就是帮助他们得到想要的东西。因为想自杀的人一般说来比较孤独，因此，家长要帮助他们获得各种资源。这些资源包括家庭和朋友，也许还包括帮助孩子去见一位他想见的老师、电影明星或心理医生。此外，需要专业的心理咨询人员为那些需要帮助的孩子提供长期的关心和帮助。

第2章

一切从尊重开始，放下身架来沟通

用尊重在孩子心中树立威信

王先生曾讲了这样一件事。他的女儿很快就要中考了，却迷上了电视剧《还珠格格》，不管作业有多少，每天晚上必须要挤出时间看两集《还珠格格》。爸爸看着女儿大量的学习时间被占用，心里着急，就劝女儿不要再看了，要抓紧时间学习。

女儿说："还有几集就演完了，等看完《还珠格格》就什么电视剧都不看了，专心学习。"

爸爸生气了，说："一个《还珠格格》不看又能怎样，是学习重要还是看电视重要？你怎么越大越不懂事？"

女儿也提高了嗓门，说："还有几集就看完了，早先你怎么不说？"

"你还有理了，我看你不看又能怎样，都什么时候了，还没完没了地看这种电视剧。"爸爸上前一把扯下电视天线，又拔下电源插座。

"你怎么这样霸道，你凭什么不让我看电视？"女儿一边哭一边说。

结果一晚上女儿也没学习，王先生也气得一夜没休息好。第二天女儿放学后，坐在沙发上又把电视打开，照看不误，王先生看到后气得摔门而出。这之后父女俩冷战了好几天，最后还是王先生先妥协，父女俩才重归于好。

王先生向同事们咨询："女儿小的时候很听话，怎么越大越不听话了，敢和大人对着来了，我应该怎样在孩子面前树立起威信呢？"

很多家长认为孩子不听自己的话，是因为自己在孩子面前没有威信，那么如何在孩子面前树立威信呢？有些家长认为：对孩子要严厉，不要多给他笑脸，让他怕你。

在孩子面前树立威信，不是想树立就可以树立的，不是急于求成的事。它是父母运用恰当的教育方法，建立在与子女彼此尊重和信任的基础上，是

不知不觉、自然而然产生的。

父母在教育孩子过程中，不要刻意地为自己树立威信，因为那样只能事与愿违，尤其要避免以下几点。

（1）以高压赢得威信。父母动辄发脾气，经常打骂孩子，使孩子畏惧自己，经常处于恐惧不安的状态中。

（2）以疏远赢得威信。父母总是与孩子保持一定的距离，他们很少与孩子交流感情，孩子不了解父母的想法、爱好等，父母也不知道孩子的需要和喜好，父母与孩子之间存在着明显的鸿沟。

（3）以傲慢赢得威信。父母认为自己的言行在孩子面前全是正确的。是家庭的法律信条。话一出口，孩子就得绝对服从，即使是说错了也要迫使孩子必须照办。

（4）以严厉赢得威信。事无巨细、不分是非，都要孩子服从，明明是自己错了，也不承认。

（5）以教训赢得威信。父母无视孩子是否愿意听，也不管自己的语言是否恰当，在任何场合下都没完没了地指责孩子并要求孩子服从。在这种环境中成长的孩子，会对这种说教产生厌倦情绪。久而久之，他们对正确的教育也会产生反感。

（6）以宠爱赢得威信。对孩子百依百顺，姑息迁就。不给他们指明努力的方向，也不提出任何要求，而是有求必应，一概满足，导致孩子任性妄为，形成骄横执拗的性格。

以上六种方式，只会让孩子更加叛逆，家长一定要注意避免使用。

亲子正面沟通秘诀

要想成为有威信的父母，在日常生活中应注意以下几点。

1.以身作则是建立威信的关键

古话说："其身正，不令而行，其身不正，虽令不从。"父母必须品行端正，身体力行，言传身教，切不可表面一套，背后又一套，在外面一个样子，在家里又是另外一个样子。父母要求孩子做到的，自己应当首先做到。

2.必须说到做到

威信就是让孩子对家长产生一种信任感。这不是靠说教或者是打骂的方式就能建立的，父母言而有信才是最重要的。不管孩子多小，家长都要恪守"言必信，行必果"的原则。这样就会使孩子感到父母是说到做到的，从而能够自觉地听从父母的指令，接受对他的要求。

3.严与爱结合

对孩子要管得严，错误不应轻易放过，但每次做过批评之后，家长要想办法去安抚他，开导他，使他感受到父母是爱他的，从而不会对父母产生畏惧、抵抗心理。严与爱相结合的教育，最能建立真正的威信。

4.少而精的管教

父母管得太多，管得太琐碎，事无巨细都唠叨几句，这样就容易使孩子产生厌烦心理，反而不听父母的。而平时很少教训孩子，但抓住一些主要的东西一管到底，这样反而更有效。

5.有效地帮助孩子解决困难

孩子在生活中还会遇到他不知道该怎么办的事情，当孩子遇到需要关怀和帮助的时候，父母应及时为其提供帮助和支持。

尊重孩子的兴趣和爱好

小华从小就非常喜欢小动物，而且非常热衷于研究小动物的生活习性。初中时，他更是常常因为观察小动物而弄得浑身是泥。父母对此非常生气，觉得他不务正业，于是就想方设法阻止他去外面玩。

一开始，他总是趁着父母不注意偷偷地跑到附近的公园里做自己喜欢做的事。有一次，他把一个黑色的蜘蛛带回家后，父母大发雷霆，训斥他不应该把这么脏的东西带回家。爸爸还一脚踩死了蜘蛛，妈妈竟然摔烂了他积累了好几年的装着各种标本的"百宝箱"。那一刻，小华愣住了，回到自己的

房间默默地坐了一个下午。

从那以后，他的学习成绩一落千丈，变得沉默寡言。父母为此非常发愁，甚至怀疑他是不是智力有问题。而小华的生物老师却说："小华这孩子特别聪明，如果好好培养，将来一定会是一个非常出色的生物学家。"

在现实生活中，有很多父母都会犯像小华父母这样的错误。像小华父母这样干涉孩子的兴趣，会给孩子带来很大的伤害。

一是父母对孩子兴趣的过分干涉会使孩子对自己的爱好产生片面的认识，认为自己没有眼光、没有本事，从而否定自己对事物的判断能力，变得没有自信。

二是父母忽视孩子的兴趣爱好，不听孩子的解释，不从孩子的爱好出发去了解孩子真正喜欢和感兴趣的东西，这样做既不能满足孩子的需要，也会使孩子觉得父母不能理解、尊重他，从而产生逆反心理。这对孩子的成长是非常不利的。

我们都说：兴趣是最好的老师，有了兴趣孩子就会学得更轻松、更快乐，他们也非常愿意去做自己喜欢做的事，而且不知疲倦。如果不去考虑孩子的爱好兴趣，而是强加给孩子那些父母认为应该学的东西，会使孩子失去发挥自己才能的机会，容易使孩子产生厌烦心理。

三是如果父母忽视孩子的兴趣，强加给他们一些学习任务，就会使他们产生抗拒心理。有些孩子本来对音乐不感兴趣，被家长"逼迫"着每天练琴，结果琴技一直没有提高。于是，恨铁不成钢的家长开始斥责甚至打骂孩子，用"你怎么这么笨"等词语责骂刺激孩子。久而久之，孩子开始产生逆反心理，有的则变得自卑并产生自闭倾向。

父母应认识到尊重孩子兴趣爱好的重要性，然而很多父母不愿意承认孩子尤其是自己的孩子具有独特的兴趣与爱好。曾经发生过这么一件事：有个父母强迫坐不住的孩子弹琴，以致孩子只得砸断自己的手指以示反抗。像这样不顾孩子的抗议，像催命一样催促着孩子去学自己不喜欢学的东西，都是父母不尊重孩子的兴趣与爱好的表现，其后果可想而知。

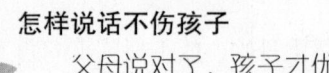

亲子正面沟通秘诀

有的父母也想尊重孩子的兴趣和爱好，却往往不知道该如何去做。作为父母，可以参考以下几种做法。

1.善于发现，为孩子创造条件

父母要善于发现孩子的兴趣爱好，并试着引导孩子多在兴趣方面下工夫，尽可能地为孩子创造机会、创造条件，让孩子无忧无虑地在自己喜爱的天地里畅游。这样会激发孩子最大的潜能，从而在某一领域取得突出成就。

那么，父母如何发现孩子的兴趣呢？首先，父母需要养成仔细观察孩子的习惯，孩子反反复复做的事情往往就是他们感兴趣的；其次，父母应该站在一个平等的立场上与孩子沟通，多听听孩子的想法，多问问孩子喜欢做什么，或许父母从孩子天真的回答里可以发现孩子的兴趣所在。

其实，父母应该发现、鼓励和培养孩子一种或几种爱好，这样会使孩子的人生变得丰富多彩，充满乐趣和期待，这些对其一生都是有积极作用的。值得注意的是，在孩子选择兴趣爱好时，固然需要父母的引导，但父母决不可以代替孩子下决定。

2.尊重孩子的爱好和兴趣

父母要尊重孩子的爱好兴趣，即使孩子的这种兴趣爱好可能与父母的期望有差距，但只要是正当的爱好，父母就应该予以尊重。孩子在做自己喜欢的事情时，他们的创造力和潜力才有可能得到充分的发挥，专注、认真、持之以恒的习惯和意志品质也可以得到锻炼，这有利于其成长。

与孩子商量，尊重他的发言权

有两个男生，一个叫李刚，另一个叫王海。他们的父母失业了，两个家庭都陷入了困境。面对同样的境况，两个孩子的表现却截然不同。

王海没有改变穿名牌，跟着时尚走的习惯，最近又迷上了上网，并且达到废寝忘食的地步，更别说按时上课了。

"海儿是全家的希望，我们都盼着他读书好，将来能有出息，没想到他连课都不上！"王海的父亲感到非常失望，"但我们还是觉得孩子应该拥有这个时代给予他们的快乐，再苦再累也不能让孩子觉得委屈，不能让他来承受父母因工作失败而带来的酸楚。所以，我们从不在孩子面前倾诉失业后的失落，更不会抱怨挣钱太辛苦和受到的太多委屈，照常满足他的吃穿要求，没想到这孩子把我们对他的期望抛到了九霄云外。"

而李刚却和王海大有不同，虽然有时上学也常迟到，可是成绩却有进无退。

原来李刚的父母下岗后又另起创业，白天黑夜顾不了家，但思前想后，李刚的父母还是将实情告诉了孩子，与孩子商量应该怎么办。他们说："有句古话不是说'穷人的孩子早当家'吗？我们生活困难，孩子是家庭成员，有义务帮助家庭早日脱离困境。"

李刚的父亲是一个性情爽朗的人，提起儿子就乐呵呵的："与孩子商量后，孩子也很乐意，主动提出照顾好奶奶和搞好自己的学习。我们有时回家累了，他还会为我们捶捶背，按摩按摩。我们遇到什么困难也会与他商量，请他帮着想办法。我们常对孩子说的就是'我们都是家庭中的一员，要相亲相爱，尽职尽责'，儿子做到了，他关心每个家人，把奶奶也照顾得挺好，这可解决了我们家的大问题了。而且听说他现在学习也没耽误，真是让我们高兴，也太难为孩子了。"

"这件事爸爸妈妈想听听你的意思。""孩子，这是个严重的问题，咱们商量一下看怎么解决好。"作为家长，尊重孩子的发言权是十分必要的。

孩子是家庭中重要的一员，可是，许多父母在决定一些事情尤其是一些重要的事情时往往把孩子排斥在外。是的，生活中纯粹的大人之间的事没有必要让孩子知道，可是还有很多事是完全应该让孩子也参与讨论的，尤其是涉及孩子的某项决定时。不要以为孩子小，什么也不懂，更不要以为孩子是你的，你就可以随便对与他相关的事作出决定。

事实上，只要是家庭的成员，即使年龄小，也有权知道关于自己以及家里的事情，有权参与家庭事件的讨论与决定。

一家人坐在一起商量某件事，大人和孩子各自的观点都被摆出来，做父母的把意见耐心地传递给孩子，让他思考判断，然后耐心地听取孩子的想法，全家人同心协力，总能找到每个问题最合适的答案。因此，我们做父母的要时刻记得，孩子是家庭重要的一分子，许多事情，不要忘记弯下腰与他们平等商量。

商量，不是父母发号施令，而是要使每个问题的解决都打上"民主"的印记。商量更不是迁就，而是父母与孩子对话、沟通、相互了解，形成双方可接受的意见或办法。

如果你还在抱怨孩子不理解你，老跟你作对，那么就先想想自己是否在理解和尊重孩子的基础上与孩子商量了？

亲子正面沟通秘诀

学会与孩子商量，可以从下面的小事开始：

你现在不想睡觉吗？明早你能够按时起床上学吗？

你又要这么多钱做什么？给一半可以吗？

把旧文具盒扔掉买新的不在我们这个月的消费计划里，怎么办？

……

著名教育家魏书生写过一篇文章，叫《商量，商量，再商量》，讲出了与孩子商量在其学习、教育上的重要性。卡耐基不是也曾经这样说过吗：对待杀人犯，还该讲三分道理呢。与孩子商量，完全可行，做父母的赶快试试吧，一定会发生你意想不到的好效果。

许多父母也想和孩子商量，但往往不知道怎样做才合适。那么，你不妨按照下面的方法来做做看。

1.尊重孩子的每一个意愿和想法，给孩子一个自主决定的机会

尊重孩子的权利，就是要征得孩子的同意，让孩子有选择的机会并且在尊重孩子的基础上给予引导，这也是民主家庭中父母应当为孩子负起的一个

责任。

2.父母在决定之前，不妨先听听孩子的意愿和想法

现在的父母都希望自己的孩子多才多艺，成为一个优秀的孩子。那么，如果让孩子学，一定要仔细观察，与孩子商量之后，再选择一种比较适合孩子性情及兴趣的才艺。千万不要让他一下子接触太多，或强迫他学习不感兴趣的东西，破坏了他学习的信心和欲望。

尊重孩子的理想和追求

肖琳是个充满幻想的女孩子，喜欢写作，梦想能成为一个大作家。她每天都会把所思所想记录下来。上了初三，马上要中考了，学习生活越来越紧张，可是她每天还是坚持2 000字左右的创作，这使她的学习成绩开始下降。

这学年的期中考试过后，肖琳的妈妈到学校开家长会，才知道肖琳的成绩已经由原来的上游下降到了班里的中游，妈妈很是生气。回到家里，她直接奔入肖琳的房间，还没开始说话，就看到了肖琳桌子上摆着一摞手写稿，自然是气不打一处来，二话不说就把这些稿子打翻在地。肖琳看到妈妈的这种做法，看到自己珍贵的文稿被随便丢到地上，很伤心。她哭着对妈妈说："你知道这些文稿付出了我多少心血？对我有多重要吗？你为什么要这样做呢？"

妈妈在气头上，听不进肖琳说的任何一句话，不由分说地骂道："只会写文章能考上高中吗？能考上大学吗？你这样下去，一辈子都没有出息！你写出的这些东西，有什么用处？简直就是不务正业！"

肖琳一下子蒙了，她根本想不到妈妈会说这样的话，她不知道妈妈怎么会觉得她的梦想竟是如此的幼稚。

天下做父母的，没有不希望自己的孩子能成龙成凤的，因此有的父母从孩子咿呀学语时就为孩子设计了一幅理想的蓝图，甚至孩子以后要上哪所大学的哪种专业都考虑到了。父母为了实现这一目的，不顾孩子的爱好和理想，强迫孩子按他们设计的轨道发展，如果孩子有一点没有符合他们的意愿，就对孩子的所有努力和成绩全盘否定，甚至打骂孩子。确实，现代社会竞争越来越激烈，父母这种望子成才、追求上进的良好愿望，本来无可厚非。但是为了孩子能有一个好的前途，否定孩子的理想和追求，而给孩子过大的压力，结果让孩子不堪重负而走向极端，这就太让人遗憾了。

有的父母认为，孩子还小，很多事情他们都不懂，父母为他们作出选择对他们有好处。殊不知，孩子虽然年龄小，但是他们也有着鲜活的思想和情感，有自己的兴趣、志向和理想。孩子为了自己的目标而努力的时候，是自觉自愿、积极主动的，因此会学得又快又好，同时享受到学习的乐趣。如果父母把自己的意愿强加给孩子，让孩子担负起父母的愿望，那孩子就会感到身上的担子太重了，压力太大了，就会觉得学习是一种痛苦的过程。同时，这也会使孩子失去自己的成长空间和独立意识，可能导致孩子产生抵触、反叛与对抗的情绪，出现与父母关系紧张、厌学等现象，甚至走上歧路。也有些孩子会变得精神委靡，对生活、学习感到迷茫、失去信心，等等，这些都对孩子的心理健康极其不利，甚至可能引发心理障碍与心理疾病。

亲子正面沟通秘诀

父母千万不要为孩子设计发展的模式，不要让孩子做自己的"接力棒"。其实，每个人都有自己的理想和追求，孩子也不例外。那么，父母又该如何对待孩子的理想和追求呢？

1.给孩子一个成为自己的空间

父母要给孩子足够的成长空间，让他们拥有自己的理想和愿望，有自己的思想和独立思考的权利，不要让孩子成为按照他人意愿做事的盲从的人，更不要让孩子成为代替父母实现未尽理想的工具。父母可以根据孩子的具体情况和兴趣，给孩子提出建议，引导孩子找到自己努力的方向。

2.尊重孩子的独立性

随着孩子一天天长大，他们会逐渐形成独立的意识，所以父母要尊重孩子的独立性，让孩子充分地发展，而不是把他们限制在自己已为他们设计好的框子里。不然的话，他们也会像自己一样，在弥补父母遗憾的同时，留下自己的遗憾。

3.给孩子最后的决定权

孩子的理想，父母如果觉得是合理的，就应给予尊重和支持。对孩子的理想真正的支持应该建立在对孩子的充分理解和尊重的基础之上，以孩子的心理准备和接受能力为前提，然后进行适当的启发和引导，需要的是精心地呵护，不是说教，不是命令，更不是趁机提条件。即使孩子的理想与父母的意愿产生了很大的偏差，也要平静地与孩子沟通，在尊重孩子理想和追求的基础上，通过充分的商量和探讨，让孩子理解父母的想法，最后再把决定权交给孩子。

4.对孩子的要求不可过高

父母在尊重孩子理想和追求的时候，还要注意一些问题：不要在孩子建立理想的初期就给孩子太多的压力和警示，这样做很可能就会打击孩子的积极性，让孩子轻易放弃自己的理想。

5.精心培养孩子的"理想之苗"

对孩子的理想，父母采取不理不睬或者拔苗助长的做法都是错误的。如果父母们用这样的态度来对待孩子的"理想之苗"，那么孩子或许永远也不可能树立起稳固的理想。对待孩子的"理想之苗"，父母应当要一点点地培养扶持，要细心浇灌、滋润，鼓励孩子树立理想并为理想而努力。

作为父母，培养孩子要顺其自然、因材施教，是什么铁就打什么钉。为人父母者，要多站在孩子的角度考虑问题，从精神上给孩子以关爱，让他们按照自己的愿望发展，而不要一味地强行让孩子按照自己设计的轨道生活。

尊重孩子的隐私

丽丽是一名初二女生。有一天，她正走在上学的路上，突然想起作业忘记带了，于是急忙又掉头往家跑。当她掏出钥匙打开家门时，看到妈妈正从自己的房间里出来，脸上带着不自然的表情。丽丽走进自己房间去拿作业本，推开房门，她愣住了，她看到书桌的抽屉全部敞开着，日记本、同学们送的生日礼物及贺卡等全都胡乱地堆在桌子上。

丽丽非常生气地质问妈妈："你为什么翻我的抽屉，随便动我的东西？"

没想到妈妈却比她还生气："怎么了？当妈妈的看看女儿的东西还有错吗？"

"可是你应该经过我的允许才能看啊！"丽丽很愤怒地回答妈妈。

"小孩子有什么允许不允许的，别忘了我是你妈妈，好了，快去上学吧！"妈妈毫不在乎地对丽丽说。

很多父母和孩子在"隐私"问题上有过不少交锋。一封封"地址内详"的信件让父母们疑心不止；孩子在日记本中记下心中的真实想法，父母们也希望能够"拜读"；对打到家中的电话，父母们更要例行检查……这些关心的行为都让孩子们感到不舒服。

隐私，是每个人藏在心里，不愿意告诉他人的秘密。我们每个人都会有自己的隐私，孩子也不例外。随着孩子年龄的增长，他们的生活领域、知识、情感都逐渐丰富起来，自我意识、自尊意识也在不断增强，原先无所顾忌敞开的心扉也会随之渐渐关闭起来。但是，很多父母却没有意识到他们的孩子正在长大，忽略了孩子也会有自己的秘密，总认为自己是孩子的父母，可以无所顾忌地进入孩子的世界、随意闯入孩子的"隐私地带"，甚至粗暴干涉，私拆孩子的信件、监听电话、偷看日记等。

那么，孩子们为什么对父母偷看他们的日记、私拆他们的信件如此反感呢？又为什么要在自己使用的抽屉上锁上一把锁呢？

其实，孩子到了一定年龄后会强烈感觉到自己的独立性，想拥有自己的隐私，也渴望被尊重，这是孩子独立意识和自尊意识的一种体现。随着年龄的增长，孩子对父母的依赖逐渐减少，独立意识逐渐增强，希望别人尊重他们的自主性、独立性。同时，随着生活领域的扩大，知识信息的增多，他们的内心变得敏感起来，感情变得细腻起来，会产生许多想法，原先敞开的心扉渐渐关闭，有了自己的隐私。而且，即使他们有不少话想说，但观点已经与父母有所不同了，于是他们与父母的心理沟通就会明显减少，转而把自己的秘密和内心的感受都倾诉在日记里。

这时，如果父母采取强硬和蛮横的手段，想方设法去查看孩子的日记、偷听孩子的电话等，无视孩子的感受，随意侵犯孩子的隐私，就会带来许多负面的影响，甚至产生意想不到的后果。孩子会因为自己的隐私受到侵犯而采取更加极端的措施将其保护起来，把自己的心紧紧锁闭，并导致与父母关系的恶化。这样，父母想了解孩子就变得更加困难了。

亲子正面沟通秘诀

尊重孩子的隐私权，给他们一个自由的空间，这样做并非放任自流，而是对孩子的隐私给予充分的关注和积极的引导。

1.从心底承认孩子是独立的个体

孩子是人，不是物。是人，就有感情，就有他自己的行为方式，就有自己的独立人格，也有他的隐私权。为人父母者，如果你想把自己的孩子培养成为高素质的人，那么你首先要做一个尊重孩子的人。

尊重孩子的隐私，在家庭教育中应当表现为更多的契约精神和民主、协商的方法和方式。比如，父母进入子女房间应该先敲门；移动或用孩子的东西应该得到他们的允许；任何牵涉到子女的决定都应该先和子女商谈；不要随意翻看子女的日记或隐私；应该尊重孩子的所有者权利，把孩子当做成人来加以尊重。

2.父母要经常与孩子沟通

试着了解孩子的想法，要相信孩子、理解孩子，宽容孩子在成长过程中稚嫩的想法和做法。要注意培养孩子独立的人格，培养孩子明辨是非的能力，尽量以平等的身份多与孩子交流，倾听和征求孩子的意见和建议。作为父母，如果真的想看孩子所写的东西以便更好地了解孩子，一定要争取使孩子信任自己，使孩子主动、自愿地披露心中的隐私。

3.父母要培养孩子的自我教育能力

父母不能苛求一个处在叛逆期的并不成熟的孩子以大人的思维角度去考虑问题。父母获取有关孩子隐私的信息，即使发现孩子有些越轨和不良因素，也不必大惊失色，甚至对孩子辱骂殴打，可以与孩子一起讨论理想、事业、道德、人生观、价值观等问题，可以通过讲故事、做游戏等途径对孩子加以引导，引导孩子自己悟出为人处世的真理，提高孩子按规范要求调整自己行为的能力。孩子一旦有了这种自我教育能力，其一些隐私中的危险倾向，都有可能得到自我解决。

孩子终究是要长大的，孩子大了，内心里有不愿告诉别人的秘密也是自然的事情。这是孩子成长的表现，也是孩子成长过程中的正常现象，父母们对此应该给以充分的尊重。在生活中，父母要密切注意孩子在态度和行为上的细微变化。当孩子希望自己的房间没有人打扰时，父母就不要随便进入；当孩子希望拥有记录自己秘密的日记本时，父母就不要偷看，更不能采取打骂体罚的方式强迫孩子交出日记本。

保护个人隐私是适应社会生活的一个方面，保护隐私就是保护自己。当孩子的隐私意识逐渐增强时，父母应当高兴才对。

天下父母们，当你用自己的语言和行为去赏识和尊重孩子时，孩子也同样会尊重你，从而把你当成他的好朋友。这样，当他们遇到什么事情或者心中有秘密的时候，才有可能主动向你谈起。请记住，你越尊重孩子的隐私，你与孩子的距离也就越近。

尊重孩子的朋友

爸爸参加了女儿小丽所在班级的家长会。一回到家便把一个小本子递给了小丽，上面记下了小丽的名次和成绩，还记下了班里前十名的名单及成绩。忽然，小丽看到在小本子显眼的地方写着她的铁杆姐妹的名字，倒数第三，306分。爸爸记这个干什么？她正疑惑着，爸爸先开口了："你看见你那个什么最铁的姐妹的分数了吗？那么差！你怎么整天和这种人在一起？"小丽知道了爸爸记自己好朋友的成绩的原因，反驳说："她的成绩好坏，跟我和她是好朋友有什么关系呢？""关系大了，你以后不能和这种坏孩子在一起！""她不坏！"小丽叫喊着。"不管如何，你不能和她来往了！你看看她那个差分，你以后会被影响的！"爸爸张大嘴巴嚷着。"我不会的，不会受她的影响的！"小丽为好友抱不平，"她不是坏孩子，她虽然学习不好，可她人不坏，她很善良，待人友好，我和她是分不开的好朋友。"小丽继续和爸爸喊。双方争得面红耳赤，可不管小丽怎么说，爸爸都不同意她们两个再来往。小丽生气地跑进自己房间偷偷地哭了。

做父母的都希望自己的孩子向成绩好的同学学习，与优秀的同学交朋友，一旦发现自己的孩子与成绩差的同学交朋友，便会感到惊恐万端，生怕成绩差的学生影响了自家的孩子。

相信每一个成年人，都有这种体会：回忆起童年生活时会感觉非常兴奋，说起与童年朋友一起做的各种趣事，如数家珍。这些经历说明：在孩子成长阶段是需要朋友的，孩童时代的友谊是非常珍贵的。童年时代不应该缺失朋友，这会让孩子过得很孤独，而且也不利于孩子身心的健康发展。

支持孩子的社会交往，尊重孩子的朋友，这样不仅可以让孩子感觉到父母对他的尊重而更加信赖父母，而且还可以促进孩子之间的友谊和交往，促使他们互相帮助、互相学习。

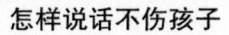
尊重孩子的朋友，对孩子的成长也有诸多好处：

首先，可以通过赏识孩子朋友的优点，让孩子在与朋友的交往中主动学习，克服自己的缺点。

其次，尊重孩子的朋友，鼓励孩子与朋友交往，可以培养孩子的社会适应和交际能力。

最后，鼓励孩子在与朋友的交往中培养群体意识，可以克服孩子过强的个体意识。朋友之间的群体生活可以克服孩子以自我为中心的毛病，让他们遵从群体活动规则，认识到每个人的权利和义务。如果只顾自己，就会受到朋友们的排斥，其他孩子就会看不起他，不跟他接触，将会促使孩子最终向群体规范"投降"。"合群"是人的重要品质和能力，这是父母无法口授给孩子的。

因此，父母应该鼓励孩子交朋友，当孩子有了朋友之后，应该给予赏识和尊重，促进孩子之间的交往。

如果孩子已经交上了朋友，父母要及时给予肯定，比如对孩子说："真高兴你有了自己的朋友，听说你的朋友很棒，你们应该互相关心、互相帮助。"或者说："听说你交的朋友很出色，我很想见见他，你看可以吗？"

如果孩子还没有朋友，则应积极帮孩子寻找。比如鼓励孩子与家附近的孩子一起玩，与同事或同学的孩子一起玩，并适时和孩子讨论他们交往的情况，帮助孩子分析并作出选择。

另外，要欢迎孩子的朋友到家里来。把孩子的朋友当成自己的朋友一样，采取热情欢迎的态度。当孩子来家里时，父母应该说："我们家来朋友啦，欢迎欢迎。"或者说："真高兴我的孩子有你这样的朋友，你能来太好了！"而且要鼓励孩子认真接待，让孩子的朋友感觉到你对他们的支持和赏识。父母这样做，既可以表示自己对孩子的尊重，也可以进一步密切与孩子的关系。

亲子正面沟通秘诀

对于孩子和朋友的交往，父母既不能草木皆兵，任意破坏孩子与朋友之间的感情，也不能听之任之，使孩子陷入不当的交际圈。应该充分利用他们喜欢交往的心理，因势利导，正确地引导和帮助他们建立纯真的友谊。

1.让孩子知道什么样的人才算好朋友

父母要有意识地对孩子进行择友引导。比如革命老人谢觉哉在《交朋友中的道理》一文中就提出过这样的忠告："要交'益友'，不交'损友'。"就是要和正直的人、诚实的人、爱集体的人交朋友，不能与品德低劣、染有恶习的人交往。这样就让孩子在交友之时有了一个大的原则和方向，不与那些品质低劣的人交往，从而避免陷入交往误区。

2.培养孩子交往的信心

在现实生活中我们不难发现，当孩子在某些方面有了特长，就会为他结识新朋友提供机会，在交往中增强自信心。托马斯·伯恩特说："友谊建立在共同兴趣的基础上。如果你的孩子朋友不多，那么就努力培养他的多种兴趣。这样，孩子在参加共同活动中，可以逐步建立朋友之间的友谊。"

3.指导孩子怎样与朋友相处

在孩子交朋友的过程中，父母要不断地进行指导：对待朋友要真诚坦率，以诚相待，严于律己，宽以待人。对待朋友要努力做到热情、关心、彬彬有礼。处事要宽宏大量，不计较个人得失。每个人的性格、情趣各有不同，交往中就要尽量尊重朋友的意愿，主动寻找双方都感兴趣的话题进行交谈。

另外，由于每个朋友的心理还都有心理敏感区，那就要在平时说话、玩笑里，尽量避免刺激朋友心理敏感点，不要刺痛他心灵的"疮疤"。还要告诉孩子，在与朋友相交时，要特别讲究信用，凡自己不容易办到的事情，切不要轻易答应，说话也要留有余地。但凡自己能办到的和答应办的事，就要千方百计尽力去办。如果遇到意外，事情没办成，就应主动向朋友说明情况，以取得对方的谅解。

4.尊重孩子的意愿

在孩子交往的过程中，尽管需要父母的指导，但父母也要尊重他们的意愿，让他们有一定的自主权。在选择朋友方面，父母和孩子的意见常常会不一致，只要对方不是品行太差，还是尽量先尊重孩子的意见，然后在他们交往的过程中，进行积极的引导和帮助。

5.当孩子结交了不大好的朋友时要引导

由于孩子涉世不深，辨识能力不强，一时不慎就可能出现不良的交往。万一自己的孩子出现了这种情况，父母切不能采取简单粗暴的方式方法，而应该细致地做好思想教育和积极防范措施。一般来说，当孩子结交了不好的朋友并犯了错误的时候，绝大多数孩子会怀着悔恨又害怕的心理，这正是父母对他们进行细致教育的良机。如果父母采取简单粗暴的方式方法，则会让孩子产生对立情绪，甚至破罐子破摔，以致在错误的道路上越走越远。正确的做法应该是，先耐心地弄清情况，再诚恳地与孩子进行感情沟通，提高孩子的认识。必要时，还应与学校、有关方面联系，终止孩子与不良朋友的交往。

别用孩子的成绩长自己的脸

金女士参加了女儿期末考试后的家长会。父母们聚在一起，说说孩子的学习，相互取取经、发发牢骚，当然也总免不了比比孩子的成绩。因为金女士的女儿一向成绩优异，大家都对她羡慕不已，这个说"看人家的孩子多让人省心"，那个说"你有什么教育孩子的好办法也教教我们"，让金女士感到很得意。可是成绩一公布，金女士傻眼了：女儿这次只考了个二十几名！尽管老师对金女士说，孩子只是因为数学考试中的一道大题意外失手，才把成绩拉了下来，其他几门课都考得很好，可金女士却觉得这简直是晴天霹雳。回到家，金女士就把女儿叫到身边大声训斥起来："你这次考试怎么考的呀？怎么会这么马虎，把一道大题的分都丢了！平时你都能考个前三名，这回竟然考了二十几名！你知道我去开家长会时多没面子，别的家长还要向我取经，结果我女儿考得还不如人家呢！"

像金女士这样用孩子的分数来为自己挣面子的父母还真不少，其实这是很不应该的。父母错误地把孩子的学习成绩看成了自己的脸面，当孩子表现不尽如人意时，便觉得丢了面子，并以此批评孩子，那么孩子也只会越来越学不好。

　　过去人们比吃，比穿，比谁的钱多，现在却开始比孩子了。谁家的孩子成绩更优秀，谁家的孩子更有才华，谁家的孩子考上了重点学校……把孩子的学业成绩当成装饰品，当成向别人炫耀的资本。一位妈妈说，平时她和同事们在一起谈论得最多的就是孩子的学习问题，大家聚会的时候，也都带着孩子。如果别人的孩子十分优秀，而自家的孩子跟不上脚步的话，大家在一起的时候，会让做家长的很没面子。

　　喜欢用孩子的成就来为自己的脸上贴金，这是一些中国父母的陋习。当孩子在别人面前为父母挣足了面子，让父母觉得脸上有光的时候，父母就会对孩子宠爱有加，大大奖励一番；当孩子让父母在人前面子尽失的时候，父母又会气急败坏，对孩子大呼小叫。无形中，当父母在对孩子进行教育时，"面子"成了主要考虑的因素。殊不知，这也是对孩子心灵的一种摧残。有这种心态的父母应该问一下自己：我想做的事情我的孩子也一定想做吗？

　　"望子成龙，望女成凤"是天下父母的愿望，这是可以理解的。作为父母，谁都希望自己的孩子成绩优秀，谁都渴望孩子成为自己的骄傲。于是，从平民百姓到高官巨贾，从普通工人到知识分子，工作之余谈得最多的就是孩子的成绩。孩子成绩出色的，高声大嗓，眉飞色舞，得意之情溢于言表；孩子成绩不如人的，不是保持缄默，就是低声叹息，总觉得自己矮人三分。因而在家里，孩子听的最多的话就是："小子，好，这样的分数为你爸妈挣得了面子，我们总算没有白辛苦！"或者"你真没出息，这个分数叫我怎么去见人？"……称赞也好，斥责也罢，总之，在多数父母心目中，孩子的分数直接跟父母的面子挂钩。

　　孩子的学习出现了问题，理应得到父母更多的关爱。父母的训斥，从一个侧面反映出对孩子的放弃。这一切，都会使孩子在无形之中丧失信心。在目前的教育机制下，孩子的学习负担、心理负担已经十分沉重，作为父母，

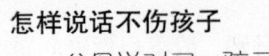
又怎能在孩子稚嫩的双肩上再强加一副"为父母挣面子"的沉重负荷呢？再说了，父母要靠孩子给自己挣面子，不正是显示本身无能吗？

亲子正面沟通秘诀

为了保证孩子健康成长，父母一定要纠正虚荣心，摒弃进行攀比、急功近利的心态。那么，具体来说父母该如何做呢？

1.尊重孩子的独立性

每个人都有自己的人生梦想，孩子也一样。孩子并不是父母生命的延续，也不是父母生命的简单重复，更不是父母人生道路的升级版本，而是另一个生命的开始。在现实生活中，很多父母都把孩子当成工具，为了实现自己未能实现的梦想，把孩子当成了弥补自己人生遗憾的工具，要求孩子为父母争面子。实际上，孩子是独立的个体，尊重孩子的独立性是十分必要的。

2.不要以一次成败论英雄

作为父母，没有必要在考分上给孩子太多的压力，并不是一次考试就能说明孩子的所有学习情况。我们也没有必要因为孩子偶尔的一次考砸而感觉脸上无光，孩子是需要鼓励的，鼓励与理解能使他们保持学习的兴趣。

3.了解孩子，提出合理的要求

从素质发展的角度出发，配合学校教育，尊重孩子个体的差异性，从完善孩子个性的视角对孩子加以培养。多花些时间发现孩子的兴趣和特长，对孩子的各方面情况进行全面分析与正确估计，在全面了解孩子实际水平的基础上，提出合理要求。让孩子感受到生活的乐趣与亲情的温暖，培养孩子良好的性格和品格，这样孩子才会有真正的成功。

第3章

不打不骂，引导孩子自己改变坏习惯

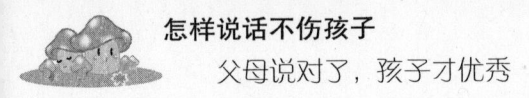
贪玩的孩子这样说最有效

纪芸是学校里的活宝。学校不让带玩具，他就会变着法子玩出各种花样，上课时他就会拿支铅笔在地上踢起"铅笔球"来，引得同学注目。老师瞪他一眼，他马上坐好，像没有发生事情一样。老师回头板书，他又会扮鬼脸，惹得大家哄堂大笑。最近学校附近新开了一家游戏厅，纪芸这下"英雄有用武之地"了，经常不到学校上课，用父母给的零用钱或以欺骗方式从父母那里要钱到这家游戏厅玩游戏，把游戏厅作为逃避学习痛苦的"世外桃源"。纪芸的学习成绩一天天下降，由原来的优秀生逐渐成为差等生，考试经常不及格。父母是打也打了，骂也骂了，可没起到什么作用，实在发愁死了。

玩，是孩子的天性，每个孩子都喜欢玩。但是如果孩子玩得过分，玩得沉迷，这就有害而无益了。

孩子贪玩是绝大多数父母最头疼的事情。贪玩，不仅影响孩子学习，同时还会使孩子染上撒谎、旷课等坏毛病，甚至走上犯罪的道路。

但是，父母也需要正确认识贪玩这种不听话行为，有时候，贪玩并不是不听话，而恰恰是孩子与众不同的个性或者创造力的表现。

亲子正面沟通秘诀

相信许多父母都为自己贪玩的孩子伤过神：他们整天贪玩，对学习毫无兴趣，不能自觉学习，即使是在有监督的情况下，也总是心不在焉、左顾右盼。那么，如何对待这种贪玩的孩子呢

1.把游戏的快乐贯穿到学习当中

游戏机有得分高低的问题，踢球有进球不进球的输赢问题。所有的游戏都有规则，这些游戏规则恰恰是我们人类在工作中争取成功、避免失败的原

则的另一种写照。

在生活中人类要比智慧，所以创造了比智慧的游戏，如象棋、围棋。正是模拟工作的游戏，把人类生活中那些吸引人、激动人、兴奋人、推动人、鼓动人的特征集中地表现出来。

好家长就要善于帮助孩子把学习、观察、记忆当做一个非常有趣味的事情来做，在玩中学，使学习变得快乐。

运用游戏的各种法则来引导孩子学习，是家长要动脑筋的事情。

2.不要再想尽办法禁止孩子玩

家长们为了杜绝孩子看电视、玩电脑，想了各种各样的办法和对策，不是藏键盘，就是拔电源板，但办法想尽了，似乎也没有把问题解决好。

说到底，问题不在于让不让孩子"玩"上，而在如何调整孩子"玩"的取向和方式，解决玩和学习的矛盾。

达尔文喜欢动植物，最后玩出了《物种起源》；爱迪生喜欢玩孵小鸡，结果玩出了一个又一个发明。当然不是所有的玩都能玩出名堂，即便如此，玩也可让人放松，调整情绪。不幸的是，很多孩子玩得过分，玩得沉迷，很多家长朋友更是"闻玩色变"。但谁都知道，玩是根本不可能被限制和禁止的。玩是人类生活的组成部分，玩对于孩子来说不仅是生活的需要，也应该是被允许享有的权利。

3.玩和学习对立统一，要孩子学会聪明地玩

玩和学习是对立又统一的，光会学习是不能成长的，玩使孩子眼界开阔，使孩子学会交流、协作，使孩子的思维能力得到训练发展。

玩需要约定，既然会与学习发生矛盾，那家长就应该帮助孩子协调好学习与玩的关系。由于对玩错误地理解，错误地安排，把玩当成是工具，粗暴地阻断玩和学习的关系是最大的弊端。玩就是玩，学习就是学习，玩不是学习的诱饵，尽早树立这种观念是非常必要的。

有人在闲的时候把看字典当做休闲和娱乐，有人在脑子累的时候会把洗衣服当做放松。玩是正常学习生活的积极补充，玩不好，学习也不会好。但是有些孩子不能控制自己，玩得过度就是不合适的玩，对学习就会有不良的

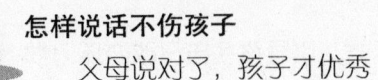
影响。其实对玩的认识和感觉本应该是严肃的，为什么不能科学地去玩呢？为什么不能带着正直的心去玩呢？为什么不带着目的去玩呢？所以，聪明的人有聪明的玩法，而不是瞎玩、乱玩，任性地玩。

叛逆的孩子这样说最有效

一天，11岁的赵小成对父亲说："我想把头发一侧剃成双条式。"作为父亲，赵先生并不喜欢儿子留这种发型，但他知道，这并不危及生命、道德以及健康，而且头发会重新生长出来。于是，他对儿子说："我不喜欢这种发型，不过，如果这是你的决定，我会尊重。"

赵先生带着儿子去了发廊，美发师给赵小成洗头的时候还评论他的头发很漂亮，然后赵小成描述了他想要的发型。美发师惊奇地问赵先生："把你儿子头发的一侧剃成双条式行吗？"赵先生回答，他并不喜欢这种发型，但那是他儿子的决定。

就这样，美发师剃去了赵小成一侧的头发，其中保留了两条，并尽量使这种发型在第一天显得好看。可是第二天早晨，赵小成就对他那一面倒的头发无能为力了，他的姐姐只好努力给他喷上发胶和摩丝，以使他能出去见人。

那一年，赵小成勉强保留着那种发型，后来又换了七八种更有趣的发型。但上了初中以后，他就开始留传统的发型了，并且再也没有改变过。

人们经常听到一些父母这样抱怨："现在的孩子，生活条件越来越好，可是脾气越来越犟，总是不听话，跟你对着干，这到底是怎么回事？"——这其实就是孩子产生了逆反心理。

逆反心理主要表现在以下三个方面：不服从老师或家长的教育指导；对社会产生不满情绪，向社会挑战；结成同龄群体，寻找"知音"或"朋友"。逆反心理表现为"态度强硬""举止粗暴"或"漠不关心，冷淡相对"等，有时还会因对某方面的反感而迁移到其他的方方面面。

亲子正面沟通秘诀

当孩子产生了逆反心理时，家长可采取以下措施。

1.尊重孩子，不要总对孩子说"不"

当孩子们产生自我意识后，他们希望自己和大人有平等地位，对大人的要求也会有选择地接受。此时，父母对孩子的行动不要轻易干涉。如果需要孩子必须顺从的话，也不要用强制式或命令式的口吻，而应以平等的姿态征询孩子的意见，让孩子作出选择。

有位中学生说，他正准备看完电视就去做作业，结果妈妈这时来了一句"还不学外语去"，听了以后，他却干脆不去了。所以，家长要尊重孩子、相信孩子，以免使孩子形成对立的情绪。

2.与孩子保持平等的关系

有些父母受传统观念的影响较深，认为孩子理所当然地应该听父母的。他们常常以权威自居，习惯于对孩子居高临下，喜欢对孩子发号施令，要求孩子对自己唯命是从，孩子稍有不顺从，便采取高压政策把孩子的嘴堵上。但是这些父母忘了，孩子在一天天长大，他们已经开始有了自己的主意和想法，不会再像小时候一样简单地服从和遵守父母的命令，当认为自己对的时候会坚持己见，当认为自己没有受到父母公平待遇的时候则会逆反。因此，要想减少孩子逆反行为的发生，父母必须要把自己放在和孩子平等的地位上，像对待成人一样对待孩子，像对待朋友一样与孩子交流。

3.冷静处理，心平气和

孩子一般不太懂得控制自己，当对父母的管教不服气时，情绪可能会比较激动，可能会冲父母发脾气，甚至可能会有过激的言语和行动。这时父母千万不要跟着孩子一起急，要想办法控制住孩子的情绪，可以先把事情暂时放一放，让孩子出去与朋友玩一会儿，或者待在房间里做自己喜欢做的事，孩子的气往往来得快去得也快，等到孩子心平气和之后再来和他讲道理。

4.批评孩子要把握好分寸

要想减少孩子的对立情绪，父母不能滥用批评，批评孩子前先要弄清事情的原委。批评孩子时要分清场合，不要当众尤其是当着孩子同学和朋友的面批评孩子。批评孩子时要注意方式方法，不要把孩子说得一无是处，更不要贬低孩子的人格。批评孩子时要考虑到孩子的情绪，要选择孩子心情比较好的时候，不要在孩子心情烦躁的时候对他说三道四。最后还有一点很重要，好孩子都是夸出来的，对孩子要多些表扬、少些责怪，要经常想想孩子的长处，关注孩子的点滴进步，找寻孩子身上的闪光点，孩子平时受到的表扬和鼓励多了，犯了错误后就会更容易接受父母的批评。

5.要多多理解孩子

每个孩子都渴望得到成人的理解，渴望父母不仅能照料自己的日常起居，而且更能理解自己的想法和行为。其实，现实生活中不少孩子的逆反，就是由于得不到父母的理解而造成的。一个好的倾听者往往比一个雄辩的批评家更能有效地解决孩子的逆反问题。在充分了解了孩子的所思所想之后，父母可以对孩子的一些不正确的想法和判断进行修正，可以明确地指出他们的哪些想法和判断是不对的，是父母不能同意和接受的。孩子如果感觉父母的态度是和蔼可亲的，对自己是能够理解的，是能够设身处地为自己着想的，他们自然也会乐于接受父母的意见，也不会再与父母对着干了。

懒惰的孩子这样说最有效

太阳已经晒到屁股了，孩子却仍"赖"在床上，任由父母"火冒三丈"，这是每天早晨常可见到的情景。每位父母都希望自己的孩子有一个正常规律的作息时间，但是，有的孩子偏偏就喜欢晚睡晚起，生活秩序大乱，这着实令父母伤脑筋。

孩子正处于生长发育期，运动量大，体力消耗也大，因而需要比成人更多的睡眠时间，以恢复精神和体力。但这不能成为赖床的原因，孩子应该早睡早起，养成良好的作息规律。

每天早晨，孙勤勤的爸爸都得千请万托、威胁利诱女儿离开床铺。奇怪的是，他的声音越大，十岁的孙勤勤赖在床上的时间就越长。

一天早晨，经过一场大战后，孙勤勤的爸爸说："够了，我受不了了！我不想每天早上和你这样吵来吵去。晚上下班回来，我们要好好谈谈，增加一条有关起床的规定。"因为爸爸以前也这么试过，不过并没有任何进展，所以孙勤勤一点也不担心，根本不害怕。

放学后吃过点心，她和爸爸一起讨论爸爸想出来的新计划。

爸爸说："我打算给你一个闹钟，让你自己叫自己起床。你可以决定闹铃要定在几点，只要上学不迟到。从今天开始，起床是你自己的事情了。如果你尽到责任，准时起床，放学后就可以去和朋友玩、看电视或做其他想做的事；如果没尽到责任，起不来，不管你准备好了没有，我上班时都会先送你去学校。"

孙勤勤不敢相信地看着爸爸："你是说你会把我拖下床，直接带我去学校，不管我穿什么？"孙勤勤无法想象她被爸爸赶下车，穿着睡衣站在校门口的惨状，"我才不信你会这样做！"

爸爸马上回答："放心，我会带着你的衣物，你可以在车上换或到学校再换。你自己决定要怎么做吧。"

从那天起，孙勤勤自己拨闹钟、起床、准备上学、吃早餐。她其实很想赖床，可是一想到爸爸不会再来催她，只好赶紧跳下床梳洗穿衣。有时她会错过早餐时间，可是至少上学很准时。孙勤勤和爸爸都觉得，争吵的梦魇过去后，早晨的阳光更亮丽了。

上述案例中孙勤勤身上出现的就是典型的赖床行为，她的爸爸不打不骂就纠正了她的这种毛病，实在是值得其他父母来学习。

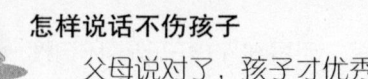
亲子正面沟通秘诀

帮助孩子改正赖床的毛病，不是一蹴而就的事。孩子的生活规律完全受父母的影响，父母如果希望孩子养成良好的作息习惯，就要先从自己本身做起，从日常生活的点滴做起。如果再配合以下技巧，定能收到良好的效果。

1.安抚孩子的睡前情绪

孩子有时会因为情绪上的不稳定而影响睡眠品质。父母要多留意，找出问题的症结，安抚孩子的情绪，让其安稳入睡。

孩子做噩梦最常见的原因是"怕黑"。如果孩子怕黑，不妨带他（她）去挑个他喜欢的卡通造型台灯，睡觉时有可爱的台灯散发着微弱光芒陪伴他（她），会让孩子安心不少。

2.帮助孩子进入梦乡

有些父母在孩子就寝时间一到，就急着赶孩子上床睡觉，自己的眼睛却还猛盯着电视，或还在忙东忙西。

其实父母这种做法会让孩子有"孤单"或"不公平"的感觉，而且孩子会有"为什么只有我要去睡觉"的疑问，加上孩子对成人的活动充满好奇心，当然也就降低了睡觉的意愿。

因此，只要到了睡觉时间，全家人最好都能暂停进行中的活动，帮助孩子酝酿睡前的气氛。

3.温柔地叫孩子起床

叫孩子起床的时候，随手播放一些轻松的音乐，或者放一些孩子喜欢听的故事，让孩子在轻松的气氛中醒来，缓解被吵醒的不快。

用爱心鼓励孩子起床，孩子会比较愿意起床，有好心情面对新的一天。叫他的声音放轻柔些，摇他的动作不要太猛烈，也可以亲亲、抱抱他，以免他情绪不佳，采取不合作的态度。

4.和孩子约定起床的时间

父母最好和孩子讨论睡觉、起床的时间，询问孩子喜欢父母用什么方式叫他起床，然后和他来个小约定，可以让孩子知道该对自己的承诺负责，同

时也让孩子感觉到父母是尊重他的。用孩子能接受的方式叫他起床，可以避免彼此的不愉快。

改善孩子赖床的问题，不是一朝一夕就可以解决的，先给孩子一点缓冲时间，态度不要过于急躁而引起孩子的反感，要温柔坚定地执行下去。

蛮横"小霸王"这样说最有效

白芳是一家外资企业的部门经理，工作非常忙，有时候根本顾不上照顾自己的孩子。她只好抽时间把孩子的姥姥从农村接了过来，一是让老人在这里帮忙照顾一下孩子，二是也让自己的母亲享受一下城里的生活。

白芳的孩子很懂事，自从姥姥来了以后，怕姥姥闷，每天都带姥姥出去散步，还用自己的零用钱给姥姥买好吃的。姥姥高兴地逢人便说："外孙女真是个懂事的孩子，知道心疼人！"

一天，白芳下班刚进门，听到房间里有咯咯的叫声，推门一看，几只活蹦乱跳的小鸡正在房间里乱窜。忙碌了一天的白芳，看到家里乱乱的样子，不免心烦意乱，张口就训斥孩子："怎么这么不听话呢？马上就考初中了，还弄这些东西干吗？乱死了！"孩子正要向她解释什么，她却不容分说地继续呵斥孩子："给我扔出去！把这些东西给我扔出去，不用解释！我不想听！"说完就要去抓那几只小鸡。这时，孩子的眼泪"唰"地流了出来，他好像想说什么，但什么也没说，一转身回到自己房间，把门重重地关上了。

白芳很生气，刚想追过去再训孩子，孩子的姥姥对白芳说："你别骂孩子了，这是孩子给我买的，他说怕我在家寂寞，买了几只小鸡来陪我。孩子都是出于好心，你要是觉得不喜欢，可以好好和孩子说，把这些小东西送给别人就可以了，不要再骂孩子了。"

家长在教育孩子时，经常要求孩子要"听话""要听老师的话""听话才是好孩子""不听话就不是好学生"，等等。久而久之，"听话"便成了

好学生、好孩子的代名词。毋庸置疑，要求孩子听话并非有错，然而，为了提高孩子的自主性，若片面强调孩子听话，则会影响一些孩子的健康发展。

生活中有的孩子犯了错误，试图找出理由为自己辩护，其目的无非是为求得父母对自己的谅解，这种心理很正常，也是孩子鼓足了勇气才这样做的。如果父母武断地加以"狙击"，孩子会认为父母不相信自己。对父母亲的这种"蛮横"做法，孩子虽不敢言，但心不服，以后孩子即便有更充足的理由也不会再申辩了。孩子一旦形成了这样一种心理定势，对父母亲的批评就会根本无法接受，把训斥全当耳边风。

大约到了小学高年级和中学阶段，孩子开始进入比较逆反的青春期。这时的孩子已不再满足单纯被教育的角色，自我意识和独立性逐步增强，不喜欢被动地接受父母的吩咐和安排，遇事愿意自己独立思考和判断，希望自己决断。如果这种需要不能得到满足，他们就会感到失望甚至进行反抗，从而变得"不听话"。

中国的家庭教育信奉"听话"教育，中国的父母普遍认为听话的孩子就是好孩子，"不听话"的孩子就是坏孩子，"听话"也是中国父母对孩子讲得次数最多的、在教育孩子时使用频率最高的词之一，孩子在家里被时时教训要听父母的话，孩子上幼儿园后就被叮咛要听阿姨的话，孩子上学了也要被嘱咐要听老师的话。总之，听话的孩子总是招人疼、惹人爱，不听话的孩子总是招人嫌、惹人烦。

正是由于有这样的认识，中国的父母往往刻意要求孩子对自己要无条件顺从。一些父母觉得自己绝对正确、无所不晓、无所不能，自己过的桥比孩子走的路还多，孩子当然要无条件地接受自己的教诲。于是，当孩子与大人出现分歧时，大人经常武断地表态"你错了""你这样不对"；当孩子想对某件事作个说明时，便会遭到父母更严厉的训斥；更有一些缺乏耐性的父母，十分反感孩子顶嘴，当孩子向他们的权威发出挑战时，盛怒之下免不了对孩子拳脚相加一番。

实际上，"不听话"意味着孩子的心理在成长，说明他已经开始有了自己的喜好：喜欢什么，不喜欢什么；说明他已经开始有了自己的判断：什么是对的，什么是不对的；说明他已经开始有了自己的见解：应当怎么做，不应当怎么做。当孩子年龄尚小且自理能力较差的时候，让孩子按大人的指示去做是可以的；但当孩子逐渐长大以后，再总是用"听话"去教育孩子和要求孩子，就显得有些偏颇了。这时，父母应该认可孩子在心理上的成长，积极努力去理解孩子的想法，采用不同于过去的方式帮助和指导孩子，而不是一味地抱怨"孩子长大了，不听话了"，或者简单地采取高压政策使孩子屈服。

亲子正面沟通秘诀

孩子"不听话"比沉默地反抗要好，因为"不听话"可使父母更容易了解子女。客观地说，孩子"不听话"是有许多积极意义的。

1.增强孩子的自信心

孩子"不听话"，说明他有自己的见解，而且敢于表达和坚持自己的见解，如果家长这时能够听取和采纳孩子的正确的意见，孩子就会感觉到自己是有能力的、有价值的，这对增强其自信心大有裨益。相反，如果总是用"听话"两个字去教育孩子，只能让孩子养成唯唯诺诺的性格。

2.提示父母教育的不当

孩子"不听话"通常发生在父母批评不得法而令孩子不服气时，孩子没做错事而受到父母的冤枉时，孩子不想马上去做事可父母亲硬逼其去做时，或者父母心情不好拿孩子出气时。其实这些都反映了父母在教育孩子时的方式方法有问题，他们正好可以从孩子的不满情绪和"不听话"的表现中反思一下自己的做法，从而来改变和提高自己教育孩子的方式方法。

3.缓解孩子的心理压力

孩子的"不听话"也是一种心理宣泄，这是孩子缓解心理压力、保持心理平衡的一种方式。如果孩子对大人一些不恰当的所作所为不敢怒、不敢言，许多委屈都憋在心里，其心理压力就会非常大，久而久之就会产生忧郁、头痛、精神不振、懦弱等不良的心理反应。

不讲卫生的孩子这样说最有效

佳佳有一个属于她自己的房间，但乱得简直没有办法进去：床上到处堆着衣服，桌子上和地板上到处都堆满了书。妈妈刚刚帮她整理好了，很快她又给弄得一塌糊涂。妈妈要她自己做清洁，她却说："我自己的房间，乱点是我的自由，您要是看不惯，可以帮我打扫。不愿意打扫，可以不进我的房间，这也是您的自由。"妈妈觉得爱整洁，讲究个人卫生，是一个人良好的习惯，对一生都会有好处的，可妈妈不想用打骂的极端方式对待佳佳，她实在不知道该怎么办。

在日常生活中，有些孩子的个人卫生意识非常差。我们经常会看到一些小伙子，人长得高大挺拔，但穿戴却乱七八糟，衣服裤子皱皱巴巴，油污斑斑，胡子拉碴。一些住集体宿舍的孩子，个人卫生状况更是惨不忍睹。桌子上杯盘狼藉，有的剩饭剩菜已经长出"霉草"，床上更是成了"杂货铺"，被子已经看不出是什么颜色，床下的世界更"精彩"，空瓶子、臭袜子、脏球鞋等横七竖八地堆在一起。

良好的生活卫生习惯是保证孩子身体健康的必要条件。俗话说"病从口入"，讲究卫生直接关系到人的健康。有人认为"不干不净，吃了没病"，这是缺乏科学根据的。在现实生活中，一些人由于不讲究卫生，染上急性或慢性疾病，影响了身体健康。尤其是孩子，他们的抵抗力比较差，容易感染疾病，更应注意讲究卫生。

从小养成良好的生活卫生习惯，不仅对预防疾病、保障健康有重要意义，而且对改变我们国家和民族的卫生面貌和道德风尚也有极其深远的意义。一个国家的人民有没有良好的生活卫生习惯，往往标志着这个国家和民族的科学文化发展水平以及道德面貌。孩童期是习惯养成的重要时期，抓紧这个时期进行培养，将收到事半功倍的效果，而且习惯养成后会比较牢固，影响终身。

亲子正面沟通秘诀

怎样才能纠正孩子不讲个人卫生的坏习惯呢？我们给家长的建议如下所示。

1.允许孩子把屋子弄乱，但得要求孩子自己把屋子整理好

多数孩子都十分顽皮和淘气，常常令家长头疼的是，这类孩子能在转瞬之间将房里弄得乱七八糟，这样就要费许多的时间和工夫去收拾。其实，年龄较小的孩子根本没有意识到自己把房间弄得乱成一团，因为他们没有这个概念，他们所关注的只是身边有尽量多的玩具就好。这时，许多家长都会呵斥孩子不要将房间弄得太乱，然后开始收拾东西。

其实，这样做是不可取的：孩子不会认识到这是他们做得不对，应该自己去收拾。家长应从小培养孩子对自己所做的事情负责的习惯，让他们自己动手收拾，不要让他们觉得无论如何总会有人帮他们。

如果孩子太小，你可以同他一起收拾，告诉他哪样东西该放在什么地方，千万不要独自就将他弄乱的房间恢复得整整齐齐。最好能让孩子将收东西也变成玩耍的一部分，培养其从小养成收拾房间的好习惯。

2.要求孩子把东西放在指定的地方

让孩子知道各种东西都有各自存放的地点，最好能分门别类地放好，然后再作上标记。大小东西要分开，这样不易互相挤压后造成小件物品的损坏。比较零散的玩具装在带格的小箱中，也可单独装起来。总之，要让孩子学会分门别类地收拾东西。孩子的东西要方便拿取，不论是什么，都应让其凭自己的力量就能取放。

3.适当地帮助孩子是必要的

有些孩子非常爱整洁，有良好的生活习惯，可即便是这样，有些大件的物品家长还是应该帮助他学会使用。家长可以先让孩子收拾玩具，在他完成不了的情况下再帮孩子收拾，同时要教会他如何收拾，这样才能让孩子逐渐有所提高。当孩子能单独取放时，要记得给他鼓励，让孩子有种满足感。

4.重要的是指导和监督

家长是孩子的榜样，一定要起好带头作用，家长必须从自己做起，做事要有规律和秩序，要爱整洁。不要要求孩子一下子就变个模样儿，做什么事情都是有一个过程的。先要让孩子知道需要做到什么样子？怎样才算干净整洁？慢慢地，他就会理解你的意思，做到你所希望的样子，当然，你的要求一定要符合他的实际情况。

挑食偏食的孩子这样说最有效

王佳上小学五年级了，一直长得很瘦弱，每次体检都不达标，这让父母十分焦虑和担心。王佳吃东西挑食、偏食，吃饭仅吃点心，不吃主食，以致营养不良，使身体一直瘦弱无力。每次吃饭的时候父母都要多次督促她吃些主食，一直想治好她这毛病，可是王佳挑食、偏食的毛病一直改不掉，父母真是不知该怎么办才好了。

人体所需营养素可分为六大类：蛋白质、脂肪、糖类、维生素、矿物质和水。这些营养素分布于各类食物中，一种或一类食物不可能包含全部营养素。我们的祖先很早就懂了"五谷为养，五畜为益，五果为助，五菜为充"的科学道理。如果孩子偏食，就无法摄取各种各样的营养成分，时间长了，就会造成营养失调，给生长发育带来不良的影响。

纠正孩子挑食、偏食的坏习惯，是家长必须认真对待的问题。了解造成孩子偏食的原因十分重要。

有的家长自己对某种食物十分偏好，久而久之，小孩随大人一起偏爱吃这种食物。也有的家庭对孩子十分宠爱，事事顺着孩子，孩子想吃糖就多给甜食，不引导孩子吃肉类和蔬菜，时间长了孩子难免会偏食。还有的父母想让孩子长得快，采取强迫进食的办法，引起孩子的逆反心理，以致于出现呕吐、拒食、厌食、不爱吃某类食物。凡此种种都对孩子的成长不利。

亲子正面沟通秘诀

在现代家庭当中，有不少家长会因为孩子挑食而感到焦虑，有的家长甚至采取强制手段迫使孩子进食，却常常毫无效果。要帮助孩子矫治这些坏习惯并不难，关键是做父母的要多一点爱心和耐心。帮助孩子纠正偏食的坏习惯可以从以下这几方面着手。

1.耐心地给孩子讲清道理

父母要向孩子说明偏食的危害性，告诉孩子各种食物中含有人体最需要的营养成分，如果缺少就会影响身体的正常发育，并容易患上各种疾病。在对孩子进行教育时，要实事求是，要有科学性，举例要生动，逐步使孩子认识到偏食不利于身体健康，这样才能取得让人以较满意的矫正效果。

2.对孩子的进步予以奖励

要让孩子明白，家庭用餐是一种集体行为，不是自己一个人的事。不能只顾自己，什么东西自己最喜欢吃，就一个人"包圆儿"，自己不喜欢吃的东西连看都不看一眼。好吃的饭菜要尽量想着别人，不好吃的饭菜，即使自己根本没胃口，也应该出于照顾大家用餐情绪的目的，尽量多吃一点儿。让孩子明白：自己喜欢吃的东西，别人也会喜欢吃，好吃的要让大家共同分享。吃饭时每一盘菜都吃一些是一种好习惯，这样既能丰富孩子的饮食结构，又能培养孩子就餐的良好礼仪。

孩子不爱吃某种食物，但经过劝导能少量进食时，家长应予以奖励。同时，对孩子的需求要有充分的了解，弄清孩子最想获得什么东西，以便采取有针对性的奖励。

千万不要责骂孩子，逼着他们吃。可以定下一条规矩："必须把每个菜都尝一遍，假如不喜欢的，就不必再吃了。"一些家庭对十分挑食的孩子成功地使用了"吃三口"的办法。当然要注意，千万不要强逼孩子到使他作呕的地步。

3.家庭用膳品种要多样化，避免单一

餐桌上食物的品种应经常更换，尽可能做到色、香、味俱全，适合孩子

的口味。家长要想办法把孩子不爱吃的东西，做成各种不同式样的食品，引起孩子的兴趣，增强其食欲，使其把吃饭当成一项乐趣。那么，偏食、挑食的坏习惯就能得以纠正。

4.不要过分溺爱、娇惯孩子

有的家长溺爱孩子，孩子要什么给什么，喜欢吃什么就给什么吃，一味迁就孩子，这是十分错误的。有的孩子对零食的"厚爱"超过了对正餐的兴趣，零食吃个不停，到吃饭时反而没有胃口了。于是觉得这也不好吃，那也不好吃，吃饭十分挑剔。时间长了，就会偏食。因此，不能由着孩子随便吃零食，这对防止孩子偏食是十分重要的。

5.必要时带孩子看医生，进行药物治疗

有的孩子食欲太差，挑食、偏食特别严重，家长一定要带孩子去看医生，服用一些能增进食欲的药物。

总之，只要父母们认真阅读以上五点，并在现实生活中加以巧妙运用，就一定能使孩子自觉养成合理饮食的好习惯。

迷恋电视的孩子这样说最有效

有个读初二的男孩子一回到家里就看电视，吃饭时看，做作业时看，一分钟都不能离开电视。爸爸妈妈很不满，什么办法都用尽了，好说歹说不听，打骂也不听，他爸爸气得把电视机都砸烂了，但即使这样，也没能解决问题。儿子对爸爸说："爸爸，你不买个电视机回来我就不读书了。"他的爸爸只好又乖乖地买了台电视机回家……

孩子迷恋电视是让现代父母普遍感到烦恼的一件事。许多孩子都习惯一回家就打开电视机，一看就是几个小时，作业也不认真完成，就连吃饭都手捧着碗边吃边看……这样长期下去，孩子的身体健康和学习都会受影响，对于这一问题家长应有一个正确的认识。

一方面，电视节目可以启迪孩子的心灵，陶冶孩子的情操，让孩子感知美、认识美。另一方面，孩子如果过分迷恋电视，不但会影响其视力、睡眠和学习，而且一些不健康的、消极的电视内容，也会给孩子幼小的心灵带来伤害。相对于看电视少的儿童来说，看电视太多的孩子大都比较肥胖，健康状况也比较差，甚至还可能会有暴力和攻击的倾向。因此，家长要掌握好"度"，正确处理孩子看电视的问题，给孩子一个轻松健康的成长环境。

为了避免看电视时间过长给孩子造成伤害，父母首先要做的就是记录孩子观看电视的时间。美国教育界的尼霍拉斯·A·罗斯曾在《帮助孩子看电视》一书中诚恳地建议家长："记录孩子实际看电视的时间。"记录的结果或许会让家长发现，孩子每周看电视的时间已经到了很严重的程度。家长只有充分了解这一切，才有可能正确地指导孩子如何看电视。

亲子正面沟通秘诀

发现孩子过分迷恋电视，家长可采取下面一些方法对孩子进行有效的矫正。

1.先跟孩子约定看电视的规则，包括时间和次数

先说好规则，可以减少争执的发生。比如说，周末就和孩子讨论下周可以看哪些节目。其他基本规则，像吃饭时不能看电视，功课没做好不能看，或是看到几点就要去做功课，等等，都要事先跟孩子说好。时间到了，或者预定的节目看完了，一定要关掉电视，而不要让孩子"挂"在电视机前继续随意浏览。

2.陪孩子一起看电视，解释、讨论相关内容

家长如果能介入电视节目的诠释过程，将会影响甚至扭转儿童看电视的角度。和孩子对电视节目进行充分的讨论，不仅融洽了亲子关系，也会减弱电视的负面影响力。

特别要注意电视广告。美国学者的研究发现，小孩1年会看到4万个广告，其中包藏着许多高卡路里与油腻垃圾食物的宣传，不断引诱孩子消费购买。因此，别认为在广告时间就可以起身做别的事，还需要留意孩子看了什么广告。

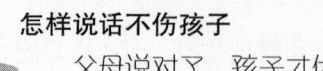
3.以优质的影片取代不好的电视节目

已经有越来越多的家长发现电视节目并不能为孩子提供有益的内容，因而更愿意花钱购买或租借优质的影片当做孩子的教学工具，并使之成为亲子间分享、聊天的载体。

4.别在小孩的房间放电视机

现代人的家里都会有一台以上的电视机，理由是让家中不同成员能够各取所需。但如果在孩子房里也放电视机，只会让孩子和家中的其他成员更疏远，也会影响他们做功课和休息，更糟的是父母无法监控孩子是否看了不健康或不合其年龄段看的节目，因此，不要在孩子的房间放上电视机。

5.大人要以身作则

其实，不仅孩子会迷恋电视，大人也常常对看电视乐此不疲。做父母的必须知道，自己的行为习惯对孩子有着重大的影响。如果家长被"粘"在了电视机前，孩子很容易就会效仿，家长也自然就很难说服孩子少看电视。因此，全家人都要检讨自己的收视习惯，规划出每日固定的收视时段和节目，让孩子明确何时是他的收视时间。有些家庭就有这样的规定，从周一到周五，全家大人只看晚上7点的新闻联播，如有特别节目就先录下来，等孩子休息时再看，这不失为一种好的解决方法。

总之，家长要正确处理孩子看电视的问题，给孩子创造一个相对宽松的空间。一旦孩子明白了家长的苦心，懂得了电视的危害和好处，自然会合理有度地选择自己爱看的、对自己身心成长有益的电视节目来看。

脾气暴躁的孩子这样说最有效

宋佳佳迷上了一种猜字游戏，每天做完功课后，她都会捧着一本厚厚的书来做这些猜字游戏。这种游戏是有一定的难度的，有时候，宋佳佳忙活了老半天也猜不出一道题，真的有点令人懊恼。

这天，宋佳佳再次玩起了这种游戏。正在她陷入沉思的时候，邻居家的罗欢过来找她玩。兴许是宋佳佳太入神了，竟然没有注意到罗欢在向自己打招呼。罗欢误以为佳佳不理睬自己，便顺手把她手中的书抢了过来："哟，在研究什么呀？这么痴！"

宋佳佳被她吓了一跳，思路被打断了，本来即将思考出来的答案一下子消失得无影无踪。宋佳佳很生气，对着罗欢叫道："你怎么这样呀！太讨厌了！"

罗欢看到宋佳佳如此愤怒的样子，一溜烟地跑回了自己家。

妈妈也听到了宋佳佳的叫声，便问道："怎么了？怎么这样对罗欢说话呀？"

宋佳佳正好有气没处撒，竟然也对着妈妈吼了起来："这样怎么了？你别管我！烦死了！"

看着无端发火的女儿，妈妈没有生气，而是平静地说："你一定要学会控制你的脾气，不要冲着人大喊大叫的，这样不好。"

宋佳佳听罢，方才觉得自己有点过分了。停了一下，情绪缓和了许多。宋佳佳抱歉地对妈妈说："刚才，实在对不起……"妈妈体谅地对着女儿笑了。后来，宋佳佳还主动到罗欢家向她赔礼道歉。

孩子和成人一样，有着自己的个性与脾气，但是过于频繁地发脾气，就属于我们常说的"坏脾气"了。

脾气不好，往往会影响人生的发展。因此，父母一定要纠正孩子爱发脾气的毛病。

孩子的情绪表达往往非常直接，一发起脾气来，就什么话都听不进了。这种情绪的表达往往会伤害别人，所以，父母要让孩子学会控制自己的情绪。父母碰到孩子发脾气时，对孩子的行为不要过多责难，更不要实行体罚，那样做只会适得其反。心理专家认为，心病还需心药医。对孩子的坏脾气，父母只有通过沟通交流，慢慢地开导，才能予以有效化解。

亲子正面沟通秘诀

对于脾气暴躁的孩子，家长应该如何引导呢？

1.让孩子认识发脾气的危害

告诉孩子：发脾气会伤害友情。首先在与别人的交往过程中，动不动就发脾气，往往容易伤害对方的自尊心，有时还会引起对方发脾气，结果不但问题得不到解决，还常伤了彼此之间的和气。其次，对别人发脾气，是对别人的不尊重，那么必然就得不到别人的尊重，而且，还会遭到他人的轻视。再次，暴躁会伤害自己的身体，医学心理学认为，性格暴躁，常常会损伤肝脏，妨碍人的学习和工作。

2.帮助孩子学会自我控制

让孩子时刻铭记：当感到自己要发脾气时，可反复默念"不要发火"。也可迅速离开现场，去干别的事情，或干脆去找别的人谈谈心，散散步。等"气头"过后，返回现场，发脾气的外部条件已不复存在，理智也占了上风，就可进行有效的克制了。

3.拓宽孩子的心理容量

家长要教育孩子，做人应当有"雅量"，即容人之量。心理容量大的人，能尊重理解别人，承受刺激的能量也大，对外界刺激能够"骤然临之而不惊，无故加之而不怒"。而心理容量小的人，则承受的刺激量也小，往往会为一点鸡毛蒜皮的小事而大发雷霆。

4.让孩子学会换位思考

如果双方在交流意见时，能站在对方的立场上想一想，就会在比较中了解彼此的动机和目的，就会意识到自己的意见是否正确，对方是否能接受，就可以避免大动肝火。比如：一个孩子和爸爸因意见不统一而大吵，这时爸爸可以与孩子商量，让孩子站在爸爸的角度考虑问题，使孩子也做一回"爸爸"，这样结果也许会出人意料的好。

综上所述，作为父母，要有一双敏锐的眼睛，以便随时洞察孩子的情绪变化。当发现他们情绪低落或反常时，引导他们寻找一种好的发泄方式。父母可以试着与孩子进行面对面的交流和疏导；可以带孩子到野外登山，或进行较激烈的体育活动，让其情绪得以释放；父母可以兑现一件孩子久为期盼的承诺，以满足其此时不平衡的心理；或是父母主动离家一天，让孩子邀好

友们来聚会，快乐地玩闹……父母会发现孩子并不会滥用父母给他的自由，相反，父母的理解也许更拉近了父母和孩子之间的距离，彼此相处会更和睦、更愉快。

粗心·马虎的孩子这样说最有效

李小娥上小学四年级了，平时学习还不错，可一到考试就不行了，有时还考不及格。妈妈看她的考卷，发现很多错误都是粗心所致，并非不懂不会。妈妈总是教导她不要马虎，要细心答卷，可是下次考试时李小娥还是粗心。妈妈很生气，真不知怎样才能纠正孩子这个考试粗心的毛病。

考试粗心是不少孩子常犯的毛病。考试粗心的危害很大，甚至有的学生高考落榜都是由于粗心所致。

无论在生活还是在学习中，人人都有过粗心的体验，并因此而受到损失。在一些重要的时刻，比如中考、高考，"粗心"带来的就不仅只是小麻烦了，这些损失往往不可计算，也无法弥补。

大多数人在潜意识里认为，"粗心"只能算是大家都会犯的小毛病，不会把"粗心"看做"无知"。因为他们认为，粗心不是不会，既然不是不会，就不能算是大毛病，也不算是大问题，当然也就不太值得让人担忧。况且谁都会粗心，谁都免不了出错，在这样自我原谅的意识中，孩子对"粗心"的放纵和宽容也就不难理解了。

亲子正面沟通秘诀

父母怎么帮助孩子改掉粗心大意的毛病呢？主要可采取以下几种方法。

1.要培养孩子仔细、认真的习惯

有些孩子聪明又能干，学习也不错，但却有粗心的毛病，自认为会了，没问题，结果考试时没审好题，最后答错了。对于这样的孩子，父母一方面要肯定他们聪明好学的优点，另一方面也要引导他们做事、做作业、考试都要精益求精，一丝不苟。要通过孩子过去粗心的实例和教训来分析粗心所造成的危害，讲明精益求精的重要意义。通过一些生动的实例，可以让孩子充分认识粗心的危害性，从而收到较好的教育效果。

2.教会孩子考试要有平常心

考试中，一般试卷的试题分为简单题、中等程度题与难题。家长要向孩子说清楚，进入考场拿到考卷不管是什么题都要以平常心对待，对难题不畏惧，对简单题不盲目乐观。应让孩子知道简单的题最好全部做对，因为孩子完全有能力做好这类简单题，只要认真对待，就完全可能顺利地把简单题全部拿下。简单题做得顺利，心中就有底了，就会更有信心去解决那些难题。

3.进行准和快的训练

父母要根据孩子考试常犯的错误、常出的毛病、常粗心的地方，和孩子商量拟订一些题目让其来做，要求又准又快，以准为基础快速解出来。要做的题都是孩子会的，很简单，只要认真就会做出来，孩子经过这样多次的训练，就会提高做简单题的成功率，逐步可以达到百分之百的成功。这样的训练比口头教育的效果好得多。只要孩子经过训练后改正粗心的毛病，有所进步，就要给予充分的肯定，以强化他的信心，并收到更好的效果。

4.让孩子学会自我监督

帮助孩子分析错误出现在哪里，让孩子抄录自我提醒的"语录"。例如，"坚决消灭错别字""不要忘记复数"等，放在孩子桌子的玻璃板下，或贴在作业本第一页上或者其他醒目的地方，提醒孩子注意改正粗心的毛病，这样有助于他们克服粗心的毛病。在考试前经常根据孩子各门课易出现的错误、易粗心的地方，和孩子一起讨论，针对各门课的不同情况写出一些自我提醒的语句，对克服孩子考试粗心的毛病很有帮助。

上网成瘾的孩子这样说最有效

一位父亲这样痛苦地诉说道：我儿子今年17岁，正在读寄宿高中。他现在整天不上课，不是上网吧就是在宿舍里睡觉，父母、老师的话都听不进去，上个学期好几门考试不及格。他除了上网玩游戏外什么爱好也没有，我曾试着带他一起锻炼、郊游、摄影、逛书店，但他哪儿也不去，周末回家后就是睡觉。

原来他不是这样的孩子，在初二上学期之前，性格很活泼，但初二下学期突然不爱说话了，迷上了网游。一放学就自己待在屋里，不管什么时候都要关上门，作业也不做。原来我们以为是青春期的表现，但已经三四年了，仍不见好转。我很困惑，不知道怎样才能改变他。我也曾试着和他在网上聊天，但效果不甚理想。我该怎么办呢？

网瘾对青少年的种种毒害，不能不引起我们的忧虑：孩子沉迷于网络的原因是什么？我们应该怎么帮助他们？

网瘾是一种心理疾病。一般来说，网瘾患者与酒瘾、毒瘾患者一样，程度不同地存在着抑郁症、焦虑症、强迫症和社交恐惧症等心理障碍。

如果孩子具有以下的两三种表现，就可以初步判定他对上网已经成瘾：

——吃过饭就直奔电脑，严重的甚至在吃饭时还在网络上"厮杀""通关"。

——干什么都没有兴趣，但一提到上网就立刻兴奋起来。

——经常把自己独自关在房间玩电脑，并且时间越来越长。

——没有正当理由地经常晚回家，甚至夜不归宿。

——一段时间（从几小时到几天不等）不上网，就会明显变得焦躁不安，不可抑制地想上网。

——企图缩短自己上网的时间，但总以失败告终。

——花大量时间搜寻、购买、下载、安装新软件。

——上网已经严重影响其学习，影响其与父母的关系和与同学、朋友的交往。

孩子为什么容易上网成瘾？主要是因为中国的孩子普遍孤独而且生活单调所造成的。中国的父母和学校把成绩看得重如泰山，绝大多数孩子有程度不同的压抑和挫败感。无论成绩如何，父母的永不知足让孩子疲惫不堪，丝毫感觉不到学习的快乐和成就感，而上网能让孩子感到放松与快乐，久而久之，也就越容易出现上网成瘾的情况。

与现实中的失败和挫折相反，孩子在网络上体会到的是前所未有的成功：在网络游戏中，他们可以统率千军万马指挥若定，可以以少胜多除暴安良，可以随心所欲主宰别人的生死。另外，对于内心孤独的孩子，网络可以成为他们寻求发泄和获得认同的原动力。

亲子正面沟通秘诀

网络是把双刃剑，我们应用其利而避其弊，积极引导孩子科学理智地使用网络，成为网络真正的主人。父母可以尝试一下以下几种方法。

1.和孩子一起上网

父母不要视网络为洪水猛兽，而是要引导孩子合理使用网络，并和孩子一起享受网络给生活带来的方便。亲自上网体验一下，有利于父母以一颗宽容的心去引导与帮助孩子。

2.上网之初先立下规矩

小学生每天上网一般不应超过一小时，中学生不应超过两小时。孩子要学会选择并欣赏健康网站，要保护自己和家庭，不能在网上留下家里的电话，不能泄漏家庭隐私，不能轻易把自己家的住址告诉网友。

3.把电脑放在家里的"公共场所"

家中有中小学生的父母，可以把电脑放在家里的"公共场所"，如客厅或公用的书房等，这是帮助孩子安全上网最简单的方法。

4.指导孩子上网聊天

网络聊天的自由随意和网络语言特有的魅力，是吸引孩子的主要原因。面对网络聊天，有的成人都无法自持，何况孩子。所以父母首先要在自我节制的前提下，对孩子进行一定的引导。可以让孩子和网友制定一个明确的谈话主题，选择情趣相投的聊天对象，还可以指导孩子用外语聊天，在轻松的氛围中提高外语水平。

5.与孩子一起参与专家聊天室

现在很多网站都会有计划地邀请专家、学者或知名人士坐客聊天室，这种聊天一般都会就某个领域的某个话题进行深入交流，既解决问题，又增长见识。父母不能不加分析地把网络聊天一概斥为无聊和浪费时间，而应因势利导，将网络这种现代科技应用在现代理念、良好品行的培养上。

6.戒除网瘾有过程

帮助孩子戒除网瘾，父母可以巧妙运用递减法。比如，从原来每天上网6小时改为5小时，再改为4小时，逐步减到每天一两小时，慢慢恢复到正常状态。不能急于求成，试图一刀下去斩草除根，要在循序渐进中收到成效。

第4章

给孩子点个赞，爱孩子就夸夸他

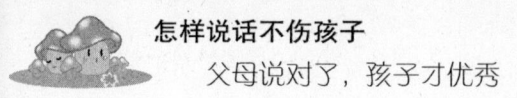
每天夸孩子一句并不难

美国心理学家为了研究母亲对人一生的影响，在全美选出50位成功人士和50名有犯罪记录者，分别给他们去信，请他们谈谈母亲对自己的影响。其中有两封来信说的都是同一件事——分苹果，读来颇耐人寻味。

一封信是一个在监狱服刑的犯人写的：小时候，有一天妈妈拿来几个苹果，大小不同，我非常想要那个又红又大的苹果。妈妈听了，瞪了我一眼，责备地说："好孩子要学会把好东西让给别人，不要总想着自己。"于是，我灵机一动，改口说："妈妈，我想要那个最小的，把最大的留给弟弟吧。"妈妈听了非常高兴，把那个又红又大的苹果奖励给了我。从此，我学会了说谎。

另一封信是一位来自白宫的著名人士写的：小时候，有一天妈妈拿出几个苹果，大小不同。我和弟弟都争着要大的。妈妈把那个最红最大的苹果举在手中，对我们说："这个最大最红的最好吃，谁都想得到它。很好，现在让我们来进行一个比赛，谁干得最快最好，谁就有权得到它。"我们三人比赛除草，结果我赢得了那个最大的苹果，妈妈还夸奖了我一番。我非常感谢母亲，她让我明白了付出与收获成正比。

同样是分苹果，却带来两种截然相反的结果——一个孩子学会了说谎，另一个孩子却从中懂得了一个令其终生受益的道理。正如马卡连柯所言：生活中的每一件小事，每一次随便的闲聊，每一个平常的举止，每一个不经意的眼神——在父母的不知不觉中，都可能对孩子产生重要的影响。教育其实存在于构成孩子生活环境的方方面面。孩子若生活在批评中，便会学会谴责；孩子若生活在接纳中，便会学会仁爱；孩子若生活在分享中，便会学会慷慨；孩子若生活在公平中，便会知道正义；孩子若生活在诚实中，便会懂得什么是真理。

教育孩子，常常就在生活的点点滴滴之中。

每天夸孩子一句，重要吗？日本的一项研究表明，经常受到家长夸奖和很少受到家长夸奖的孩子，前者成才率比后者高五倍！

许多家长和幼儿教师都知道：如果今天夸孩子的手干净，第二天他的手会更干净；如果今天夸他的字比昨天写得好了，明天他的字准写得更工整；如果今天夸他讲礼貌了，明天他也会更注重礼貌……孩子其实很聪明，在受到大人的夸奖时，他不仅心情愉悦，而且懂得了什么是对的，什么是错的；什么是大人提倡的，什么是大人反对的。这样，比家长直接对他说应该做什么、不应该做什么，效果要好得多。

每天夸孩子一句并不难，但夸奖到位却不是一件易事。首先，要夸得准，如果夸得不准，孩子就会感到是受了欺骗，起不到激励作用。其次，如果夸错了，那反而会引起不良的后果。孩子会把错的当成对的，即使以后你想更改过来都很难，因为他心中的是非标准会因你的错夸而混淆了。因此，家长要时刻关注孩子每一点细微的进步、每一个小小的闪光点，及时给予夸奖和鼓励，让孩子产生成就感和自豪感，促使孩子不断进步。

每天夸孩子一句吧，你很快就会看到意想不到的效果。

亲子正面沟通秘诀

父母怎样做才能使表扬更有效呢？希望下面的观点能给父母们带来一些启发，并为他们在表扬孩子时提供有益的参考。

1.表扬要具体

对于孩子来说，表扬不能太笼统、模糊，不能简单地用"你真是一个好孩子""你真棒"这样的一般赞语，而应对孩子的优点和进步的具体细节给予肯定，使孩子明白"好"在哪里。对孩子的表扬越具体，孩子越容易明白哪些是好的行为，越容易找准努力的方向。例如，孩子看完书后，自己把书放回原处，摆放整齐。如果这时家长只是说："你今天表现得不错。"表扬的效果就会大打折扣，因为孩子不明白"不错"指什么。你不妨说："你自己把书收拾这么整齐，我真高兴！"一些泛泛的表扬，如"你真聪明""你真棒"虽然暂时能提高孩子的自信心，但孩子不明白自己好在哪里，为什么

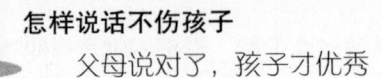

受表扬，且容易形成骄傲、听不得半点批评的不良性格。

2.表扬的方式要变化

新颖的刺激、多变的刺激，容易唤起人们的注意，容易激发人们的动机；而不变化的刺激、千篇一律的刺激不容易引起人们的注意。有的父母多年不变地用单一的表扬方式，孩子听着无味道，司空见惯不以为然，激发不了孩子良好的动机。父母使用单一的、不变的、重复的语言去表扬孩子，时间一长，根本起不到激励孩子的作用，有时甚至会引起孩子的厌烦。

3.表扬要看见过程

表扬不仅要看结果，还要看见过程。父母应该引导孩子重视努力的过程而不是成功的结果，激励孩子坚持不懈地努力争取，即便失败了，奋斗的经历对孩子来说也是一种财富。例如，孩子想"自己的事自己干"，吃完饭后，自己去刷碗，不小心把碗打破了，这时家长不分青红皂白一顿批评，孩子也许就不敢尝试自己做事了。如果家长冷静下来说："你想自己做事很好，但厨房路滑，要小心！"孩子的心情就放松了，不仅更喜欢自己的事自己做，还会非常乐意帮家长干其他家务。因此，即使孩子做得不好，只要孩子是"好心"就要表扬，帮他分析造成"坏事"的原因，告诉他如何改进，这样会收到较好的效果。

4.表扬要视情况而定

为了培养孩子的一些好习惯，父母一旦发现孩子有进步了，就一定要瞅准时机，着力表扬。慢慢地，等孩子在父母的表扬声中养成了习惯时，则需要减少表扬的次数，而且表扬的间隔时间要长一些，直到孩子取得了相当大的进步或成绩时，再对其给予表扬。只有把握好了这样的节奏，才能更有效地发挥表扬的作用。

5.表扬要把握好时机和分寸

对孩子的表扬并非是多多益善，表扬也像服药一样，不能随便乱用，它也有使用的禁忌规则。所以，父母对孩子的表扬一定要适度，一定要掌握好"火候"，把握好轻重。

鼓励孩子多作自我肯定

　　一位母亲第一次参加家长会，幼儿园的老师说："你的儿子有多动症，在板凳上连三分钟都坐不了，你最好带他去医院看一看。"回家的路上，儿子问妈妈，老师都说了些什么。她鼻子一酸，差点流下泪来，因为全班30位小朋友，只有她的儿子表现最差，唯有对他，老师表现出不屑。然而她还是微笑着告诉她的儿子："老师表扬你了，说宝宝原来在板凳上坐不了一分钟，现在能坐三分钟了。其他的妈妈都非常羡慕妈妈，因为全班只有宝宝进步了。"那天晚上，儿子破天荒地吃了两碗米饭，并且没让妈妈喂。

　　儿子上小学了，家长会上，老师对她说："全班50名学生，这次数学考试，你儿子排在第50名，我们怀疑他智力上有些障碍，你最好能带他去医院查一查。"走出教室，她流下了泪。然而，当她回到家里，却微笑着对坐在桌前的儿子说："老师对你充满了信心。他说了，你并不是个笨孩子，只要能细心些，会超过你的同桌，这次你的同桌排在第21名。"说这话时，她发现，儿子黯淡的眼神一下子充满了光亮，沮丧的脸也一下子舒展开来。第二天上学时，儿子去得比平时都要早。她甚至发现，从这以后，儿子温顺得让她吃惊，好像长大了许多。

　　孩子上了初中，又一次家长会。她坐在儿子的座位上，等着老师点她儿子的名字，因为每次家长会，她儿子的名字总是在差生的行列中被点到。然而，这次却出乎她的预料，直到家长会结束，都没听到他儿子的名字。她有些不习惯，临别时去问老师，老师告诉她："按你儿子现在的成绩，考重点高中有点危险。"听了这话，她惊喜地走出校门，此时，她发现儿子在等她。走在路上，她扶着儿子的肩膀，心里有一种说不出的甜蜜，她告诉儿子："班主任对你非常满意，他说了，只要你努力，很有希望考上重点高中。"

高中毕业了。第一批大学录取通知书下达时，学校打电话让她儿子到学校去一趟。她有一种预感，她儿子被第一批重点大学录取了，因为在报考时，她对儿子说过，相信他能考取重点大学。儿子从学校回来，把一封印有清华大学招生办公室的特快专递交到她的手里，突然，就转身跑到自己的房间里大哭起来，儿子边哭边说："妈妈，我知道我不是个聪明的孩子，可是，这个世界上只有你能欣赏我……尽管那是骗我的话。我知道这些话只是一层纸，一捅就破，但我还是喜欢听，因为它是我学习的动力所在，妈妈的这层纸让我不停地奋斗、不停地进取。"听了这话，妈妈悲喜交加，再也按捺不住十几年来凝聚在心中的泪水，任它流下，打在手中的信封上……

你参加过孩子的家长会吗？你是怎样参加家长会的？你从家长会回来会和上面的这位母亲一样，无论他表现出色抑或平平，都微笑着面对你的孩子吗？

和孩子沟通，要先让孩子感到你很可亲，让他感到父母是关心自己的、爱护自己的，而不是为了训斥自己才和自己沟通的。亲子沟通的主要原则是先处理情绪，后解决问题。

心理学认为："人的潜意识只接受有实质性意义的信息。"比如我们初学开车都有过这样的体验，前面的标杆明明不能触碰，教练在跟我们大喊"别碰标杆！"事实情况是，教练越喊，我们就越是会撞上标杆，我们的潜意识只接受了"碰标杆"这样的实质性信息，而不是"别"这个信息。根据这个规律，我们不要给孩子一味地贴上"负标签"，孩子做错了一点小事，就训斥他丢人、卑鄙，甚至叫他"小偷""罪犯"。有个孩子无意间对妈妈撒了谎，这位妈妈不是探明原因从而防止孩子继续这样做，反而把孩子关在门外，声明不要她了，她以后会进监狱，等等。家长的本意是希望用这样的方式让孩子牢记错误，但是取得的效果却事与愿违。

所以，抚养孩子，做好亲子沟通，要求家长要切实地改变自己旧有的认知模式，以使沟通变得非常轻松。因为，有阳光的家长，才会有阳光的孩子。

有位专家经常和家长朋友们说孩子的成长过程中至少需要千百次的肯定，他们的反应大多是很惊讶地"哇"一声，然后问专家是表扬孩子千百次吗？专家回答道：你可以一直这样理解，不过肯定孩子比表扬孩子更进一步，它要求家长不管在任何场合都用心体会孩子的感受，关注孩子，认同孩子。

培养成功和幸福的孩子的关键之一，是让孩子有高度的自信心，使其不会因为一时的成败或行为表现来影响自己的价值感。父母的责任是帮助孩子建立起良好的自我概念和自我形象，由自信心再渐渐地发展出孩子的自律和自爱。在这个过程中，没有任何附加条件的爱和肯定的目光是孩子成长最好的营养。

鼓励孩子多作自我肯定，并不意味着应该让他"滥用"自我肯定。不要鼓励孩子在任何时候、任何情况下都使用自我肯定。自我肯定也应有个度，要分时间、场合，更要有一定的原则、标准和尺度。再好的良药也不能下得过猛——孩子的自我肯定用过了头，那就可能变成了一个自负甚至唯我独尊的小霸王。

亲子正面沟通秘诀

在鼓励孩子方面，家长应该怎么做？

1.坚定不移地信任你的孩子

认可孩子作为一个独立存在的个体，有他自己的独立意志，并有着无限的成长潜力。始终坚定不移地信任你的孩子，认可他、赞赏他、鼓励他，必要时指出他在行为上需要改进的地方，这是使孩子建立积极自我形象的有效方法。

2.帮助孩子正视错误

孩子由于做了一件错事而遭到了批评，一下子感到丧失了前进的方向。此时你应该告诉他，对待批评的最好办法便是承认并改正。当孩子主动承认了错误时，你完全可以告诉："你这样做很不容易，因为这可需要很大的勇气，你可以对自己说你做了一件了不起的事。"

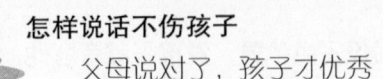

3.鼓励孩子多作自我肯定

对孩子来说，他心中的自我肯定往往是脆弱的、飘摇不定的，因而极需要得到外界的不断强化。强化孩子自我肯定的方法有很多。如可让孩子为自己记一本"功劳簿"，让孩子每周花几分钟时间写出（或画出）自己的"功劳"，并告诉孩子，所谓"功劳"，并不一定非得是了不起的成就，任何小小进步，以及为这种进步所付出的任何小小努力，都有资格记载入册。你还可以教孩子学会以"自言自语"的方法不断对自己作出赞扬，当孩子遇到困难正踌躇畏缩时，你不妨鼓励他自己为自己鼓劲："来吧，小朋友，你可是一个不怕失败的好孩子，再努力一次吧！"

你应该让孩子觉得：你对他的赞赏完全是诚恳的，而不是应付的、客套的，更不应该是虚伪的、做作的。

对孩子露出八颗牙齿的微笑

年仅15岁的女中学生小华前后离家出走多达45次。她的父亲采取说教、责骂、体罚、跪求等方式均未能阻止她离家出走的念头和行为，反而加剧了她对父亲的怨恨和反抗。父亲最后不得已将女儿反锁在家中达一年之久，但最终还是被女儿设计骗过逃离家门。面对自己教育孩子彻底失败的事实，父亲伤心之余还是把最后的希望寄托在教育专家身上。教育专家在通过与父亲、女儿对话了解孩子的成长过程之后，得出了一个令父亲吃惊的结论：孩子始终缺乏家长的赞美是导致孩子畸形成长的诸多因素中的一个关键所在。

赞美是同批评、反对、厌恶等相对立的一种积极的处世态度和行为。一个人不管是通过语言还是通过行为，只要表达出对别人长处和优点的肯定和喜爱，都可以说是赞美。俗话说："良言一句三冬暖，恶语伤人六月寒。"一句真诚的话语会给人温馨、使人感激，真诚的赞美更会给人信心、给人力量、催人奋进。台湾作家林清玄曾在报纸上发表过一篇文章，极力赞美一个小偷的技艺如何高超、脑瓜如何聪慧，并真诚地感叹如果此人将智慧和能力用在正道上，肯定能成大事。恰巧此文章被小偷看到，感动之余，洗心革面，重做新人，几年之后成为一个享有盛名的企业家，此赞美的神奇功效让人叹为观止。

美国第16届总统林肯是贫寒家庭出身，以其高尚的人品、钢铁般的意志、质朴而又高超的处世艺术，由摆渡工、律师、议员而逐渐成为总统。他的处世名言是："人人都需要赞美，你我都不例外。"可是我们的孩子又有多少能经常得到家长的赞美呢？

究其原因大致有三种情况。一是受中国传统家庭教育思想的影响，对孩子批评的次数要远远大于表扬，好像只有批评才能使人进步。不是有一个词语叫"鞭策"吗？就是鞭策着前进，这是中国教育思想的一个写照。纵然对孩子很满意，极有赞美之意，也是很含蓄地留在心底，不溢于言表。二是望子成龙是家长们的夙愿，可有的父母缺乏对孩子的确切了解，对孩子的期望值过高，不管孩子如何努力总也达不到父母的要求，又怎能得到父母的赞美呢？三是有的家长只注重孩子的吃穿，对孩子成长中的精神、行为、习惯等缺乏全面的关心和了解，不善于发现孩子的优点和长处，故对孩子的赞美少之又少，这也是本节开头提到的父亲教育小华失败的真实原因。

我们都会笑，那能不能对孩子露出八颗牙齿真诚地微笑一下，让孩子感到实实在在的亲切感呢？要想让孩子生活在和谐、温暖、相互信任、相互赞美的氛围中，使孩子养成健康向上的心理，能积极主动面对生活中的种种问题，从而使孩子的人生旅途充满笑声、掌声，充满着决心和信心，那就要学会做赞美孩子的家长，让你的赞美成为承接孩子昨天的成绩与明天的进步的加油站。赞美其实是一种艺术的体现，父母要想演绎好这门艺术，必须要有一双善于发现的眼睛。

我们许多父母习惯于用审视或挑剔的眼光注视孩子，在这种心态的支配下，我们看到的多是孩子的缺点和不足，而当我们换一种心态，改用信任、欣赏的目光关注孩子的行为时，就会发现，原来每个孩子都有那么多的优点和长处。要想真正做到用信任欣赏的目光关注孩子，必须改变那些根植在我

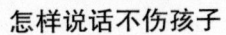
们思想深处的陈旧观念。

不要对孩子抱有不切实际的过高的期望。面对当今日益激烈的社会竞争，许多家长望子成龙心切，都想让自己的孩子无所不能、无所不精，各方面都力求胜人一筹。这种过高的期望导致家长看着自己的孩子时觉得他这方面不行，那方面也不行，结果只能是越看越生气，越比越失望。

俗话说，不以成败论英雄。作为家长，应多关注孩子努力的过程。如果你细心观察，在孩子的行为过程中你会发现许多美妙之处。如孩子在绘画时的专注神情，玩玩具时表现出的丰富想象力，游戏中的相互协作，表演时的乐观真诚等，无一不是值得我们成人欣赏的。如我们直奔结果而去，可能什么都看不到，因为孩子的行为结果可以说是没有什么社会价值的，他们通常是为体验过程而去做某些事情的，但这也正是孩子们的可爱之处。

亲子正面沟通秘诀

赞美的艺术性还需要通过一定的技巧来体现，过度的鼓励和赞美会让孩子感到你不真诚，因此，赞美孩子时掌握一定的技巧是十分重要的。

1.赞美必须是由衷的

家长有时对孩子兴高采烈拿过来的作品连正眼都不看一眼就随口说："好好，不错。"这种敷衍式的反应会让孩子很扫兴，只会挫伤孩子的自信心，孩子是不可能得到愉快的体验的。

2.赞美应是具体的

对孩子的赞美要具体、明了，最好是多鼓励孩子努力的过程，这种有针对性的赞美会让孩子明白什么地方做得好。通过对孩子努力过程的赞美，还可以很自然地将努力的过程与结果联系起来，让他们懂得是努力促成了成功。

3.赞美要坚持原则

由于溺爱，有些父母无原则地对孩子的种种行为加以赞美，使得孩子是非不清、骄横跋扈。孩子按大人的要求去做了并做得很好，就应该及时赞美。做了不对的事情，即使孩子哭闹、耍赖皮也千万不要迁就他、说好话，否则，赞美就会失去原有的积极意义。

4.学会当众赞美

孩子应当得到赞美时，应使他当着别人的面得到。孩子的成绩被当众传播了，这就是双重的奖励。

5.赞美要有休止符

孩子经过努力作出了成绩，或者他做完了应当做的事情，都应该得到赞美。但在日常生活中，注意不要重复称赞某件事情，当孩子养成良好的习惯后，就可以适当减少对孩子这一方面的赞美。

6.赞美应是及时的

及时的赞美会让孩子很快获得积极的情感体验，而这种体验能更好地促进孩子下一步的努力。孩子做完某件事或正在进行中，就给以适当的赞美和鼓励，孩子做事的完成效果会更好。如果一时忘记了，就应该设法补上去。

7.不要直接赞美孩子整个人，而应该赞美孩子的具体行为

赞美孩子不要夸大其词，否则会使孩子沾沾自喜，自以为了不起。如孩子对天文十分感兴趣，常常画出天上的星座，那么"这孩子真聪明，一定会成为天文学家"这种赞美就显然不恰当。相比较而言，就事论事似乎更好些，可以这样说："这个星座画得真不错。"否则，言过其实的赞美会给孩子播下虚荣的种子。

幽默是一种行之有效的语言

阿勇是个十分风趣的人。秋收的一天，他拖着疲惫的步伐从田里割稻回家，想舀水来洗脸，却发现水缸里已经没有一滴水了（这个村里还没有自来水，村民吃、用水都要到河里去挑）。阿勇没有责怪放暑假在家的孩子没有挑水，也没有命令他去挑水，而是拿起水勺对孩子说："小伙子，你到隔壁大妈家里借几勺水先用一用吧。"孩子听出了父亲是在给自己提意见。他二话

没说，就红着脸去挑满了整整一缸水。这就是用幽默的方式教育孩子的好处。

家长在教育孩子的时候，往往喜欢板起面孔说教，其实就不如来点幽默，教育效果将会更好。幽默是润滑剂，能使大家融洽地相处；幽默是快乐之源，能使我们的家庭生活充满和谐与快乐。在我们的家教中，恰当的幽默不仅能使孩子免去在大人面前的拘谨，还能使其在轻松一笑中接受良好的正确的教育。

苏联著名诗人米哈伊尔·斯维特洛夫就是用幽默的方法来教育孩子的高手。有一次，诗人刚进家，就发现一家人慌作一团，诗人的母亲正在打电话给医院请求急救。原来，诗人的小儿子舒拉别出心裁地喝了半瓶墨水。诗人明白：墨水是不至于使人中毒的，所以用不着慌张，而这正是教育舒拉的好时机。于是，他轻松地问："你真的喝了墨水？"舒拉得意地坐在那里，伸出带墨水的舌头，做了个鬼脸。诗人并没有发火，他从屋里拿出一沓吸墨水的纸来，对儿子说："现在没有别的办法了，你只有把这些吸墨纸使劲地嚼碎吞下去了。"一场虚惊就这样被诗人的一句幽默给冲淡了，并且在家人的嬉笑中结束。舒拉原想以此成为家人的中心，但是未能如愿。此后，他再也没有犯过类似出风头的"错误"了。

缺乏幽默是悲哀的，家庭教育也同样如此。幽默感应在父母的语言修养中列居特殊的地位。

幽默是一种行之有效的、不可忽视的家庭教育手段。幽默感可以感染孩子，在一个充满幽默欢笑的家庭里，孩子就会变得活泼、热情、开朗。作为启蒙教育者的父母，与孩子开些善意的玩笑，鼓励孩子说些健康的俏皮话，用幽默的方法教育孩子，都是十分有益的。儿童心理学家认为，这绝非逗乐，而是在培养孩子健康欢乐的个性。

对待孩子的错误，严肃认真的批评是一种教育方法，有时采取幽默的手段同样也可以达到教育的目的。我们不应总是用斥责惩罚的方式对待犯错误的孩子，不要让孩子总是担心受到惩罚，而要使他们在看出自己谬误的同时破涕一笑，其效果往往比板起面孔训斥孩子好得多。

幽默感重要吗？十分重要。一个孩子具有幽默感，表明他有一种积极的、乐观向上的人生态度，将来一定会拥有较好的人际关系，这对他一生的发展将有举足轻重的作用。因此，有人认为，幽默感也是衡量人才素质的一项标准。

要培养具有幽默感的孩子，年轻父母不妨抽出一点时间来，与孩子一起欣赏具有幽默感的生活小事，善于在生活中发现幽默。孩子的天性是快乐的，让孩子在轻松、充满幽默气氛的环境中成长吧！

亲子正面沟通秘诀

父母多一分幽默，子女就多一分笑声、多一分欢乐、多一分力量。幽默不仅能消除父母与子女之间人为的紧张情绪，而且可让子女在笑声中健康身心，达到寓教于乐的目的。

1.根据孩子的年龄和认识水平，选择合适的幽默作品让他听读

在欣赏与自己年龄相符的作品时，孩子不仅会对作品本身感兴趣，也会对作品的幽默之处有所期待，在一次次的重复中，他仍兴致盎然，开心地等待最精彩的情节的出现，然后开怀大笑。

2.在生活中发现幽默

在我们平淡无奇的日常生活中，也有不少妙语和好笑的片断。比如有的小朋友说："我喜欢下雨天，下雨了，可以用雨水洗盘子，把盘子放在外面就行了。"还有一个小朋友说："有一个外国老师吃火锅，她把蘸的调料当饮料全喝光了。"父母要做个有心人，捕捉生活中有趣的情节和对话，经常与孩子一起分享快乐。

3.根据孩子的兴趣把握"重点"

有的孩子在欣赏幽默画或幽默故事时，并不喜欢父母完整地讲述整个故事，父母不如就把讲解的重点放在"惊喜"之处，让孩子过把瘾。

4.尊重孩子，允许其有不同的理解和看法

在欣赏同一个作品时，孩子与父母往往从各自的角度、以各自的经验去理解作品。比如在欣赏《父与子》系列漫画时，父母可能理解为"父子情深"，而孩子的理解却是"这个孩子太调皮了"。父母可鼓励孩子大胆地发

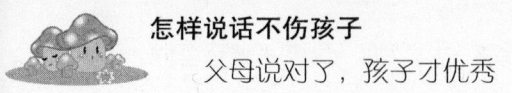
表自己的看法、发挥想象，这样孩子才能在欣赏的过程中获得情感的释放、理解能力的提高和想象力的发挥。

5.在家中设立"开心一刻""开心一角"

收集各种笑话和幽默画，与孩子一起欣赏，引导孩子主动地感受，发现有趣或奇妙之处，让孩子在"有趣之处"获得愉悦的情绪体验。

赏识孩子的想象力和好奇心

志玲是个生活刻板严谨的人，作息极有规律，无论发生什么事，作息时间从不改变，但是她却有一个不安分的女儿莎莎。

莎莎是个好奇心强的女孩，成天都在不停地动，不知疲倦地做游戏、玩闹，发出种种声响。她与母亲是两个极端，因此母女之间的战争一天之中不知要发生多少次。

有一次，莎莎把祖母刚送给她的万花筒拆开了，想看看里面究竟藏了些什么，这自然招致母亲的愤怒。拆东西可算是莎莎最大的爱好了，凡是让她感到好奇的东西，都逃不过被拆的命运，当然她也逃不过挨罚的命运。可是无论母亲怎样罚她，她的这个毛病始终也改不了。

还有一次，莎莎竟然把啄木鸟挂钟给拆开了，要知道这座挂钟是莎莎故去的祖父留下来的遗物，母亲一直十分珍惜。现在这座钟被大卸八块，零件散落了一地。母亲被气得暴跳如雷，不由自主打了莎莎一下。

"从此以后，不许你乱拆东西，不许大声唱歌，不许胡闹……"志玲一口气给莎莎下了好多条死命令，并威胁莎莎如果违犯命令就要受罚。

那天莎莎抽抽咽咽地哭了很久。从此她失去了往日的活泼劲儿，眼睛里充满了一个9岁的孩子不该有的忧郁神情。

成人在考虑问题时，常要受到许多潜在因素的限制，但孩子却不同，他们可以让思维插上翅膀自由地飞翔，他们常常会想出出乎人意料的答案，这是很可贵的。

亲子正面沟通秘诀

家长如何才能做到赏识孩子可贵的好奇心呢？

1.转变家长的育子观念

一个真正关心孩子成才的家长，必然会考虑如何转变育子观念，把孩子的头脑、双手、嘴巴、行动从传统的说教中解放出来，帮助孩子变"听话"为"主动出击，勇敢创新"，不断挖掘孩子的好奇心，培养孩子学会创造。

2.珍惜孩子的好奇心

家长在培养孩子的创造力的过程中，要特别珍惜孩子的好奇心并鼓励他们大胆思考。歌德、爱迪生、伽利略等人的成才事例告诉我们，孩子的创造潜能靠培养、靠挖掘，尤其是需要家长给他们创造宽松的、适宜他们成才的环境，并善于引导他们正确的思路，在创造中享受成功。

如果纠正过多，管教过严，孩子在考虑问题时就会怕犯错误，久而久之，就会感到自己什么也不行，只能从成人那里接受现成的安排和结论，使孩子丧失自信心、自尊心和创新精神，从而阻碍孩子创造能力的发展。

正确的做法是，家长以积极肯定的态度鼓励孩子大胆思考，勤于提问，勇敢探索。如果是新奇的问题，即使是错的，也要给予鼓励，因为关键是孩子在思考。而家长最重要的任务之一是培养他们灵活思考的思维能力。

3.保护孩子可贵的问号

好奇、质疑是孩子的天性。孩子年龄小，知识有限，面对大千世界会产生强烈的好奇心和求知欲。因此，在生活和学习中，他们常常提出"这是为什么？""那是为什么？"等问题，孩子的这种质疑正是他产生创造力的源泉。孩子的好奇、质疑是自发的，是星星之火，引导得好，就会燃烧起来，形成熊熊烈火。因此家长要做"助燃剂"，切莫当"水龙头"，要把握孩子的心理，保护孩子的好奇心和求知欲，妥善解决他们心中的问号。

4.不要怕被孩子问住

睡觉前，一位母亲在给儿子讲一个成语故事——掩耳盗铃。"古时候，有一个小偷，用手捂住自己的耳朵去偷人家门上的铃铛。他自己听不见铃响，就以为别人也听不见铃响……"还没等母亲说出故事的引申义，儿子迫不及待地问："妈妈，小偷是用一只手捂住耳朵还是用两只手捂住耳朵？"妈妈顺口说："当然是两只手了。"孩子疑惑地望着妈妈说："既然是两只手捂着耳朵，那他怎么去摘铃铛呢？"

做父母的听到孩子提出这样的问题，应该感到高兴。因为您的孩子正在进行富有创造力的思考。

5.亲子共学，其乐融融

家长对孩子提出的问题是不能马虎的，要用他们能听懂的语言不厌其烦地讲给他们听。在丁丁的眼里，爸爸是无所不知的"大学问家"。丁丁上学以后，问号更多了，而且更"专业"了，爸爸真有点招架不住。因此，爸爸给孩子买了一套《十万个为什么》，里面不仅有天文、地理知识，还有信息科学知识。这下可好了，丁丁再有什么问题，爸爸就说："我们一起看看书中是怎么说的。"于是父子俩就一起看书，一起找答案，就这样做到了"孩子解疑难，爸爸长知识"，真是共学相长，其乐融融。

让孩子体验爱的力量

这是一个贫寒的家庭，一家人相依为命。父亲辛辛苦苦地工作，养活一家子，儿子也知道生活的艰辛，一直都很懂事。

有一天，儿子眉头紧锁，郁郁不乐，显得心事重重。

父亲把一切看在眼里，关切地询问儿子，儿子怎么也不肯说，他不想难为父母。后来经父亲一再追问，他才吞吞吐吐地说："同学们都有自行车，只有我没有……"

父亲沉默了，因为家里实在没有多余的钱。

过了几天，儿子惊喜地跑回家，对父亲说："爸爸，给我两块钱吧。我要玩转盘游戏，奖品中有自行车。"

　　父亲看着儿子渴望的眼睛，没说什么，把钱递给了儿子。儿子欢天喜地地去了，不久便垂头丧气地回来了。

　　"我是世上最不幸运的人。"儿子忧郁地嘟囔着。父亲意识到自行车对儿子的重要性，若有所思地转身走了。第二天，父亲让儿子再去试一次运气。

　　儿子有点迟疑，但在父亲鼓励下，还是拿着钱去了。这回，大喜来临，儿子一蹦一跳地跑回家，对父亲说："我中了，我有自行车了，我是世上最幸运的人，再大的困难也难不倒我了……"

　　若干年后，儿子事业有成，拥有了不薄的家产。那辆自行车他一直保存着，每当他受到挫折时，都会想起自行车，想起他是世界上最幸运的人。

　　而那位父亲呢，一直保守着一个秘密。父亲临终前，把儿子叫到床边："儿子，你知道那辆自行车是怎样得到的吗？"儿子困惑地看着父亲。"那辆自行车是爸爸买的。我从亲戚朋友那里借钱买了那辆自行车。因为，我不想破坏你的感觉，让你觉得自己是世上最不幸的人。为此，我辛苦了10年，才把钱还清……"

　　没有爱的世界是冷酷的，没有爱的世界是悲惨的，没有爱的世界是阴暗的。作为父母，应当通过自己不懈的努力，让孩子感受到自己深深的爱。

　　父母深深的爱，恰似大江大河的源泉，当孩子生命面临干涸时，给孩子希望；父母深深的爱，恰似不灭的灯塔，当黑暗袭来时，给孩子光明；父母深深的爱，恰似激昂的旋律，当孩子意志消沉时，给孩子鼓舞；父母深深的爱，恰似激越的号角，当孩子感到烦恼时，给孩子力量。

　　知心姐姐卢勤曾说过："爱是一个口袋，往里装产生的是满足感，而往外掏产生的是成就感。"的确，如果让孩子时时刻刻成长在爱之中，那么孩子就会生活在快乐与满足中，就会用一种深深的爱意去感悟生命、迎接挑战，健康地成长。

　　用爱心去关爱孩子，就能发现孩子的闪光点，保护孩子的自尊心，树立孩子的自信心。每个父母都应该懂得：爱是教养孩子的基础，没有爱就没有

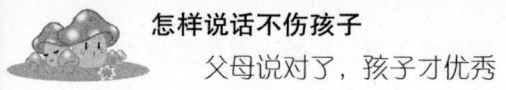
资格谈教育孩子。

教育孩子是一门科学，而关爱孩子则是一门艺术。研究表明，把"关爱"强加于孩子，极易扼杀孩子的天性和童真，导致孩子性格上的缺陷和心理上的障碍。教育专家认为，对孩子过度的关爱与对孩子采取棍棒教育如出一辙，只不过后者的伤害是从肉体到心灵，前者的伤害是从心灵到肉体。

为了孩子的健康成长，每一位父母都应该正确适度地爱自己的孩子，让孩子体验爱的力量，引导孩子走向成功。

亲子正面沟通秘诀

教育专家指出，父母爱孩子一般有以下五种方式。

1.身体接触

身体接触是最易于使用的爱的语言：常被人握着、拥抱和亲吻的孩子，比那些被人长期甩在一边且无人碰触的孩子更容易发展出健全的感情生活。

2.言词肯定

作为孩子，再也没有比听到父母在口头上肯定的话，更能使他们感受到被爱的了。每个父母都应该每天对孩子说几句夸奖和赞美的话，即使觉得自己掌握不好夸奖的尺度，那最起码也要做到不再挖苦、数落、讽刺孩子。

3.时刻关注

时刻关注就是给予孩子全心的关注。这种关注向孩子传达的信息是：孩子你很重要，我喜欢跟你在一起。这会使孩子觉得他对父母来说是世界上最重要的人。他觉得真正被爱，因为他完全单独拥有父母。

4.赠送礼物

赠送礼物是表达爱的有力方式，其表达爱的效果常常会延续到好几年以后。最有意义的礼物会变成爱的象征，那些真正传达爱的礼物，则是爱之语的一部分。赠送孩子的所有礼物，最终都会成为展示父母的爱的东西。

5.行动支持

父母对孩子的行动支持，不仅是对孩子表达爱的一种方式，还是给孩子以身作则的人生示范。父母为孩子所做的服务行动，最高目的在于帮助他们

成为成熟的人，并学会借由服务的行动去爱别人。服务不单包括帮助自己爱的人，也要服务那些根本无法回报或偿还这些爱的人。

父母的爱是无私的，但并不是每一个子女都能感受到的。有的父母不愿娇惯孩子，就采取一种很严格的方法对待孩子，使孩子处于负面阴影之下。这样的结果，常常会引起孩子自尊心的缺失。自尊心是一种很难培养的德性，而独有爱可以培养它。

发现和放大孩子的优点

小龙是个聪明且调皮的男孩，经常会出现许多"小问题"，制造诸多"麻烦"。

这一天，妈妈刚刚回家，听到爸爸正在生气地指责小龙："没收拾好自己的物品，就跑出去玩！说你多少次了，你怎么老是爱摆个烂摊子啊？"

说到气头上，爸爸又开始批评小龙的其他诸多错误，如粗心、脾气不好、贪吃等。

妈妈瞧瞧小龙，正满不在乎地嘟着嘴，满脸的不服气和不情愿。为了缓和僵局，妈妈若有所思地说道："小龙身上是存在缺点，我想他自己知道那样做不对。每个人都有缺点的，可每个人身上也是有优点的啊！"

爸爸领会了妈妈的意思，定神后说："是啊，有缺点不要紧，只要改正就好。其实小龙身上有许多优点，比如很爱劳动，喜欢主动帮助朋友。"

妈妈接着说："还有呢，做事情很认真，学本领很聪明呢。"

小龙本来以为妈妈也会批评自己，谁知竟然夸奖自己。他被爸爸妈妈夸得都有些不好意思了。

最后妈妈说："小龙有这么多优点，我们也很为你骄傲，如果能将自己的缺点改掉变成优点，那么小龙会是个了不起的人，大家会对你另眼相看的。"

听了妈妈的一席话，小龙轻轻点点头，仿佛若有所思。

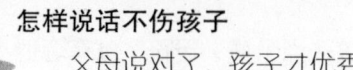

从此之后，小龙的很多"毛病"果然都改掉了。

美国成功学励志专家拿破仑·希尔曾经说过："每个孩子都有许多优点，而父母却反而总是盯着孩子的缺点，认为只有管好孩子的缺点，才能让孩子更好地成长。其实，这样做就像蹩脚的工匠，是不可能造出完美的瓷器的。"

父母应该善于发现孩子的优点，让孩子在自信中成长，充分发挥其正面、有效的教育作用。面对孩子，父母应竭力发现和放大他们的优点、闪光点，并进行真心地赞扬，引导其成为改掉不良行为的动力，使孩子建立自信，迈向成功。面对"坏"孩子，更需要竭力去寻找他们的闪光点，哪怕是沙里淘金，哪怕那些闪光点微不足道，父母都需要出自真心地去赞扬、鼓励和引导他们。

每一个渐渐长大的孩子，如果父母爱他，他也会认为自己是可爱的，会感觉到自己是天地间的宝贝，自己生命的存在就是一个大优点。假若父母打他，奚落他，那脆弱的生命，就会被利剪截断双翅，从此萎靡不振。

亲子正面沟通秘诀

很多父母也想表扬孩子，但往往觉得找不出其值得表扬的优点，这该怎么办呢？身为父母的你不妨按照下面的方法来做做看。

1.用全面的眼光看待孩子

不只是盯着学习成绩一个方面。孩子的性格，孩子的文明礼貌，孩子的劳动表现，孩子的交往情况，孩子的文体才能，孩子的兴趣爱好，孩子的动手能力，孩子的卫生习惯等，都是评价孩子的因素。父母考虑的面宽了，就不难找到值得表扬的内容。

即使对学习本身也应全面地去分析，不能只看分数。学习的认真程度，预习复习情况，各门功课情况，写字是否工整，卷面是否干净，会不会使用工具书，愿不愿向老师请教，有没有自己检查作业的习惯等，都可以思考一下，也会从中找出优点。

总之，父母不可对孩子"只攻其一点，不及其余"。

2.用发展的眼光看待孩子

不要把孩子看"死"了。只要细心观察孩子，就会发现孩子有进步的地方。如孩子可能对某些问题的认识提高了、分析问题的能力增强了，可能某方面科学文化知识增加了，可能一次作业或者一次考试进步了，可能在劳动或公益活动方面表现较好，可能文艺、体育取得好成绩，可能有什么小发明、小制作，等等。

关键是要拿孩子的今天比昨天，比前天，而不是跟别的孩子比，哪怕发现一点微小的进步，也应及时肯定。

家长不应该由于横着比或高标准要求而看着孩子的点滴进步不起眼儿，认为不值得一提就将其漠视、忽略了，应该想到优点是一步步发展的。

3.对孩子要具体事情具体分析

事物都是多因素的，看孩子的任何问题都应从尽可能多的角度去了解分析，避免以偏概全，笼统否定。

比如说孩子的某次作业没做好，错误较多，应该看看哪些题错了，出现错误的原因是因为马虎不认真，还是根本不懂。如果不懂，是老师讲解时没听清楚，还是做作业前没有复习。还有的孩子可能抄错了题，抄错了答案。这样从不同角度、不同因素一分析，就会找到问题的根儿，也就有了解决的办法。

在分析过程中，该肯定什么，就肯定什么，该否定什么，就否定什么。只有表扬与批评是从实际发出的，孩子才会服气。

4.夸孩子的优点要讲究科学方法

关于表扬，父母应该注意要中肯、适度，不过分夸大，也不无端缩小；要有分析地表扬，不能太笼统，让孩子清楚表扬的是哪一点，为什么表扬；要注意时间、场合，根据孩子的个性特点和年龄特点，宜及时讲的及时讲，宜阶段讲的阶段讲；宜当面表扬的当面表扬，宜采用暗示的就采用暗示，该向老师汇报的就告诉老师；对有骄傲情绪的孩子应适当减少表扬的频度，提高要求；对缺乏自信、有自卑感的孩子要通过肯定点滴进步培养其自信心；要讲究表扬的方式、方法，口头表扬，手势动作表扬，书信表扬，庆贺式表

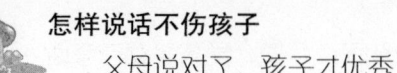

扬，物质鼓励，依孩子特点和该表扬内容而定。

总之，父母需要用"放大镜"去观察孩子，当父母为孩子的缺点烦恼时，不妨静下心来，从头到尾，认真回味一下孩子身上至少不会令你烦恼的地方，你总会发现孩子身上的可爱之处。或许，孩子的一个小动作、一个微笑，都可能打动你的心。

父母请务必记住，对待任何一个孩子，往往是表扬越多优点越多，训斥越多毛病越多。

赞美是父母送给孩子的最好礼物。父母越是能够发现和放大孩子的优点，孩子就会具有越多的优点，就会变得越优秀。

表扬孩子要适可而止

王女士的女儿上小学三年级，为了让她在各方面都有很好的表现，王女士就不断地对女儿进行表扬。在家里，无论女儿做了什么事情，哪怕她只做了一些微不足道的小事，或者是取得了芝麻大点儿的成绩，王女士也要及时地对女儿大加表扬一番。在和她下棋、玩扑克或者做游戏时，都要故意输给她，而且还不停地给予热情的表扬，"你真棒""你真是个聪明的孩子"，等等，反正什么最好听，什么最让女儿高兴就说什么。当然，在王女士的不断表扬下，女儿的表现也着实进步了不少。

但是时间长了，王女士发现，如果她和丈夫不及时表扬女儿，或者表扬不能让女儿满意，女儿就会非常不高兴，甚至发脾气。令人担忧的是，习惯了表扬的女儿，根本无法接受他们一点点善意的批评。有时候，当她在学习上或者是在生活中有做得不好的地方，王女士耐心地提醒她，也会惹得她老大不乐意。后来听老师说，她在学校里也如此。明明是她粗心做错了题，老师点名提醒她，她的反应却异乎寻常地激烈，有时候甚至还会哭鼻子。

俗话说，"人无完人""良药苦口利于病，忠言逆耳利于行"。事实上，父母对孩子表扬的目的在于激励孩子向更好的方向发展。适当的表扬有利于孩子树立自信心，但有些父母过分表扬孩子，孩子对表扬就形成了过分地依赖，而对批评，哪怕是善意的批评，也会产生无原则的抵触心理。这样的孩子往往缺少自我意识，他们做一点小事都希望得到表扬，否则就不做。

德国教育家卡尔·威特说过："我们不能让孩子在受责备的环境中成长，但是也不能让他们整天泡在赞美里。"过多过分的表扬，会带给孩子不必要的困扰，会带给孩子压力，致使其形成焦虑心理。所以，父母对孩子的表扬要适可而止。

每个人都有被肯定和被表扬的需要，孩子更是这样。表扬对孩子的成长起着非常重要的作用，正确的表扬能够从正面引导孩子的心理朝着大人希望的良好方向发展，这就要求父母对孩子的举动留心观察，设身处地地考虑孩子的感情需要，学会表扬孩子。其实学会表扬孩子也并不难，关键是父母有没有这种意识，能不能认识到它的重要性。

亲子正面沟通秘诀

为了使表扬产生较好的教育效果，家长在规范孩子行为的过程中，应准确地把握表扬的尺度，也就是说表扬要适度。

1.表扬孩子时家长的感情流露要"浓淡"适度

有些家长望子成龙心切，孩子稍微有点进步就欣喜若狂、赞不绝口，久而久之，必然会助长孩子的自满情绪。还有的家长对孩子总是恨铁不成钢，尽管已看到孩子有很大的进步，但为了防止孩子骄傲，他们按捺住内心的喜悦，在语言、行动上无任何表示。经常这样，必然会挫伤孩子的进取心。正确的方法是：在表扬孩子时，高度重视感情的作用，尽量做到"浓淡"适度。有时给孩子一个轻轻的微笑，也会起到许多赞美之词难以起到的作用。

2.表扬和批评的反差要"大小"适度

表扬不仅具有激励、导向功能，而且具有批评功能，例如对甲的表扬在某种意义上是对乙的批评。有的家长为了督促孩子进步，总是过分笼统地夸奖别人家的孩子如何好，时间长了，无疑会使自己的孩子丧失信心或产生抵触情绪。

3.表扬的方式要"虚实"适度

对孩子的评价应该是公正、准确的，但是，表扬作为教育孩子的一种多功能的手段，在具体运用中可以有一定的灵活性，即在坚持实事求是的前提下，允许有一点"虚"内容。这里的"虚"主要指的是两个方面：第一，是对事实的适度夸张。例如，孩子纯粹是因为好玩，挥着扫帚在院中"扫地"。家长明知如此也不必道破，应及时表扬他爱劳动的行为，这种夸张有利无害，因为它既可以肯定孩子的正确行为，又可以让孩子知道，劳动是一种美德。第二，是对孩子将来的期望。例如，孩子的美术作业并不好，幼儿园每次作画，孩子总有自卑感。家长可以这样说："你现在还没掌握方法，以后只要按老师要求认真去画，肯定会画得很好!"这种鼓励尽管超越现实，但对孩子来讲是必不可少的，关键是要把握好表扬中"虚实"的程度。为此，在含有虚的内容的表扬中，应该注意三点：一要有利于增进孩子的自信心；二要不过于脱离实际；三要给孩子指明前进的方向。

4.表扬与奖励相结合

孩子表现得好，可以适当地给一些精神奖励和物质奖励，如给孩子讲一个有趣的小故事，或给一个小玩具、小食品等，以鼓励孩子继续努力。

对孩子的刻苦努力给予肯定

琳琳小的时候学东西比别的孩子慢半拍，她的父母曾为此非常担心：孩子以后会学习好吗？能跟上其他孩子的学习进度吗？琳琳上小学了，正当父母都认为琳琳不会有什么好成绩的时候，琳琳却带回了一张100分的试卷。这是一张数学测验的试卷，上面被老师画满了红色的勾勾。

"这是你的卷子吗？"妈妈有些不相信，她吃惊地问琳琳。"当然是我

的，不然还会是谁的啊！"琳琳自豪地对妈妈说。"琳琳真不错，告诉妈妈你是怎么考出这么好的成绩的？"妈妈问道。

"老师讲课的时候我经常听不太懂，所以下课之后同学们都出去玩，我就把不懂的地方拿去问老师，老师再给我讲一遍，我就全懂了。做作业的时候如果有不会做的题，我就把老师讲的课再复习一遍，不会做的题也就会做了。考试的那些题目我都会做，就考了100分。"琳琳高兴地对妈妈说。听了琳琳的话，妈妈更自豪了，虽然自己的孩子算不上聪明，却如此好学和努力。

赏识孩子的刻苦努力，告诉孩子成功与失败并不是对立的，它们不过是一种比较。有时，成功只是比失败多了一点点，只要刻苦努力，就是在不停地前进。

作为父母，应该赏识孩子的刻苦努力，对他们的努力给予最热情的支持和鼓励。不要因为自己孩子的不聪明而气馁，而应该为孩子的不努力而担心。很多情况下，父母应该故意淡忘孩子的聪明，而重视孩子的努力，并把这种理念传递给孩子，让他们感觉到只有努力才能获得父母的认可和夸奖，进而逐步明白一个道理：聪明往往只能决定一时的成败，而努力则决定了一生的命运。

有时候，也许孩子所取得的结果是错误的，但是其间所付出的努力和收获却是宝贵的。例如，一道比较难的数学题，孩子通过冥思苦想，终于想出了解答方法。但当他运算的时候，却因为马虎，算错了一个数字，最后导致整个题目的答案错了。这时，父母首先该怎么做？是训斥孩子算错了，还是表扬孩子找到了解题的方法？许多父母可能会首先想到前者，他们只看到孩子的结果做错了，而没有看到做事过程中孩子的努力与收获。所以，每当父母觉得孩子错了，想骂他、打他的时候，一定要学会从另一面去"发现"孩子，看到孩子刻苦努力的过程。

亲子正面沟通秘诀

作为父母，怎样才能在赏识孩子的努力和勤奋时做得更好呢？

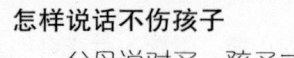

1.为孩子设定"小目标"

不要认为赏识就只是单纯地用语言夸奖孩子。针对孩子的实际情况，为孩子设定一个"够得着"的小目标，这本身就是一种有效的赏识，而且这种情况下的赏识不会产生"副作用"。

设定一个合适的目标。"跳一跳，够得着"是对合适目标很好的形容。如果孩子不需要跳起来就够得着，那就失去了目标的意义。但如果跳起来也够不着，那就不能让孩子获得成功和自信，反而可能让孩子感觉沮丧。

这个目标应该如何设定呢？第一，父母应该对孩子的能力和现实条件有一个正确认识，切忌急于求成；第二，在设定目标时应该和孩子一起决定，这样不仅能听取孩子的意见，也能让孩子更有积极性；第三，如果父母对孩子的情况把握不准，最好与孩子的老师商量商量。

2.强化孩子的目标意识

让设定好的目标在孩子的心中扎根。比如可以把目标写在墙上悬挂的黑板上，或者用彩色纸写了贴在墙上。如果目标有一定的时间限度，那么再给孩子一本"目标日历"，目标应该在完成的那一天被显著地标明。

不要过分强调孩子的潜能。强调孩子"一定能行"，这种办法对一部分孩子管用，而对另一些天性比较胆怯的孩子来说，可能反而增加了他们的心理负担。

3.不妨用激将法激励孩子

有一种游戏是走吊桥，吊桥晃来晃去，又没有扶手，孩子害怕。这时，父母不妨先走过去，对孩子说："你要是不过来，我们就走了。"让孩子处于一种必须靠自己力量才能克服困难的境地。

赏识孩子的努力和勤奋是一种重要的激励孩子的手段，它之所以有效，一个重要的心理前提是每个孩子都希望讨父母欢喜，每个孩子都信任父母的权威。赏识孩子的努力和勤奋，使孩子从父母那里得到肯定，跟父母的关系自然就会更融洽，也会减少孩子许多不听话的行为。

在众人面前多多赞扬孩子

一位年轻妈妈一次随随便便地对邻居说："啊！你家小妹妹真可爱，真乖，不像我家乐乐吵吵闹闹，只会淘气，让人心烦。"在一旁的乐乐瞪大了眼睛怯生生地说："妈妈我乖。"不料妈妈却大声说："乖什么乖，就知道淘气烦人，一边去！"过了几天，大家发现乐乐变了，天真活泼的乐乐看到妈妈回来，躲在椅子后面不敢往前去。妈妈说："乐乐过来亲亲妈妈！"乐乐小心翼翼地亲亲妈妈后竟然冒出一句："妈妈我乖，你别心烦。"所有在场的人听了都大吃一惊。

每个孩子都有自尊心，作为父母，应该清楚地认识到这一点，这样才能避免一些不必要的麻烦。尤其在别人面前，孩子的自尊心更加强烈，当着别人的面批评和训斥孩子，会大大地伤害孩子的自尊。孩子的大脑还处在混沌天真的状态，大人的一言一行将影响孩子的一切。当你漫不经心或火冒三丈地说孩子"笨"的时候，就会让孩子形成一种意识：我是天下最笨的孩子。孩子一次次地接受大人的苛责，也就等于一次次地接受对自己的否定：我什么也比不上别的孩子。

有些父母自己的自尊心往往比较强，而对孩子的自尊心却毫不在意，就算已经感觉到孩子受了委屈或伤害了孩子的自尊，也不以为然，认为小孩子有什么面子不面子的，甚至有时还有意给他们一点小伤害作为惩戒。其实，这种做法非常不明智，因为这不但不能激励孩子，反而会给孩子造成心灵上不可磨灭的伤害，甚至让孩子怨恨父母，造成亲子关系的紧张。

赏识教育的理论告诉我们，对孩子要多赞扬、多鼓励，少批评、少责骂。经常对孩子赞扬、鼓励，尤其是当着别人的面赞扬孩子，能使孩子产生成功感和荣誉感，从而增强他们学习和做事的信心。

因此，我们应该把对孩子的赏识扩展到别人的面前，要善于当着别人的

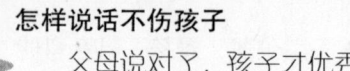
面赏识和尊重自己的孩子，让孩子充分感觉到你对他的重视和欣赏，从而激励孩子产生无穷的力量和信心。

父母在赏识别人孩子的同时，其实也是让别人来赏识自己的孩子。每个孩子都希望得到别人的夸奖，有时这比父母的赏识更能激发孩子的上进心。

亲子正面沟通秘诀

在别人面前赏识自己的孩子时，有以下几点需要注意。

1.赏识孩子的态度必须是认真和真诚的

不能为了炫耀自己或者敷衍别人而故意吹嘘、夸大孩子的优点。

2.必须有根有据

要根据孩子的平时表现来赏识孩子，不能因为赏识而赏识，凭空捏造事实，让孩子感觉你在作假。

3.要适可而止

不要说起来没完，让孩子感觉不自在。要知道，赏识的话并不是越多越好，有时候说得多了反而无益。

孩子比成人更爱面子。他们对于赞扬是极其敏感的，在幼年时期就具有了这一敏感度。他们觉得，自己能被别人看得起，尤其是被父母看得起并当众夸奖，是一种莫大的快乐。所以，当跟别人说起自己的孩子时，不管孩子是否在场，都要怀着赏识和尊重的心态去谈论他："我的孩子很棒，我很喜欢他！"

第5章

永远不做让孩子厌烦的爱唠叨父母

以身垂范，做孩子的榜样

有一对夫妻经常抱怨他家的孩子"贪玩""淘气""不好好学习"。有一次，因为儿子考试两门功课不及格，夫妻就共同"收拾"孩子，打得孩子哇哇大哭。邻居实在忍不住了，就过去批评他们："你们整天让孩子好好学习，你们好好学习了吗？你俩召集一群人打麻将，却让孩子做作业，他能做得下去吗？"尽管邻居言辞激烈，但夫妻俩一声没吭。从那以后，邻居再也没有听到他们打骂孩子了，他们家里的麻将声也消失了。

俗话说，榜样的力量是无穷的，对于孩子成长来讲，这一点尤其重要。每当父母抱怨孩子做得不对的时候，其实应该先反问自己：让孩子好好学习，我好好学习了吗？让孩子天天向上，我天天向上了吗？让孩子刻苦用功，我刻苦用功了吗？让孩子排前几名，我上学的时候排前几名了吗？让孩子必须有出息，我有出息了吗？让孩子遵纪守法，我遵纪守法了吗？如果连自己都做不到，或者不想做的事情，而要求孩子做到或者去做，那么，这样的教育能成功吗？

正如俄国伟大的文学家托尔斯泰所说："教育孩子的实质在于教育自己，而自我教育则是父母影响孩子的最有力的方法。"

孩子的家庭教育非常重要，它就如一座大厦的基础部分，决定了大厦的风格和高矮。孩子最早接触的生活环境主要是家庭，而父母是孩子的第一任教师，身为教师，则要以身垂范，做好孩子的榜样。

亲子正面沟通秘诀

父母作为孩子的启蒙老师，对孩子的影响最深远。父母若想成功地教育自己的子女，必须以身垂范，做孩子的好榜样。父母给孩子做榜样，一般要把握下面三个原则。

1.父母要以身作则

"父母榜样"作为一种具体的形象，具有强烈的暗示和感染力量。父母不仅是一种权威，而且是孩子言行举止标准的提供者，父母的表现在很多情况下会成为孩子的参照。父母要使孩子的言行有所遵循，切不可言行不一，言行相悖比对孩子放任自流影响更坏。古人云："以教人者教己。"即要求孩子要具备的良好的品质和习惯，父母都应首先具备。

2.父母要以身示教

在家庭教育中，父母经常会对孩子说应该这样做，不应该那样做，以此来规范孩子的言行，可是这种空洞的说教所起的作用往往微乎其微。父母的一言一行，一举一动，孩子都会看在眼里并对父母产生崇敬，并以父母为榜样模仿效法。在日常生活中，父母要谨言慎行，以身示教，凡是要求孩子做到的，自己必须首先做到。

3.父母要说话算数

父母一旦答应了孩子某事，就一定要兑现，若一件事兑现起来有困难，则不要轻易许诺。如果父母经常说话不算话，就会降低在孩子心目中的可信度，孩子对父母的崇信、敬仰与爱戴，就会随父母失信次数的增加而递减，孩子甚至会下意识地效仿父母，养成说话不负责任的不良习惯。

父母是孩子一生的老师，明智的父母都应该以身垂范，给孩子做个好的人生榜样。

唠叨让人烦，易招致怒气

一个13岁的女孩讲述了发生在她身上的一件事情：

小时候，我很爱学习，成绩也不错，可不知从什么时候开始，我爱上了看课外书，学习成绩就慢慢下降了。放学回家，我迫不及待地拿出《少年文艺》或者《故事会》，还有各种各样的作文选。我当然觉得很内疚，作业还

没做呢，所以决定看完一篇最放不下的文章就写作业。

妈妈过来了，一看见我手上的课外书，就有些生气地说："还看，还看，还不写作业！"我赶紧心虚地回答："看完这篇就写，也就十分钟。""10分钟，这可是你说的。"妈妈离开了不到3分钟，又过来了，说："快看完了吗？不快点写作业，又要写到晚上12点了。"我没有理她，继续看我的书，心里有点烦。

我听见妈妈继续在客厅里抱怨："人家的孩子都是一回家就写作业，你倒好，拿着这书那书瞎看，作业写到深夜，时间不够了就胡乱应付，成绩当然好不了。"我越来越烦，想想也是，成绩越来越差，作业很难，写起来很费劲，真泄气！妈妈还在旁边唠叨，书也看不下去了，我开始写作业，不到10分钟，就有写不下去的感觉，偷偷拿出那本书，提心吊胆地又看起来……当然，我又挨了一顿说，结果是那天的作业到12点也没有做完。

在上述案例中，女儿说好了10分钟后就开始写作业，妈妈应该相信她，等到十分钟过后如果她还没开始写，再提醒也不迟。回家了该写作业，这个道理女儿是懂的。妈妈的提醒让她有些内疚，这种内疚感会促使孩子很快改正错误。可是，妈妈太心急了，她不停地唠叨使女儿产生了深深的挫败感，终于超过了女儿所能忍受的限度，使女儿的内疚感消失，代之以厌烦和逆反心理。

如果我们留心一下周围的生活，会听到不少学生这样议论：

"我家里人真是啰里啰唆，我干了点不对的事，就唠叨个没完没了，真是烦死了。"

"我爸爸妈妈什么事都要管一管。一会儿这样，一会儿那样，连我的零花钱怎样花也要过问，真讨厌！"

爱唠叨的父母的确不少，当然，大多数孩子都不喜欢听父母唠唠叨叨，有的爱说爸爸妈妈得了"嘀咕病"，更有的与父母顶撞，闹得大家心里不愉快。爱唠叨的父母们，你们是否认真想过，孩子为什么讨厌你们唠叨呢？而你们又该怎样去改变这一点呢？

父母关心子女的功课虽然是正常且应该的，但如果经常在他们身旁督促，或唠叨不休，给孩子最大的"帮助"就是干扰孩子的读书情绪，令他们觉得像是罪犯般被人监视着一举一动。

事实上，不少父母为了减轻孩子沉重的功课压力，都很愿意协助孩子做功课。通常最常见的是坐在孩子的身旁看着他学习，一会儿提醒他字要写得端正，一会儿又说那个字写错了，一会儿端茶，一会儿倒水。殊不知，这种做法只会惹孩子反感，使他们坐立不安，无法专心读书。

从孩子方面来说，假若挨骂变成家常便饭，久而久之，他们便会对任何的责骂都感到无动于衷，同时也会因此而丧失了自信心，甚至连说话都表达不清楚，而父母的责骂与劝告也会变得毫无效果。没有耐心的母亲，常常会嫌孩子做事慢吞吞，又做不好，由于看不顺眼，便不停地唠叨。唠唠叨叨地骂孩子，会使孩子不愿意接近父母，父母也会觉得这孩子不可爱。对于精神散漫，无法专注于书本的孩子，再多的唠叨和督促都不能奏效，反而会令情况恶化。

在生活中，许多家长往往对自己的孩子期望很高，总希望孩子事事都顺自己的心愿办。若有不顺心就不停地说教，翻来覆去，便成了唠叨。唠叨一般总是指责多，批评多，报怨多，有时甚至讽刺挖苦，孩子当然不爱听，甚至会感到厌烦、反感。唠叨没有明确的目的或要求，见什么说什么，想到哪里说到哪里，不但会让孩子无所适从，还会有损家长在孩子心中的形象。

亲子正面沟通秘诀

既然父母的唠叨会让孩子厌烦，易招致他们的怒气，那么父母对于孩子的一些行为究竟应该怎样去纠正呢？

1.正确把握住孩子的心理状态

一般情况下，孩子的心理状态会不同程度地有所暴露。父母这时就要善于把平时对孩子的了解与孩子在谈话中的外部表现联系起来，细心地观察孩子的神情、言语、注意力和习惯动作的变化等，从而准确地把握住孩子的心理状态。

2.试着只批评一次

家长对孩子的批评不能超过限度，对待孩子要犯一次错，只批评一次。如果非要再次批评那也不要简单地重复，要换个角度，换种说法。这样，孩子才不会觉得是同样的错误被"揪住不放"，其厌烦心理、逆反心理也会随之减低。

3.以行动代替说教

当孩子怠惰、不专心读书，父母说教无效时，不妨停止语言的劝诫，改为行动处罚，施以适当的处分，让他反省自己的过失。如果父母看到孩子有悔意，就不要再过多加以指责，受过处分之后，孩子会改进的。父母还是少唠叨为妙，因为唠叨大多时候不是在教育孩子，多半是家长在为自己的辛劳找平衡。

让孩子学会自我反省

姑姑送给夏莉两条美丽的小金鱼。夏莉十分喜欢，把鱼儿放在玻璃缸里，看它们在水中自由地畅游。

有一天，夏莉突发奇想，把金鱼从水中捞出来，丢在地板上。看到金鱼不停甩动尾巴，夏莉觉得很好玩。

"夏莉，你怎么这么残忍！鱼会干死的，赶快把它们放到水里。"妈妈看到这一情景，大声呵斥夏莉。夏莉无动于衷，对妈妈的呵斥置若罔闻。这时，外婆走过来说："夏莉，如果你口渴时不给你水喝，你会怎样呢？"

"我会很难受。"夏莉有过口渴难耐的经历，便不假思索地说。

"是啊，没水喝很难受，可你把鱼从水里抓出来丢到地上，让它们没水喝，你说它们难不难受啊？而且，鱼是水生动物，比人类更需要水，一旦离开水，很快就会死的。它们拼命甩动尾巴，是因为它们太难受了。"外婆开导夏莉。

夏莉不做声了。沉思了片刻，夏莉对外婆说："我错了，我以后再不把金鱼丢到地上玩了。"说着便把金鱼放回了鱼缸中。

孩子是否具有自我反省能力跟父母和长辈的引导、教育直接相关。

教育专家指出，孩子到了一定年龄都会有一定的判断能力，可以简单地判断好坏，并且也有一定的自尊心和羞耻感。如果做错了事，他们也一定会感到羞愧，只是不同的孩子羞愧的程度不同而已，问题是怎样启发他们的自尊心、羞耻感，进而使他们反省，自己下决心改正。会自我反省的孩子，能够反思自己的言行，能置身事外地观察自我的状态，因此，能换位体会父母的感受。所以，一般来说，会自我反省的孩子都是好孩子。

亲子正面沟通秘诀

父母如何把孩子培养成懂得自我反省的人呢？

1.不直接指责孩子的错误

当孩子做错事时，父母不要一味地给予斥责，否则可能引起孩子的反感，使其对父母产生抵触情绪，导致其内在智力的发展受到限制。这时，父母可采用冷静的态度，从侧面引导孩子进行自我反省，明辨自己的过失。上例中外婆引导夏莉对自己的行为进行了反省，使她最终认识到自己的错误，这是值得每一位家长学习的。

2.让孩子承担犯错的后果

孩子做错了事，许多父母常常替孩子去承担犯错的后果，使孩子觉得做错了也没关系，从而丧失责任心，这不利于培养孩子自我反省的能力，致使他们以后更容易犯类似的错误。父母应该让孩子自己去承担犯错的后果，让孩子明白，一旦犯错，将会造成不良甚至严重的后果。如夏莉把金鱼从水中抓出来丢到地板上玩，要让夏莉意识到金鱼的死很可惜，金鱼缸将是空空的了，而这些都源于她的错误行为，她会造成不可挽回的后果。

3.正视负面道德的正面效应

给孩子灌输正直、善良、勇敢等正面道德情感，可塑造其美好的心灵，而让孩子体验羞愧、内疚等负面道德情感，也会使其受益匪浅。羞愧、内疚

等负面道德情感与正面情感相比，更能在孩子的心中留下深刻的记忆，促使他不断进行自我反省，学会区分好坏、是非、对错和美丑，并改正错误。

4.引导孩子预见事物的后果

许多孩子往往比较冲动，做事时常常根本不考虑后果，而且由于孩子的经历比较单纯，能够预见到的后果往往与成人能够预见到的不一样。这时候，父母可适当指导孩子，让孩子尝试一下，结果肯定会出乎孩子的意料，这时孩子就会反省自己的行为了。

当孩子犯错或者不听话时，应让他懂得羞愧和内疚。如孩子做错事或者不听话了，父母可直接平静地指出错误的所在，促使孩子自我反省，激发起他的羞愧感和内疚感，使其以后不再犯类似的错误。

给孩子一次发泄的机会

李可儿原本是开开心心地和妈妈一起参加这个儿童活动的，走在路上，李可儿还在和妈妈热烈地讨论如果主持人让她上台表演节目，她要不要参加的问题。妈妈表示，如果是让她上台表演舞蹈，就一定会支持她，因为李可儿跳舞跳得特别棒。

活动现场有许多小朋友，当主持人邀请小朋友上台表演唱歌时，所有的孩子都举起了手。李可儿也要举手，却被妈妈拦住了。"等一下，先让别的小朋友表演吧，"妈妈说，"等下你再上去。"李可儿嘟着嘴不吭声了。

"看，那是我班里的丽丽小朋友。"李可儿指着舞台上的一个小朋友说，"她在唱歌了。"过了一会儿，丽丽唱完歌，抱着主办单位送给她的奖品，高高兴兴地跑了下去。紧接着，主持人又让小朋友们上台玩游戏，可妈妈又没有让李可儿上台。接下来是讲故事，妈妈还是没有让李可儿上台……

活动结束前的最后一个节目，是小朋友们的舞蹈比赛。可是，天有不测风云，就在即将开始舞蹈比赛时，下起了大雨。由于活动是露天的，人们一哄而散。妈妈抱起李可儿，跑进了附近的商场。

"走，李可儿，"妈妈拉着李可儿的手，"妈妈带你去买你最喜欢吃的果冻。""不吃！"李可儿一下子甩开妈妈的手。"那就去看看玩具吧。"妈妈说。"不看！"李可儿背过身子。

"你到底要干什么？"妈妈气极了，推了李可儿一下。要知道，妈妈也是好心，怕李可儿因表演不擅长的项目而失去了自信。妈妈说："你有什么可生气的，下雨了，又不是我不让你去表演。""你是坏妈妈！"李可儿痛哭起来，"你是个坏妈妈。""快闭嘴，快点！"妈妈气不过，又怕在商场众人面前丢人，"你再哭，我就打你，你信不信？"李可儿第一次见妈妈发这么大的火，紧紧地闭着嘴，不敢吭声了。

妈妈拉着李可儿回家了。从那以后，妈妈找到了一个轻易就可制服李可儿的法宝："你再哭，再闹，我就打你。"每当她这句话一出口，李可儿就再也不敢吭声了。可是，妈妈发现，虽然李可儿的确变得听话了，却经常发呆，这是以前从来没有过的。

对上面案例中妈妈的做法，每一位父母都应引以为戒。孩子在不满意或与小朋友发生矛盾时，都会产生各种情绪，如：生气、不满、大哭大闹等。这时大人千万不要一味地制止孩子，应该让其有机会宣泄出来，否则，孩子长期受到压抑，情绪得不到宣泄，有可能导致身体和心理上的障碍。

每个人都有情绪，尤其是孩子，他们的心理承受能力差，也不会用大道理来开解自己，要他们很快调整心态，做到豁然开朗似乎有些苛求。最直接的方法就是让其将情绪发泄出来，这对他们的身心都有好处。尽管有时他们的方式有些过激，父母也应该给予充分的理解。父母所需要做的不是阻止他们，更不是大发雷霆或使用暴力，而是让他们懂得，发泄自己的情绪不能拿别人当出气筒，也不能失去理智，应该适可而止。

当孩子情绪平复后，你会发现他比以前更懂事了，还会为自己的过激行为感到惭愧，并对你的宽容心存感激。反之，如果一味地采用急风暴雨式的"批评加检查"，遏制他发泄，效果会适得其反。

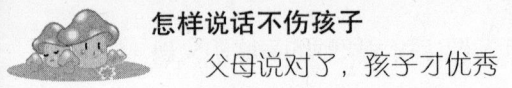
亲子正面沟通秘诀

父母如何教会孩子发泄呢？

1.让孩子把心事都说出来

父母要告诉孩子把心事说出来。比如可以这样说：有什么事你不想告诉别人，但憋在心里又觉得不舒服的，你可以通过写日记的方法把心事写出来，心里就会感到轻松一些。也可以学会向人倾诉，把自己的心事向你的好朋友、好伙伴，向自己的心理辅导老师倾诉，有时候自己的倾诉也许并不一定能得到别人的帮助，但你会发现倾诉过后自己的心情会变得坦荡舒畅；还可以找一个没人的地方大声喊叫来发泄内心的积郁；当然也可以找一些自己喜欢的运动让自己出一身大汗来放松自己的心情。

2.在家里布置"发泄角"

实验证明，孩子用粗笔涂鸦的方式来消解愤怒的效果最好，其次是投掷小飞镖，或者投篮。对于女孩来说，可以专门在家中辟一块"涂鸦角"，买块纤维板，专供其张贴涂鸦作品。对于男孩子来说，投掷飞镖，或是练习跑步上篮，都可以让其宣泄负面情绪。特别是那些感觉被老师和父母冤屈的孩子，掷飞镖是"发射愤怒"的最有效的手段。

3.晨练时鼓励孩子奔跑或大叫

如果父母发现孩子较长一段时间都处在忧郁、愤懑的情绪中，切忌反复追问"到底发生了什么事？"父母不妨佯作不知，只是带他去有山有林的地方晨练，与孩子一起变速跑、一起攀登台阶或一起在山林中喊叫。"喊"完之后可以谈谈自己的感受：最近妈妈在工作上也有很多不如意，不过到这里来喊一喊、跑一跑，心中就畅快多了，你觉得怎么样？一般在这种交流状态下，孩子就会主动跟父母提起他究竟遇到了哪些不愉快。而且，在"喊叫"之后，他已经能比较客观地看待这些不快了，甚至会自我检讨说："比起妈妈的烦恼，我的烦恼真的不算什么。"

4.孩子发泄过后记得要拥抱他

不管对孩子造成困扰的是不是你，作为父母，一定要用肢体语言对孩子提供这样的保证："我会站在你这一边。我相信你能走出来，重新变成快乐的精灵。""虽然世间让我们气愤的事很多，但是令我们感觉温暖的事一样也很多。"单纯的发泄会让孩子倍感茫然，而发泄加拥抱的模式，则能令发泄之后的孩子感受到抚爱与亲情的注入。而后者，才是孩子成长为乐观主义者并在成长中逐渐学会调控自身情绪的基础。

孩子的心里没有了负面心理能量"作怪"，自然就会成为乐观上进的好孩子了。

巧妙用暗示法引导不听话的孩子

李森的妈妈在生李森的时候不太顺利，医生不仅给孩子吸了氧，还说李森以后可能会出现智力问题。

李森今年九岁了，和一般的孩子不太一样。李森身上出现了许多令妈妈头痛的行为，例如：旷课、贪玩、一意孤行、自私、偷窃、撒谎，等等。既不老实，又不听话，邻居们都说李森是个难办的孩子。

妈妈担心李森有智力低下的问题，带他看了七八家医院，也做了很多检查。结果测定，李森智力水平完全正常，根本不存在智力低下的问题。他之所以会出现诸多不听话的行为，很大程度上是李森妈妈长期对李森采用了不良的教育方式。

在医生的建议下，李森妈妈深刻地反省了自己的教育方式，并在医生的指导下，开始有意识地使用良性暗示法，对李森悄悄开始实施教育。

对一句话、一个动作、一个眼神，李森妈妈都会深思熟虑，都力争给予李森正面积极的暗示。经过半年多的暗示教育，李森就像变了个孩子一样，身上诸多不听话的行为完全不见了。

现在走在大街上，很多邻居都对他跷起大拇指呢。

暗示教育对孩子是一种十分有效的教育方式，而且孩子更乐于接受、更

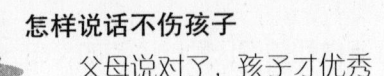
喜欢这种形式的教育。暗示，是无声的教育，是"润物细无声"的教育。

世界著名教育家苏霍姆林斯基说："任何一种教育现象，孩子在其中越少感觉到教育者的意图，它的教育效果越大。"父母在对待孩子的教育方式上，应去掉那些让人不快的"要求""命令""必须"等词汇，而通过"启发""暗示""商量"等形式来进行。

亲子正面沟通秘诀

作为父母，面对不听话的孩子，应该如何巧妙地使用暗示呢？美国教育专家爱德华教授指出，暗示教育主要有如下几种形式。

1.眼神暗示

吃过晚饭，爸爸给刚子讲故事。讲着讲着，刚子的双手搞起了小动作。爸爸没有停下来，不过他用眼睛紧盯着儿子的小手。不一会儿，刚子"醒"了过来，双手安静了。

眼神是一种无声的语言，比有声的语言能更细腻、更清晰地表达感情。眼神暗示就是用眼睛把要说的话、要表达的态度暗示出来。

2.表情暗示

家里来了客人，林林有了小伙伴，高兴得忘乎所以，发起了"人来疯"。他一会儿狂笑，一会儿尖叫，连爸爸的眼神也视而不见，于是爸爸猛地皱起了眉头。这下，林林总算看到了，声音也降低了不少。

表情比眼神表现得更明确，人的表情能够传达多种信息，比如肯定、同意、可以、不能、不该等，形成刺激，使暗示对象作出反应。孩子做了好事，你对他赞许地点一点头；孩子经过努力，解开了一道题，你对他会心地笑笑，都是极好的激励。

3.言语暗示

小贵早上起床后从不叠被，妈妈提醒过几次，但效果不理想。一次，妈妈告诉小贵，今天遇到楼下的妈妈说小刚真乖，每天总是自己把被褥打理得整整齐齐。小贵听后表面上不以为然，但渐渐地学会了自己动手叠被。

既然是"暗示"，就是不用言语直接表态。当要表扬或批评时，采取一

种迂回的方法，如讲故事、打比喻、作比较等把自己的观点巧妙地"点"出来，让孩子心领神会，在一种柔和的气氛中接受教育。

4.动作暗示

周末，晚上9点多了，罗强还坐在电视机前。妈妈一言不发，却站起来把孩子床上的被子铺开，自己也停下手中的工作，回房休息了。无声的语言提醒了孩子，罗强马上走进了自己的房间。

动作暗示就是用体态语言把自己的想法表露出来，从而达到教育孩子的目的。父母辅导孩子做作业时，发现孩子坐姿不正，可以面对孩子做几个挺胸的动作，并书写一两个字，让孩子接受这些暗号，他就会学着作出反应。小孩子需要大人的爱和注意，特别是父母从口头上赞许他的行为，或亲亲他、拍拍他、搂搂他。这些点点滴滴表达了父母对他的爱和鼓励，从而助其建立起自信。

5.榜样暗示

点点跟妈妈逛商场，看到玩具熊就想要，但家里已经有好几个了，妈妈不想买，点点就抱着妈妈的腿，蹲在地上哭。妈妈指着旁边一个跟点点差不多大的小女孩说："你看那个小妹妹，多乖啊！多听话啊！"点点一看旁边的小姑娘真的很乖，也就不再哭闹了。

一个小朋友哭，许多小朋友会随同一起哭起来，这时用暗示的方法可以让孩子停止器泣。老师只需对不哭的孩子表示出赞赏，哭的孩子就会向不哭的孩子学习而停止哭闹。

6.情境暗示

当爸爸在写作时，金金跑到爸爸桌前又叫又跳，妈妈怎么厉声制止效果也不好。后来有人教了金金妈妈一个方法，就是每当金金再闹的时候，妈妈就蹑手蹑脚进屋，小声对金金说咱们到外面玩，这样，金金每次都马上跟着妈妈出来了。

情景暗示主要建立在一种氛围的基础上，父母关键要把握好适当的情景氛围。这种暗示，一般来说，对孩子都是相当有效的。

综上所述，暗示对孩子起着重大的潜移默化的作用，在不知不觉中从侧

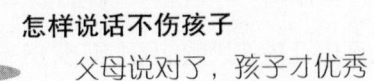
面去影响孩子，从而避免了让单纯的鼓励和表扬使孩子产生出的对自己不真实的判断。面对不听话的孩子，巧妙使用暗示教育法，应该能收到良好的教育效果。

怎样对孩子的过分要求说"不"

"刘凯江，吃饭了。""今天吃什么？""牛排、蔬菜沙拉。""妈妈，我要出去吃比萨饼。"刘凯江大叫。"为什么？""我不喜欢吃你做的牛排。我现在就要去，走啊，快点。""不行，凯江，我太累了。明天再去吧。""现在就去！"孩子跺起脚来。"凯江，我今天干的事太多了。我刚打扫了房间，又做了饭，实在太累了。以后有机会妈妈再带你去吃比萨饼不行吗？""我现在就要去，现在！"妈妈继续请求刘凯江，刘凯江根本不听，接着又哭又叫又喊。

最后妈妈屈服了，带他去吃比萨饼。

刘凯江生活在一个单亲家庭，他从小就没有爸爸。孩子由母亲一个人带，没有爸爸的刘凯江在母亲眼里是很可怜的，为了补偿这个没有爸爸疼爱的孩子，妈妈总是儿子要什么就给什么。刘凯江感觉到了这点，就总是不停地向妈妈要这要那，甚至有些无理的要求妈妈也总是一味满足，这使刘凯江感到有求必应、随要随得的乐趣。如果妈妈对刘凯江的一些无理要求给予拒绝，刘凯江就会大发脾气。

孩子的不合理要求绝对不能满足，迁就和顺从孩子的不合理要求，实际上是助长他们"自我为中心"的不良意识。这种自我意识的无限膨胀，容易使孩子变得自私自利，完全不懂得对父母感激，认为一切是理所当然的。因此，父母要拒绝孩子的不合理要求，让孩子明白，这个世界并非是可以为所欲为的，应该学会控制自己的欲望。一个不曾被拒绝过的孩子长大后是经不住挫折考验的，为了孩子的幸福，父母应施以理智的爱，学会对孩子说"不"。

孩子成长变化得很快，假如只是一味顺从孩子，孩子以为父母会满足他的所有要求，认为父母可能有些怕他，所以想怎样就怎样，有时甚至会根本无视父母的存在。孩子会以自我为中心，变得自私、无理，想干什么就干什么，不懂得与他人合作。

苏联教育家马卡连柯早就指出："人们时常说，我是母亲，我是父亲，一切都让给孩子，为他牺牲一切，甚至牺牲自己的幸福，这恐怕是父母送给孩子的最可怕的礼物了。这种可怕的礼物可以这样来比方：如果你想毒死你的孩子，你就给他吃一剂足量的你个人的幸福，这样他就可以被毒死。"这句话或许会伤害到那些父母的爱，但它的确一针见血地道出了"惯子如杀子"的深刻内涵。

亲子正面沟通秘诀

生活中，有很多孩子都会经常提出一些要求，这些要求中有很多都是不合理的，而如果父母生硬粗暴地拒绝，则会引得他大哭大闹。如何应对孩子的不合理要求呢？教育专家建议父母如下面指出的这样做。

1.言出必践，树立威信

父母对孩子的承诺一定要兑现，对孩子禁止的一定要坚持，不能因为自己情绪好或者事情小而迁就孩子，这样才能建立父母的威信以及和孩子相处的规则，让孩子明确地感到父母言出必践。孩子之所以要赖，是因为他认为这样可以左右大人，如果父母让他确信要赖无效，他以后就不会要赖了。

2.真挚关爱，以理服人

在拒绝孩子的不合理要求的时候，一定要兼顾两点：其一，让孩子明白为什么不能这么做；其二，让孩子感到父母对孩子的爱意。比如，不买奢侈品或者多余的玩具，是因为要保证孩子上学的费用和全家的支出，是因为"虚荣""奢侈"对人是有害的。满足孩子所有合理的需要是父母的爱和责任，拒绝不合理的要求也是父母的爱和责任。

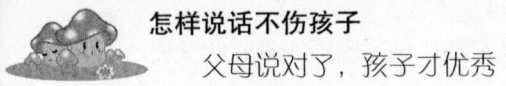

3.坚决地进行冷处理

孩子提出不合理的要求，一旦被拒绝，往往会以哭闹要挟，这时建议父母要冷处理。先简单说清楚你拒绝他的理由，然后做自己的事情，对他的哭闹行为不予理睬，但是父母一定要留意孩子的安全。孩子的哭声确实让人心烦意乱，但父母此时应竭力控制自己不去哄劝他们，这样，孩子会从父母坚决的态度中了解到，哭闹是没有用的。反之，如果一哭闹你就妥协，那就等于在助长他提出更多的不合理要求。

4.转移孩子的注意力

孩子执拗于不合理要求的一个重要原因是：不能从时间、地点、场合等方面来考虑自己的行为、愿望的可行性。这时父母除了可以给孩子语言上的告诫外，还可以利用孩子注意力不稳定的心理特点，巧妙地将他的注意力引到别的事情上，使他在不知不觉中放弃原来的行为或愿望。例如孩子执意要玩小刀，这时可用其他一些有趣的事情如外出游玩、制作航模等来吸引孩子的注意力。

5.告诉孩子拒绝的理由

对于孩子的不合理要求，父母应该明确地拒绝。所谓"明确"是指把拒绝的理由告诉他。有些父母拒绝孩子时不告诉他真正的理由，而编造一些借口来骗孩子。例如，孩子想买某些玩具，父母往往习惯说"太贵了，买不起"，而实际情况并非如此。建议父母不妨告诉孩子，拥有很多玩具并不代表幸福，有些东西是没有价值的，不值得买。

6.说了"不"就要坚持到底

对许多父母来说，最难的其实还是将"不"的态度坚持到底。父母看孩子那样哭闹实在是不忍心，于是就满足了他的不合理要求。实际上，父母应该学会"冷漠"，要知道，这样一个"不忍心"会使孩子认定固执、哭闹还是管用的。对孩子的不合理要求一经表示拒绝，就不要再回头表示答应，就要坚持到底。

大哭大闹往往是孩子逼迫大人"就范"的主要手段。如果大人总是迁就他，孩子一哭就满足他的任何要求，就会使他认为只要一发脾气，一切都会

如愿以偿。以后遇到类似情况，他更会变本加厉，愈闹愈凶，养成难以纠正的任性、不讲理的坏习惯。因此，父母要坚定地拒绝孩子的不合理要求。

怎样开口跟孩子谈性

韦伟的经历是痛苦的，已经上大学的他回忆起初中时的那一幕，依然心有余悸。

那是高一下学期的事情。有一次，他在家做数学作业，有一道题一时想不出来，脑袋里就开始胡思乱想起来。这种情况已经不是第一次，已有半学期了。在自己独处的时候，会情不自禁地用手玩弄自己的阴茎。他自己也很清楚，每次做作业的时间都特别长，爸爸妈妈都感到他进步多了，能经常一两个小时做作业，也不出声。只是成绩不但没有升，反而下降，这就使他们老是在想：现在的学生真不容易，竞争太激烈、学习太苦了。

不过，这一次韦伟露了馅。正当他极度兴奋时，爸爸推门进来，那扇门平时韦伟都是小心插好的，这一天不知怎么搞的，忘了插。爸爸看到这一幕，手中的牛奶杯摔在地上。儿子惊呆了，迅速站起来，拉好衣裤。不过爸爸已经愤怒地走过来，忽然看到作业本上还放着一张半裸的美女卡片，上去就给了儿子一巴掌。闻讯而来的妈妈不知何事，对爸爸叫起来："你疯了！儿子这么大了，你还打他！他干什么事情啦？"

"你去问他，我们以为他在好好学习，他这个不要脸的狗东西！"说完，气得走了出去。

妈妈不知发生了什么事，一个劲儿地问儿子："你干什么事啦？你爸从来没这么生气过，你倒是说话呀！"

儿子低着头，咬着嘴唇，什么也不说。

从此以后，他在父母面前小心翼翼，甚至不敢正面看他们，在班上也不敢与女生说话，女教师上课，他都不敢抬头。在他的心中，罪恶感、耻辱感

压得他喘不过气来。可同时，他并没有停止自慰，每次偷偷完成后，就有内疚与自责的痛苦，这使得他的青春期一片阴暗。

孩子自慰是种正常行为，源于对性的好奇。面对孩子的自慰行为，父母一定要慎重对待。

人进入青春期，性意识就开始萌芽了。偶然的自慰是缓解性压力的一个途径，但无知的家长们则不这么认为，他们一旦发现了孩子的自慰行为，往往大加斥责，甚至羞辱孩子，像韦伟的爸爸责骂韦伟"不要脸"就很不恰当。这样做使孩子罪恶感增加，心理自卑感加强，甚至造成精神崩溃。

父母应当多了解一些生理卫生和青春期的心理知识，并在孩子发生自慰行为时，对孩子讲清楚自慰的利弊，而且让他们知道青春期由于生殖器官的发育，性激素会促使男孩子出现梦遗现象。

有关专家指出：青春期以后，男女都可能发生自慰，但是男性比较普遍。那些从来不敢触摸自己性器官的男孩，大多受到严厉的约束，认为性器官很"脏"或很"神圣"，不能随意接触。其实，这反而对他们的健康不利。

造成自慰的生理原因与梦遗类似，主要是生殖器官发育，性激素浓度上升，使男孩子本能地开始对异性感兴趣，而生殖器官在不断发育中也容易引起男孩子的注意，特别是阴茎很容易在受到刺激后充血勃起，这一发现会令男孩感到好奇。

在传统社会里，自慰是一种很丢脸的行为，属于社会禁忌，人们平时都不能谈论它。传统观念认为自慰会造成人的精力衰竭、气短体虚。过去的医书上也写着：自慰会导致神经衰弱、记忆力下降、失眠多梦以及婚后性功能障碍，等等。一些父母正是基于这种传统观念而对孩子的自慰行为大加斥责的。

但是，已有充分的证据表明，孩子最初的性体验往往来自于自身的自慰行为，自慰被认为是性行为的初始方式。自慰对于性冲动异常强烈的孩子来说，它能使性冲动得以顺利地宣泄。自慰还是孩子自我发现和逐渐了解自己的身体和情感的一种方式。因此，只要不是过于沉湎于自慰产生的快感中，不过于频繁自慰，是不会损害孩子身心健康发展的。因此，父母发现孩子的

自慰行为，不要大惊小怪，更没有必要怒骂斥责。

用传统的目光和粗暴的方式对待孩子在性方面的不当行为，不仅于事无补，而且会伤害孩子的自尊，给孩子的心理留下永远的创伤。

当孩子进入青春期后，随着他们性意识的觉醒，应及时进行性知识和性道德教育。父母要选择适当的语言和适当的时机告诉他们，由于内分泌系统的成熟，性激素产生过多，少男少女开始出现第二性征，男孩子会长胡须，声音变粗，阴茎、睾丸增大，并出现遗精等生理变化；女孩子乳房隆起，臀部变宽，声音变细并伴有月经来潮。对男孩子的遗精和女孩子的月经初潮，应告诉他们这是一种正常的生理现象，是进入青春期的标志。

亲子正面沟通秘诀

鲁迅先生说："生物的个体，总免不了衰老和死亡，为继续生命起见，就有一种本能，这就是性欲，因性欲才有性交，因性交才有后代，继续了生命，所以，性交也并非罪恶，并非不净。"因此对性问题大可不必羞羞答答，遮遮掩掩，应理直气壮地来谈论它，研究它，让更多的人，特别是青少年正确地认识它，以增强对性犯罪的免疫力。

1.对于孩子的性问题，要直接回答

回避、搪塞只会让孩子觉得这种事情更加神秘，更增加了孩子对这类事情的好奇心。父母是孩子的第一任老师，对于性的问题，最好一开始就给孩子一个老老实实的答案。

2.给孩子符合他年龄段的解释

尽量简洁地对孩子解释，不用长篇大论，也不用给他上一堂复杂的科学或道德课程。如果自己回答不了，就找一本相关的书籍，和孩子一起阅读吧。

第6章

正能量管教和说服让孩子更听话

站在孩子的角度看待和处理问题

柳柳放学后很不高兴，向妈妈抱怨老师当着全班同学的面大声批评她。妈妈听完，根本不考虑孩子言语中的委屈，用质问的口气说："老师为什么要批评你？你是干什么坏事了？"柳柳听到妈妈这样说，瞪着妈妈，很生气地说："我什么也没干，老师是没事找事。""不会吧，老师不会无缘无故地斥责学生。再说，老师怎么不去批评别人？偏偏批评的是你？"

柳柳重重地坐在椅子上，更加不开心了。妈妈继续问道："那么这个问题，你打算如何处理呢？"柳柳很倔强地说了一句："什么也不做！我真后悔跟你说这件事情！"妈妈意识到情况不妙，如果继续问下去，女儿一定会和她对立起来，这样什么问题也解决不了。

这时，妈妈悄悄改变了她的态度，平复了自己的情绪，用一种友好的语调对女儿说："我想你当时是很尴尬的，因为老师当着全班那么多同学的面儿批评你，让你无地自容。"柳柳没有想到妈妈的态度会突然改变，有些怀疑地看了妈妈一眼，妈妈接着讲："其实类似的事情我也遇到过。记得我念小学五年级的时候，在考场上，我的铅笔用完了，我站起来借了一支铅笔，老师大声地批评了我，让我很下不了台，我感到十分尴尬，也很气愤，和你这次的感觉一样。"

柳柳开始轻松了，也对妈妈的事情感兴趣了，并打开了话匣子："真的？和我的情况几乎完全一样啊！我也只是在上课时借一支铅笔，因为我的铅笔不够用了。而且我借铅笔的时候小心翼翼，没有打扰别的同学。我觉得老师为这么简单的事情教训我，真是太不公平了！""是这样。现在咱们来考虑以后怎样去避免这种情况。你能不能想出办法，今后避免这种尴尬的局面呢？""我可以多准备一支铅笔，或者向老师说出我的问题，让老师帮忙想办法解决，就可以避免这种情况了……""这个主意不错。"妈妈和柳柳愉快地交谈着。

在生活中，很多父母总是以为孩子什么也不懂，对待孩子就像是上级对下级，处理问题永远都是从自己的角度出发，而丝毫不顾及孩子的想法。这样做，不但不会得到孩子的认同，还会引起孩子的反感，破坏父母的形象，且达不到预期的教育效果。

父母只有放下架子，尊重孩子，以平等的身份对待孩子，才能与孩子建立相互之间的信任，成为孩子的知心朋友，才能实现成功的亲子沟通。孩子有价值和尊严的需求，应该受到尊重。父母在生活中要尊重孩子，要把孩子放到一个平等的位置上与之交往，这样才能让孩子对父母信服。同时，父母光有对孩子的尊重是不够的，还要信任孩子，争取成为孩子的知心朋友。

建立和孩子之间相互信任的最佳手段，是把自己放到孩子的位置上，站到孩子的角度去看问题。作为合格的父母，必须尊重和信任孩子，必须站到孩子的角度去看待和处理问题。

亲子正面沟通秘诀

父母学会站在孩子的角度去看问题，应该做到以下几点。

1.对待孩子应该真诚

父母与孩子交流的过程中，一定要真诚。父母真诚与否，孩子是能感觉到的。父母应真诚地向孩子敞开自己的心门，想什么，感受什么，尽量都让孩子知道。

2.放弃大人的成见

大人的世界和孩子的世界是不一样的，如果父母硬要用大人世界的要求来对待孩子，势必会发生许多亲子关系上的问题和不愉快。因此，父母应该学会放下自己的成见，试着用"孩子世界"的眼光来了解和认识孩子。

3.学会换位思考

站在不同的角度就有不同的立场，处于不同的立场就会产生不同的观念。作为父母应该学会换位思考，当孩子遇到问题和烦恼时，能够迅速从孩子的位置和角度来看待问题、分析问题，这样才能有效地解决问题。换位思考是一种快速拉近和孩子心灵距离的有效方法。

总之，父母和孩子之间不是主人与奴隶的关系，而是一种平等、尊重、关心和信任的友谊关系。父母要尊重与理解孩子，要能站在孩子的角度来看待问题，这样才能赢得孩子的信任与友谊。

解决同孩子的矛盾不妨"巧败"

以前王艳的儿子每次吃饭总是吃不了两口，就这屋看看电视、那屋摸摸玩具，一顿饭得吃一个多小时。为改掉儿子的坏毛病，王艳没少训斥孩子，天长日久形成了这样的习惯，只有在王艳的训斥下，孩子才会好好把饭吃完。后来，朋友出了个主意，让王艳和孩子比赛，看谁吃饭快，但是每次都故意败给孩子。就这样，在王艳的"巧败"之下，孩子吃饭不再像以前那么磨蹭了。"巧败"的效果这么明显，王艳准备再在别的地方也好好使用一下，儿子穿衣服慢、画画不专心，她都和他比赛，并故意"败"给他。这个方法帮儿子改掉了不少毛病，而且，儿子的自信心和求胜欲也越来越强。

在与孩子产生矛盾时，家长是利用自己的家长身份压服子女呢，还是暂时退让，待双方冷静下来再解决矛盾呢？正确的答案理应是后者。前者虽胜实败，可称为"惨胜"；后者虽败犹胜，可称为"巧败"。

何谓"巧败"呢？《三十六计》中，最后一计是"走"，即撤退，是"上计"。在形势于己不利，或即使仍有利，但相持下去的结果将会违背自己的初衷时，及时撤出是为上策。这就叫"巧败"。

"惨胜"不如"巧败"，许多家长大概也是在多少次"惨胜"之后才悟出这一道理吧？但无论如何，早一天悟出这个道理，对家长和子女双方都是好事。

亲子正面沟通秘诀

具体地说，如何取得"巧败"呢？

1.要保持冷静

当孩子与家长高声争论时，家长如果突然沉默，孩子常常也会安静下来。相反，若孩子高声家长也高声，很容易导致无谓的争吵，而且孩子在气头上也难以听进任何劝告。

2.巧用反面激将

当家长与孩子相持不下时，有时可以故意使用反面语，使孩子改变初衷。比如，想让孩子做完功课再玩，孩子却坚持玩完再做功课，这时家长可以赌气地说一句："你去玩吧，我不管你了。"家长的"让步"会使孩子感到不安，使其放弃原来的计划。

3.和孩子协商解决

任何事物都可能有多种解决办法，如果认为孩子的做法不妥，而孩子又不愿接受家长的方法时，可要求孩子一起来寻找双方都能接受的方法。矛盾的双方都可以提出几个可供选择的解决办法，然后一起评价这些办法，选择其中最佳的一种。

批评孩子要"偷偷"地进行

一天夜里，妻子推醒丈夫，声音很低且发颤地说："今天派出所来人找过我，咱家的鑫鑫跟几个同学在假期里偷过几家商店。""真的？"丈夫大吃一惊。"他们说，已找过鑫鑫和他的同学，他们也承认了。"妻子说。

"啊！"这位父亲怒火中烧，真想立刻冲到鑫鑫的房间，狠狠揍他一顿。但理智让他没有这样做。鑫鑫刚12岁，还是个孩子，是初犯，如能通过批评教育及时正确引导，比打一顿的效果会更好。于是，他嘱咐妻子：

"一、在鑫鑫的哥哥面前只字不提，以防兄弟间发生口角时哥哥揭鑫鑫的短，刺伤他的自尊心；二、此事由你先对鑫鑫谈，我暂时回避，日后找机会我再跟他谈；三、对鑫鑫的批评重在正面引导，体贴他、温暖他，切勿用冷言恶语刺激他，更不能打骂。"

3天后一个中午，这位妈妈提前下班，鑫鑫也放学回家了。妈妈把刚收到的一份《法制报》递给他，上面登有一段关于"少年犯"的文章。等他看罢，妈妈趁热打铁，从一条小虫毁了一条大船谈起，谈到盗窃者的心理，今天偷1元，明天想偷10元，日后就会犯更大的错误……鑫鑫听得认真，不断点头，但这位妈妈并未谈及他的事。

10天后，派出所将鑫鑫盗窃挥霍掉的东西折款245元责令退赔。从妈妈那里得知这件事后，鑫鑫为此很着急。因为他清楚去年家里已经欠下一笔债，目前家里也没有多余的钱，他怎能不着急呢？晚上，爸爸单独和鑫鑫直接地提起此事。先讲了如何做人、遵纪守法的道理，最后说："尽管咱家很困难，但这245元，就是借，也要替你赔上，但有两条你必须记住：第一，吸取教训，从此坚决洗手不干；第二，必须抓好学习，从各方面严格要求自己。"鑫鑫听后，惭愧地哭了："爸爸，您放心，我再也不干坏事了。"

此后，鑫鑫真的变了，到了学期末，还拿回家一张奖状。

孩子犯了错，上帝都会原谅。家长之所以总是不能原谅孩子，大概是因为自己离上帝太远了吧！

每个人都会犯错，可是孩子犯了错可能更容易招致批评。为什么呢？

因为孩子常犯错？不对！

因为孩子小不懂事情，容易犯错？不对！

其实是因为父母的眼光总是跟随着孩子的身影。

孩子所有的举止基本上都不能逃脱父母的掌握。一不留神在地上摔倒了，母亲就会说："怎么这么不小心！"如果考试成绩不理想，就会有声音响起："你看看，怎么考的这么差。"倘若不小心丢了东西，就会有个声音说："你怎么搞的，总是丢三落四的。"

对于一个刚遭受了打击的孩子，自己还没有从难过、委屈、痛苦甚至

耻辱的情绪中走出来，往往就紧跟着迎接一阵暴风雨一样的批评，心中甚觉不快，可也没有什么办法，只能默默地忍受，胆大的或许会顶几句嘴，但这更会招来痛骂，实在委屈了也许会抽泣一下。这下可更不得了，父母又会嚷着："哭什么哭！有什么好哭的！"

家长朋友，您有没有想过，为什么您从早到晚总是不停地批评？为什么常常会对同样的问题进行批评？难道就是因为孩子不听话，不懂事，毛病太多？

亲子正面沟通秘诀

我国著名教育家陶行知先生曾说过一段话："在教育孩子时，批评比表扬还要高深，因为批评一定要讲究方法，这是一门艺术，你用得好，它比表扬的效果还有用。"在教育孩子上，处处留心皆学问。对于如何批评孩子，专家给出了如下建议。

1.正面引导

有些家长批评起孩子，张口闭口总是否定性语言："你真没出息！""你真不争气！"……有的甚至极尽挖苦讽刺之能事。如此责骂不休，真不知究竟要把孩子往正道上引，还是往邪路上推。应该是，在简明扼要抓住要害、严肃认真地指出错误后，用肯定的语言，如"你是有出息的""肯定会争气"等，给予正确引导，指明出路。任何批评，其根本目的不仅在于抑制孩子的过错行为，更重要的在于激发起孩子好的行为。上面事例中的那位父亲不用冷言恶语刺激孩子，而是加以引导、指明出路，是十分明智的。

2.尊重人格

孩子有过错，理应批评，但应尊重其人格。批评应对事不对人，孩子和大人，被批评者和批评者，人格应该平等。正是基于这一点，案例中那位父亲才能严肃认真而又心平气和地对待孩子。批评可以严肃，甚至严厉，但这类似于镇痛药，用多了反会失效。

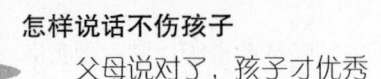

3.避免当众批评

有的父母误认为，当着他人的面数落一下孩子，会增强"激发"效果，殊不知，这样做最大的弊病是伤害了孩子的自尊心。案例中提到的那位父亲批评孩子时单独进行，这种作法是极为可取的。

4.看准时机

孩子一旦有错，通常要及时批评。"你等着，等你爸爸晚上回来！"这种策略是一种失误。您想，本是上午的事，到晚上再批评，这中间孩子还要干好多事，那错事也许淡忘了。当然，所谓及时批评也应视年龄特点及错误性质而有个时间跨度，要抓住时机"冷处理"。案例中那位父亲就既抓准了时机，又不失为及时。

5.要坚持就事论事，点到为止

批评孩子不要唠唠叨叨，没完没了。有些家长一遇到孩子出事，就气不打一处来，往往把昔日陈芝麻烂谷子的事一股脑儿搂抖出来，搞"扩大化"，数落孩子一无是处，这就会使他们产生自卑感，难以增强改正缺点的信心。其实，今天发生的事未必与昨天前天的事有关联，即使有关联也不应"算总账"。家长要就事论事，不要无限外延。这种批评看起来似乎有点简单化，三言两语便可作罢，但它符合孩子的思想单纯的心理特征，往往能使他们消除对待批评的抵制意识，这样才有利于他们在以后轻装前进。

6.相互配合

孩子有了过错，爸爸批，妈妈护，效果岂不相互抵销，何谈教育？父母对孩子的批评方式可以有差别，但必须口径一致，配合默契。

以故事作比喻，让孩子领会言外之意

王强是个属鼠的孩子。最近他连续两次在考试中得了满分，不免有点飘飘然起来，今天说陈明是笨蛋，明天说成刚是弱智，只有自己才是天才。于

是，爸爸便给他讲了下面的故事：

"有只小老鼠外出旅游，恰好遇见两个孩子在下兽棋，小老鼠就悄悄走近去看，结果发现了一个大秘密：尽管兽棋中的老鼠可以被猫吃掉，被狼吃掉，被虎吃掉，却可以战胜大象。于是，它由此认定，只有老鼠才是真正的百兽之王！这么一想，小老鼠就得意起来。从此以后，它既瞧不起猫，又看不起狗，甚至还拿狼开心。有一天，它居然还大摇大摆地爬到老虎的背上去了，恰好老虎正在打瞌睡，懒得动。小老鼠于是更加得意忘形，它趁着黑夜钻进了大象的鼻子，大象觉得鼻子痒痒的，就打了个喷嚏，小老鼠立刻像出膛炮弹似的飞了出去，飞呀飞呀飞，飞了好半天，扑通一声掉到臭水坑里！

"孩子，'自''大'加一点就是'臭'。今年是鼠年，你这只小老鼠会不会也掉到臭水坑里呢？要想不会，就必须遵守一个前提，那就是永不骄傲！"

听了爸爸的故事，王强很快便改正了自己的缺点。

这位睿智的爸爸对孩子的缺点并未直接斥责，也未生硬地给孩子讲述大道理，而是以讲故事的方式巧妙比喻，让孩子自己去领会言外之意，可谓举一反三，收到了极好的说服效果。

在说服孩子的过程中，最令孩子反感的就是家长滔滔不绝地灌输一堆大道理，而故事对于孩子来说则是心中的最爱。因此，家长不妨利用寓言故事来妙喻说理，使孩子冷静深思、豁然开朗，达到说服他们的目的。

亲子正面沟通秘诀

一般来讲，用故事来说服孩子分以下几种。

1.借故事人物来激励孩子

以故事中正面人物的形象，为听者树立一个榜样，是人们常用来劝告他人的一种方法。在将故事中人与听者的类比过程中，明白无误地将自己的情感和主旨传达出来，因此十分富于感染力和鼓动性。

数学家苏步青上小学时，成绩特别差，年年期末考试都是倒数第一。

这种情形，就如同把名次靠前的同学的名字"背"在自己身上一样，所以人称"背榜生"。一次他又逃课了，爸爸找到他，告诫道："你不读书，别人怎会看得起你呢？看不起你的原因，不就因为你是背榜生吗？如果你考前几名呢？你知道牛顿吗？他也长在农村，到城里念书时成绩也不好，同学都欺负他瞧不起他。一次，一个成绩名列前茅的同学还故意把他打得趴在地上——他凭什么？不就是成绩比牛顿好、身体比牛顿壮吗？别看平时牛顿不敢惹他，这回可不一样了。只见牛顿猛地翻身跳了起来，将那个打他的同学逼到了墙角。那同学一见牛顿如此勇猛，不由害怕了，只得认输，从此也再不敢欺负他了。从这件事上，牛顿得到了启发，只要有骨气，肯拼搏，就能取胜。从此他努力学习，终于取得了全班第一的好成绩。"在一系列的反问中，苏步青第一次听到了一位大科学家如何克服自身弱点、奋发图强的事迹，这无疑使他的心灵受到极大的震动，同时，从这个故事中，苏步青也吸取到了前进的力量。从此他不断地发奋学习，终于使自己的学习成绩得到了根本的改变。

2.借故事人物来表达情感

任何人讲故事都带有自己一定的人生感悟或情感体验。如果能自比故事中人，便容易将这种个人的情感体验巧妙地融入人物或情节之中了，同时还有可能最大限度地拓展故事本身的内涵，并借故事中人的口吻传达出这种意蕴来。这样的感情表白也显得更为强烈、流畅和感人。

3.借故事评述来阐明道理

有时候，面对孩子身上发生的事，如果恰好有同类型的、相似的例子或故事可以利用，也不妨拉它来同孩子的故事作一番对比，从而引申出某个道理。这样，由于对比鲜明、生动，往往能使孩子在不经意中得到自我反省的机会，从而接受父母的意见。

4.借故事意蕴来启迪心智

人常说，当局者迷，旁观者清。对于孩子的懵懂和迷惑之处，如果能有针对性地利用富于哲理性的故事，来暗示自己的某种用意，就可能在孩子心灵中撒播下一片阳光。借用寓言本身所蕴含的哲理，委婉地传达出自己的看

法，暗示一种告诫之意，这比直接的劝告更容易为孩子所接受。

5.借故事情趣来开导孩子

有些寓言故事颇为幽默风趣，看似笑话，个中却一语双关，蕴含了深刻的哲理，且富于讽喻或谐趣感，显得既中听又耐听。如果我们能将这类故事巧妙地引入讲述之中，就能不露声色地将自己的意思传递给孩子，从而收到含蓄隽永、回味不尽、潜移默化的效果。

下达让孩子更易接受的指令

爸爸："小柯，以后做事认真点，别那么大大咧咧的行不行。"

小柯："知道了，爸爸，你每次都这样说，烦不烦啊？我也不想出错啊！"

爸爸："那你就好好做啊！"

小柯："爸爸，怎么才算认真啊？我要怎么才算认真啊？"

爸爸被气得无言以对："你这孩子，懂什么啊？"

"认真"是个什么概念，大多数孩子都会认为这指令太笼统了。事实证明，越是频繁空洞地使用"认真""努力""仔细"等词汇，越说明家长教育认识的苍白，教育手段的无力。与其如此，不如趁早把这个词从头脑里忘掉。忘掉"认真"两字，从现在起不要和你的孩子说什么"认真"了，提出指令与要求的时候，与孩子说话具体些，并请告诉孩子该做什么，怎么做，多长时间做完就可以了。

亲子正面沟通秘诀

现实生活中，有哪些办法能让孩子正面地接受父母的指令呢？

1.指令和要求尽量清晰具体

如父母可以要求孩子："见了叔叔阿姨你要问好。"而不是笼统地说：

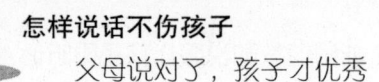

"你要对客人有礼貌。"

2.不要同时发出多重指令

像"赶快收拾玩具和你的书，整理好桌子，把手洗了来吃饭"这样一连串发出的指令，往往会使孩子感到迷惑。

3.同样的指令只发一次

在生活中，常有父母抱怨孩子不听话，说让他们做些什么总是得叫四五遍才行。改变的办法就是以后同样的指令只说一次，比如吃饭，叫一次孩子没有反应，即不再叫，父母再心疼，也要硬着心肠自个儿吃，不要担心孩子饿着，或吃凉的不舒服。叫孩子起床也是同样，叫一遍不起来，即不再叫，迟到或吃不上早饭也在所不惜。当然，在父母这样做之前要正式明确地向孩子声明今后同样的指令只发一次。

4.多在指令中使用肯定词

指令中多用肯定词，少用或不用否定词，有助于减少逆反和冲突，加大孩子执行指令的概率。如：变"不要贪玩"为"你玩十分钟就去学习"；变"你不要拖拖拉拉"为"你在5分钟内把书包整好"。

5.指令应尽量简洁

给孩子的指令应尽可能简洁，字数不宜过多，以15个字以下为好。另外，对孩子发出指令时，应该尽量避免唠叨和提旧账。

6.使用正式的语气和口吻

要求孩子做事的时候用正式的语气和口吻能够收到好的效果，如不呼孩子的小名，而呼其全名，甚至在其名字后加上"同学""同志"，以增加孩子的自重感。如张先生叫儿子："小朝，别玩游戏了。"看到儿子没有反应，他平静而严肃地说："张志朝同学，现在是你从游戏回到课本的时间了！"结果儿子马上就停下手中的游戏去看书。

不要给孩子开"空头支票"

"小明，好好学习，如果你下次大考能进入年级前30名，妈妈就休假带你去北京看天安门。"小明自从上初二后学习成绩一直下降，他妈妈非常着急，于是就向小明许下了这样的诺言。小明听了妈妈的话后异常兴奋，非常努力地学习，最终如愿以偿地取得了良好的成绩。当小明将考试成绩告知妈妈后，妈妈也非常高兴，但她对当初的承诺只字不提。两天后，小明终于忍不住要求妈妈实现诺言。

妈妈下班刚到家，小明就急忙跑到妈妈身边："妈妈，咱们什么时候去北京呀？"妈妈说："我有事不能休假，去不了了！"小明一听就急了，拉着妈妈的手说："干吗不休假了？干吗不去了？我就要去！"妈妈挥挥手："不能去就是不能去，小孩子问那么多干什么？该干啥干啥去。"小明不依不饶地大叫："不行，就得去！你早就答应我了，不能说话不算数。"小明这一嚷嚷，妈妈也生气了："你这孩子怎么这么不听话！我是妈妈，我说不去就不去，还用你批准？"小明大哭了起来："我都已经告诉我的同学我要去北京了，到时会给他们带好吃的，还给他们看照片。现在不去了，叫我怎么和同学说呀，人家一定会说我就会吹牛！"妈妈也对小明嚷嚷："妈妈的工作重要还是你的同学重要？不去就是不去！"小明还是不放弃，再三要求妈妈带他去北京，结果妈妈一生气，给了他一个耳光，还大骂他不懂事。

小明伤心万分，从此再也不相信妈妈的话了，学习上也丧失了动力。后来小明的老师了解到具体情况，跟他的妈妈及时作了沟通。小明的妈妈这才明白过来，后悔当初没有兑现对孩子的承诺。

也许父母的许诺出发点是没错的，是希望给孩子进步增添一点刺激，使之有动力。然而，上文中小明的妈妈为自己的"爽约"寻找理由，却使承

诺带来的正面刺激一步步消失。假若妈妈总是为自己的"爽约"寻找客观理由，那么孩子将来也会为自己做不到的事寻找各种借口，而不从自身寻找原因，不肯道歉及反省自我。这是一种怎样的恶果呀！

许多父母并没有信守"承诺"的习惯，他们往往对孩子许下这样那样的承诺，但很少有兑现的时候。孩子对父母的做法习以为常，也就不会去遵守自己许下的承诺，而且，当父母不能依照承诺履行诺言时，孩子就会对父母的口是心非感到生气，并且不再相信父母的话。久而久之，累积的怨气不但会严重影响到亲子间的和谐关系，也会降低孩子对父母的信任度。

没有信任就没有威信，父母失信于孩子，害处是相当大的。所以，作为父母一定要做到说话算数，切不可为了达到某种暂时的目的而欺骗孩子，对孩子撒谎。

父母应像与成人的交往一样认真对待与子女之间的相互承诺。它不仅是与孩子交流的一种合理形式，也是培养孩子健康人格的一种有效手段。当孩子认识到自己答应了的事情就必须做到时，便有了责任感，从而学会履行责任，养成良好的道德习惯。

亲子正面沟通秘诀

作为父母怎样才能正确地向孩子许诺，在孩子心目中树立起言而有信的形象呢？育儿专家们建议父母，许诺时要注意以下几个方面的问题。

1.尊重孩子，做到言而有信

父母要尊重孩子，不要以为孩子年龄小、不懂事，就不重视对孩子许下的诺言，无论能否兑现也不在意。在孩子的眼里，守信用是最重要的。孩子有时会抱怨大人说话不算数，那是因为他们希望自己的愿望得到满足。

2.把握许诺的次数

许诺应随着孩子年龄的增长逐渐减少。年龄小的孩子，控制能力差，许诺可以多些，随着孩子年龄的增长，有了较好的自控能力，许诺次数可以逐渐减少。

3.不可胡乱许诺

父母的承诺必须有利于孩子的健康成长，使其起到正面教育的作用。不要在孩子面前夸口，胡乱许诺。承诺太多而又不能兑现，将使父母在孩子心目中的地位大大降低。还要提醒父母的是，如果孩子提出一些不当要求，这时父母要有自己的原则和底线，即要把握一个"度"，要清楚地告诉孩子那是不可以的。这样就会让孩子渐渐懂得在生活中还有"可以""不许""应该"等一些概念，从而是非分明，促进孩子心理健康发展。

4.应增加精神许诺的比重

许诺包括物质许诺和精神许诺。适当的物质许诺是可行的，但不能过度，否则会滋长孩子虚荣、自私等不良习性。可尽量多地使许诺与有意义的活动相连，如许诺给孩子买书籍，带孩子去看画展、旅游等，既能调动孩子做事的积极性，又能丰富孩子的精神世界，开阔孩子的视野。

5.积极应对诺言不能兑现的结果

当父母因为工作等原因影响了诺言的兑现，使孩子感到失望、委屈时，父母不可强迫孩子接受许诺不能兑现的结果，而应主动并诚恳地向孩子道歉，把不能兑现的原因跟孩子讲清楚，取得孩子的理解和原谅，并在以后寻找适当的机会兑现自己没有实现的诺言。即使孩子暂时无法谅解，也不能用呵斥、教训的方式对待孩子，应该允许孩子发牢骚、表示不满。有时，孩子只是因为已经把事情讲给了同学和朋友，怕没有面子而生气，只是一时的言行过激。美国儿童心理学家罗达·邓尼说过："父母错了，或违背自己许下的诺言时，如果能向孩子说一声对不起，可以帮助孩子建立自尊，同时能培养孩子尊重人的习惯。"

父母对孩子必须做到言而有信、以诚相待，这样孩子才会对父母产生充分的信任感，也才愿意把自己的心里话告诉父母。父母是孩子的镜子，也是孩子模仿的对象，也只有说话算话的父母才能在孩子心目中树立起威信来，才能避免因孩子说谎而头疼的事情发生。

别拿自己的孩子和别的孩子作比较

红红与文文是同班同学，两个孩子从小一起长大，学习成绩都比较出色，两位妈妈经常暗地里"攀比女儿"。

6月底，学校举行期末考试，红红考了年级第一，文文却成绩平平。文文妈妈感到心里极不平衡，整天给女儿脸色看，还趁着放假给文文报了英语、数学、物理补习班，督促女儿提前学习初三的课程。期间她不断告诫女儿："文文，你必须努力学习，一定要超过红红！"

从那以后，文文苦不堪言，三天两头就要被妈妈劈头盖脸骂一顿。有时候妈妈还不让她吃晚饭，把她关在小卧室里"闭门思过"。然而，文文的成绩并没有如妈妈所愿，反倒和红红越拉越远，个性越来越压抑，甚至有了轻生的念头。

许多父母喜欢拿自己的孩子与别人家的孩子作比较，他们总是以充满赞叹的口吻对自己的孩子说"你看看某某多聪明"。赞扬别人家的孩子，贬低自己的孩子，这是许多父母常犯的一个错误。

人生在世，没有两个人是一样的，各人有各人的天赋，各人有各人的性格，各人有各人的能力。如果父母一味地攀比，看不到自己孩子的长处，而只看到孩子的短处，对孩子的教育便难以收到理想的效果。

可以说，爱攀比的父母都有一颗望子成龙望女成凤的痴心，然而一面攀比一面打击孩子的习惯，从根本上说，是在慢慢毁掉孩子的自信心。要知道，孩子的成长动力，来自心理上不断作出的自我肯定，缺乏自信的孩子最终会失去自信，导致一生碌碌无为。

攀比造成的苛求也将使年幼的孩子失去安全感。4岁以下的孩子，如果总听妈妈说自己不如邻居及同事的某个小孩，心理压力会增大，会有被抛弃的恐慌。而当孩子渐渐长大，意识到自己再不合妈妈的意，妈妈也无法抛弃自

己时，向上的动力也会消失，这个时候孩子就会变得疲沓，任何批评都无法触动他。

然而，在现实生活中，大部分父母都会随意选择评价标准，盲目比较，对孩子求全责备，导致孩子在变乖听话的同时，也丧失了个性，丧失了自我。

亲子正面沟通秘诀

当做父母的看到自己的孩子不如别人家的孩子优秀时，该怎么做呢？如何才能不拿自己的孩子和别人家的孩子作比较呢？

1.保持一颗平常心

父母应该从内心深处杜绝"攀比孩子"的想法，不要用别人的孩子作例子来给自己的孩子施加压力，要用一颗平常心来对待孩子暂时的不足，对孩子多一些鼓励，多一些赏识。

2.看到孩子的进步

父母应该学会全面地看问题。比较有两种，一种是横向比，一种是纵向比。作为父母，看孩子的进步，不仅要横向地看到孩子和别人的差距，更要纵向地看孩子比从前取得了哪些进步。另外，家长也不能用学习上的进步来牺牲孩子的成长，盲目攀比学习成绩的结果是孩子的个性消失，甚至是扭曲。

3.承认孩子间有差异

每个孩子的性格和特点都是不同的，许多父母喜欢把自己的孩子跟别的孩子进行比较，而且总拿自家孩子的短处跟别的孩子的长处相比。这样做实际上是忽视了孩子之间的差异，父母应当接受并承认孩子之间的差异，帮助孩子学会取长补短。当父母看到自己的孩子和别的孩子有差异时先不要着急，这种差异未必就是差距。孩子跟别人的差异性往往是其个性形成的开始，其实，这种差异更需要父母来加以保护。此时，父母的正确态度是，根据自己孩子的特点进行教育。例如，自己的孩子脑子迟钝一些，教育孩子笨鸟先飞，多卖些力。另外，孩子有了进步，父母就应该多加鼓励。只要孩子

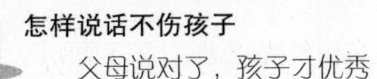
付出了努力，已经尽其所能，父母就不要对孩子提出过高要求，这样的教育就是成功的。

4.尊重孩子的天性

父母要尊重自己孩子的天性，不要盲目跟风，人家孩子学这个我就让自己的孩子学这个，人家孩子上北大我就让自己孩子上清华，这样的做法都是不可取的。其实，做父母的只有找到适合自己孩子的发展道路，按照孩子的天性去培养他，让其按照自己的条件去成长，孩子才可能获得幸福和成功。

5.培养孩子的个性

父母应该认识到每个人都是独立的个体，和其他人没有太多的可比性。让孩子学习别人的优点固然重要，但培养孩子的个性更重要。相信孩子，解放孩子，首先要赏识孩子。现在父母教育孩子的心理有些错位，不是用赏识的目光去看待孩子的优点，而是用挑剔的眼光找孩子的毛病。最可怕的是，用别人家孩子的长处来比较自己孩子的短处，越比较越觉得自己的孩子不如别人家的孩子优秀。

其实，你的孩子就是你的孩子，没有必要总去和别人家的孩子相比，只要你的孩子今天比昨天进步，你就应该祝贺他。父母要学会欣赏孩子，不要总是拿自家的孩子与别人的孩子进行比较，孩子之间是无法比较的，父母要让孩子保持自信。总之，不管怎样，父母都要鼓励孩子在生命的交响乐中演奏出属于自己的乐章，这是孩子潜能最大化的重要通道，也是孩子自信最大化的源泉，更是使孩子实现人生价值的必由之路。

批评时要保护孩子的积极性

在英国的亚皮丹博物馆中，有两幅藏画格外引人注目。其中一幅是人体骨骼图，另一幅是人体血液循环图。说起这两幅藏画，里面有着一个引人入胜的故事。

原来，这两幅画是当年一个名叫麦克劳德的小学生的作品。麦克劳德从小就充满好奇心，凡事总好寻根问底，不找到答案不肯罢休。有一天他突发奇想，想看看狗的内脏到底是什么样的，于是便和几个小伙伴偷偷地套住一只狗，将其宰杀后，把内脏一个一个割离，仔细观察。没想到这只狗不是别人家的，而是校长家的，且是校长十分宠爱的狗。对这事，校长甚为恼火，感到太不像话，如不对他严加惩罚，以后还不知他会干些什么出格的事来。

　　但是，到底如何进行处罚，经过反复考虑，权衡利弊得失，校长采取了一个十分巧妙的处罚办法：罚麦克劳德画一幅人体骨骼图和一幅人体血液循环图。麦克劳德很聪明，他知道自己错了，应该接受处罚，并决心改正错误。于是他认认真真、仔仔细细地画好两幅图，校长和教师看后很满意，认为图画得好，对错误的认识态度很诚恳，杀狗之事便这样了结了。这样的处理方法，既使麦克劳德认识到了自己的错误，又保护了他的好奇心，还给了他一次学习生理知识的机会，使他对狗的解剖派上了用场。后来，麦克劳德成了一位著名的医学家，与医学家班丁一起研究发现了以前人们认为不可医治的糖尿病的胰岛素治疗方法，两人于1923年荣获诺贝尔生理学及医学奖。

　　老校长对小麦克劳德杀狗事件的处理独具匠心，对我们颇有启发。如果当初这位校长对麦克劳德进行了简单粗暴的严厉训斥，通知家长要他赔狗，那就有可能把麦克劳德身上闪光的探索欲、好奇心一同砍伐殆尽，很有可能后来他就不会成为有名的解剖学家和医学家。相比之下，许多家长和老师，对孩子和学生所犯错误的处理，往往简单生硬，不善于保护孩子的积极性，甚至作出了扼杀他们好奇心的蠢事。

　　被誉为"发明大王"的爱迪生，一生有两千多项发明，他儿时好奇心就很重，探索欲望非常强烈，也非常淘气。有一位老作家曾经说过："淘气的男孩是好的，调皮的女孩是巧的。"淘气是孩子的天性，是好奇心驱使下的行为，是儿童认识世界、探索世界的起点和动力，大人们对他们创造性思维的萌芽，应加以保护和引导。即使出点儿小毛病、捅点小乱子，也应适当地

表现出宽容和谅解，要循循善诱、充分说理，小心翼翼地保护孩子心灵上的"闪光点"，给他们以广阔的自由天地。

批评是教育孩子不可缺少的重要方法之一，如何批评孩子是一门艺术。恰当地批评孩子可以帮助他们改正错误，达到预期的教育目的，否则，就会造成孩子的逆反心理，收到相反的效果。

家长在批评孩子时应注意掌握以下原则：

（1）就事论事。批评孩子要客观，就孩子所做的这件事本身讲道理、提出要求，不要加入过多的感情色彩，借此发泄。批评孩子时不可唠唠叨叨，将孩子以前的错事也说出来，或者进而给孩子的这次行为下某种不负责任的结论，这都会引起孩子的反感。

（2）避免说教。批评孩子时，用语要有针对性，要讲他错在哪里，这种错误有哪些害处，以后应怎样改正。批评用语要易于被孩子理解和接受，不要泛泛地讲大道理。总是讲大道理，时间久了，容易使孩子产生厌烦情绪。

（3）保护自尊。批评孩子不可用易于损伤孩子自尊心的恶语，如"蠢货""没出息的东西"等。另外，应尽量避免在众人面前批评孩子，尤其不宜当众批评那些较敏感的孩子。

（4）适当鼓励。在孩子接受了批评并作出积极的反应后，家长要及时给予肯定和表扬，强化他的积极行动，不可置之不理。

亲子正面沟通秘诀

当孩子犯有过错时，父母往往一味责备孩子，甚至打孩子，一点批评技巧都不讲，结果往往事与愿违。那么，父母批评孩子时，应注意掌握哪些技巧呢？

1.低声

父母应以低于平常说话的声音批评孩子，"低而有力"的声音，会引起孩子的注意，也容易使孩子注意倾听父母说的话。很明显，这种低声的"冷处理"，往往比大声训斥的效果要好。

2.沉默

孩子一旦做错了事，总担心父母会责备他，如果正如他所想的，孩子反而会有一种"如释重负"的感觉，对批评和自己所犯过错也就不以为然了。相反，如果父母保持沉默，孩子反而会心理紧张，会感到"不自在"，进而反省自己的错误。

3.暗示

孩子犯有过失，如果父母能心平气和地启发孩子，不直接批评他的过失，孩子会很快明白父母的用意，愿意接受父母的批评和教育，而且这样做也保护了孩子的自尊心。

4.换个立场

当孩子惹了麻烦遭到父母的责骂时，往往会把责任推到他人身上，以逃避父母的责骂。此时最有效的方法，就是当孩子强辩是别人的过错、跟自己没关系时，就回敬他一句"如果你是那个人，你会怎么解释"，这就会使孩子思考：如果自己是别人，该说些什么？这会使大部分孩子发现自己也有过错，并会促使他反省自己把所有责任转嫁于人的错误。

家长应该培养孩子守信的习惯

孔子有个学生叫曾子。有一次，曾子的妻子要上街，儿子哭闹着要跟去，妻子就哄他说："你在家等我，回来给你杀猪炖肉吃。"孩子信以为真。

妻子回来，见曾子正磨刀霍霍准备杀猪，赶忙阻拦说："你怎么真的要杀猪给他吃？我原是哄他的。"曾子认真地说："对小孩子怎么能欺骗呢？我们的一言一行对孩子都有影响，我们说了话不算数，孩子以后就不会听我们的话了。"

曾子果真把猪杀了。曾子言传身教、以身作则，为后世传颂。

现实生活中，很多父母非常重视孩子的学习成绩，或者不惜重金培养孩子的特长，却忽视了对孩子的守信教育，以至于孩子的学习成绩与品德成绩有很大差距。现在不少孩子言而无信，不守信、不守时，甚至动辄说谎，有时可以编出一套套谎言来骗父母，骗老师，骗同学。有的则弄虚作假，测验考试时作弊。不诚实、不守信的品性将会直接影响孩子的成长，直接影响孩子今后在社会上立足，对父母来说，极有必要在孩子心灵中播下诚实守信的种子。现在就专门来探讨在家庭中如何开展守信教育。

亲子正面沟通秘诀

1.给孩子树立守信的榜样

要纠正孩子的不守信用，家长首先要做到言行一致。孩子的模仿能力很强，很容易受到某种行为的暗示。如果父母言行不一，不履行承诺，孩子就会受到暗示，跟着模仿。

教育孩子要守信，父母自己首先要守信。以守信培养守信，其道理是不言自明的。"人无信不立"，为了培养孩子的守信习惯，在日常生活中，父母对待孩子一定要守信，不要说话不算话。有位母亲经常警告孩子，如果撒谎，就用针把他的嘴缝起来。有人问这位母亲："如果孩子真的撒谎了，你真会缝上他的嘴吗？"显然，这位妈妈对孩子说的话本身就是不现实的，用这种方式来教导孩子不要撒谎是非常不可取的。

2.对孩子进行守信品质的教育

守信是人的立身之本，父母应该加强对孩子守信品质的教育，从小就教育孩子守信用、负责任。告诉孩子，一个言而无信的人，是没有人愿意和他合作的。

父母的职责是，教育孩子答应别人的事一定要兑现，如果经过再三努力仍没有做到，就应该诚恳地向对方说明原因，并表示歉意。最重要的是，教育孩子在答应别人之前一定要慎重考虑，认真考虑自己有没有能力做到，要量力而行。如果自己没有能力做到，就不要轻易答应。如果自己有能力做到，也应该留有余地，不要轻易夸下海口。这样，孩子在答应别人时，就会有章可循，起到一定的规范作用。

进行守信品质教育需要父母借助实例、故事的形式讲给孩子听，让孩子明白守信对一个人来说是非常重要的，不守信会带来什么恶果，守信会有什么收获。

3.满足孩子的合理需要

孩子不守信的行为大部分是出于某种需要，如果孩子合理的精神需要、物质需要没有得到满足，他必然会寻求满足需要的办法，如果父母对这种合理需要过分抑制，孩子就会换种方式，以某种不守信的行为来满足自己的需要。因此，父母应该认真分析孩子的需要，尽量满足其合理的部分。

4.不要怀疑孩子

我们经常会看到这样的父母：他们要求孩子吃完饭在房间里学习半小时，结果却每隔5分钟进去看一下孩子是否在偷懒；他们要求孩子去买件东西，也总担心孩子把多余的钱买零食吃。父母的这些行为，往往导致孩子用撒谎来对抗，而父母却认为自己的怀疑是有根据的，这就更加滋长了孩子的不守信。

5.家长要敢于承认错误

在现实生活中，许多父母都有可能不自觉地对孩子讲一些不诚实的话，或者讲过的话没有兑现。这时候，父母一定要放下架子，以平等的身份向孩子承认错误，这样反而会赢得孩子的信任。

批评时要避免对孩子的语言伤害

明明数学考试得了73分，比邻居家的东东少了25分，气得明明妈妈一直唠叨："你看人家东东考了98分，你怎么就不能像人家东东一样，也考个98分让妈妈高兴高兴？父母辛苦挣钱就换来你这么个分数？我怎么生了你这么一个笨儿子！瞧你那没出息的样子！"

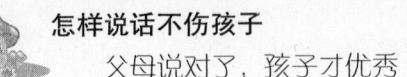
　　一个学习不太好的女孩跟爸爸说："我今天考了100分。"爸爸问："哪门课考了100分？"女儿高兴地回答："自然课。"爸爸的表情一下子就变了："自然算什么玩意儿，你有什么好得意的，真是没有出息。"

　　提起对孩子的伤害事件，人们首先想到的是被人抢劫、勒索、欺负、性侵害以及被家长或教师体罚，等等。而孩子们受到的"软"伤害常常被人忽视，如软性的语言伤害。中国少年儿童平安行动近年曾公布了一项内容为"你认为最急迫需要解决的校园伤害"的专项调查，结果显示：81.45%的被访小学生认为校园语言伤害是最急需解决的问题。

　　尽管这个调查是针对校园伤害而开展的，但对于家长来说，同样要予以重视和反省。因为对孩子们来说，语言伤害不仅来自学校，而且也有来自家长的。美国一家权威机构对1万名0~10岁的孩子进行跟踪调查，最后发现，对幼小心灵伤害最大的是来自父母的语言伤害。这种情况在我国也较为普遍。

　　经常遭受语言伤害，孩子的心灵就会扭曲，即使成年之后也会出现较多的行为障碍和个性弱点，难以适应社会。为了孩子的健康成长，家长们要对不良语言可能造成的严重后果予以高度关注，不要以为区区几句过头的话不会对孩子造成多大危害，气急之下就口不择言地说许多刺激孩子的话，对孩子造成了心理伤害，却浑然不知。要知道这种心灵的伤害甚至比肉体的伤害更为严重。家长作为孩子的第一任老师和最亲近的朋友，切不可成为这样的伤害者，尤其不要让孩子感觉"最亲近我的人伤我最深"，因而疏远、躲避家长。

亲子正面沟通秘诀

家长要避免对孩子的"语言伤害"，并不是件难事。

1. 管教孩子禁止用伤害性语言

要清醒地认识到"语言伤害"的严重程度，在思想上高度重视。

2. 多鼓励孩子，采用积极性的语言教育孩子

时时刻刻注意不对孩子说伤害他的话，尤其是在"恨铁不成钢"或气

急的种种情况下，更要保持理智，控制好情绪，努力做到和风细雨、循循善诱。

3. 讲究批评的艺术，要以提醒、启发来代替指责、训斥

如用"我相信你可以做得更好"，使孩子有更努力的动机，用"没关系，慢慢来，尽力而为"帮助孩子调整焦虑、紧张的情绪，等等。

4. 做好自我调整，以平常心看待自己的孩子，根据孩子的生理、心理特点，因材施教

"良言一句三冬暖，恶语伤人六月寒"，同样是语言，带来的后果却截然不同。家长们若要科学地教育孩子、关爱孩子，就该多用"良言"，禁用"恶语"，以免对孩子造成"语言伤害"，酿成无法挽回的损失。家长朋友，为了孩子，从现在开始，改变自己的说话方式吧。

营造一个愉快、舒适的进餐环境

上一年级的小磊平时很活泼，但一到饭桌上就像变了个人一样，什么话也不说，匆匆扒完饭就跑了。他的父母很纳闷。最后，咨询了教育专家才知道，是因为以前父母一到吃饭的时候，就开始数落孩子这个没做好、那个没做好。小磊有时候兴高采烈地想告诉父母一些学校的开心事情，父母往往都严厉地说："该吃饭的时候就吃饭，别说话！"久而久之，小磊对父母产生了抵触情绪，专家还说，进餐环境不好不仅孩子心理受影响，生理上也会受到抑制，各种消化机能也将严重受阻，形成条件反射，势必挑食厌食，发育不良。

可能许多家长都有这样的感受，平常工作忙，几乎没有时间和孩子沟通，只有在吃饭的时候一家人才能聚到一起，所以会趁机抓紧时间教导孩子。但是，吃饭时教育孩子如果不得法，对孩子今后的成长非常不利。

其实，餐桌虽小但意义重大。家长如果能够营造一个愉快、舒适的进

餐环境，就等于搭建了一个和孩子进行良好沟通的桥梁。在愉快的环境当中，孩子有发表自己"高见"和"新闻"的机会，既有利于孩子语言表达能力的发展，又有利于父母了解孩子的内心世界，同时还有利于活跃进餐的气氛。

家长也可以利用餐桌这个"阵地"培养孩子的参与意识和进餐礼仪。比如可以让孩子做一些摆放餐具、收拾餐具的事情，让孩子有家庭责任感。在吃饭的时候，要注意一些礼仪，比如要等家人或是客人都坐下了，才可以动筷子；好吃的东西要先考虑到别人，不能把好吃的菜都放自己的碗里；咀嚼东西以及喝汤时，不要发出声响；夹菜时不要东挑西翻，等等。不过，这方面的训练需要耐心，需要持之以恒，才能取得预期的效果。

由于工作繁忙，很多父母没有时间管教孩子，于是一日三餐，尤其是晚餐，往往成了教育孩子的好时机，美其名曰"餐桌教子"。据中国青少年研究中心在全国6大城市2 500名中小学生中进行的调查显示，有超过一半的孩子在吃饭时挨过父母的批评。

确实有不少父母习惯于在进餐时间"开庭"教子。应该说，家长孩子同围一张桌、同吃一锅饭，的确是一个交流思想、倾吐心曲、沟通情感的好机会，良好的餐桌氛围，可使人心情愉悦，对孩子的生活和学习都会有积极的作用。可不少家长饭碗一端上桌，便喋喋不休，不是对孩子的学习成绩不理想等横加指责，就是对子女活动、交友等刨根问底，弄不好还雷霆万钧。这不仅会挫伤了孩子的自尊，还会使孩子食不知味，对吃饭产生了一种习惯性的悚惧和恐慌，严重扰乱其生理和心理秩序。

《论语·乡党》中说："食不语，寝不言。"从生理角度看，吃饭时专心致志、细嚼慢咽，有助于食物的消化吸收。当然，家长借聚餐之机给孩子加以善意、积极的启发引导也并非不可，比如三言两语地了解一下孩子的在校情况，讲点有益的文化知识和当天新闻等。但切不可一味地质问追究、提要求、下命令，更不可不容孩子分辩，吹胡子瞪眼，甚至拍桌子、摔碗筷。作为家长，应努力为孩子营造积极健康、乐观向上的餐桌文化氛围，切莫在餐桌上乱"开庭"。

家长要明白，利用全家在一起吃饭的时间教育孩子、询问功课、检查作业，会造成紧张的气氛，令孩子有饭吃不下、有汤喝不好，最后很可能不仅孩子哭哭啼啼、愁眉苦脸，家长也会气上心头、满脸怒容，弄得好好的一桌饭菜，谁也吃不下。

儿科医生告诉家长："餐桌教育"害处很多，孩子突然受到家长的训斥、责问，精神就会紧张，食欲也就消退，唾液分泌迅速减少，长此以往，形成不良条件反射，孩子一到吃饭就紧张，很可能会出现厌食现象。

同时，每当进餐，孩子胃肠道的消化腺就会分泌消化液，经过消化液的消化分解后，就被肠壁吸收。因此，如果进餐时遭到家长训斥，已经兴奋起来的消化腺，也会受到抑制，消化液大大减少，食物难以充分消化、吸收，造成消化不良。

专家建议，就餐时，家长应制造轻松愉快的就餐环境，可播放一些悠扬、活泼的乐曲，既可以为孩子提供愉悦的就餐环境，又能提高孩子欣赏乐曲的能力，真是一举两得。

亲子正面沟通秘诀

如果你想成为一个好父母，那么就好好学习下面这八种"餐桌态度"吧！

1.认识到脂肪只是饮食中的一部分

父母不要让孩子的注意力只集中在脂肪上。父母应该将更多的心思花在怎样在饮食中增加不同的品种，比如水果、蔬菜、全麦谷物类食品，如果你增加了食物的品种，无形中孩子自然而然会减少脂肪的摄入。健康的饮食并不仅仅是指你吃什么，还包括怎样吃，良好的态度和行为也应该成为每一餐的组成部分。

2.和孩子一起认真享受每一餐

餐桌上如果一直过分关注应该吃什么，不应该吃什么，就会使进餐听上去像完成一种任务。食物应该是一种令人感到满足并得到享受的美味，健康的饮食意味着品尝和享受各种各样富有营养的食物，如果一个人总是想着哪些食物对身体有害、是不能吃的，必然会消减进餐的乐趣。

3.坐下来享受

父母精心挑选和准备食物，并规定一些就餐的规矩，能使孩子安静地坐在餐桌前吃饭，不仅可以使其学到就餐的礼仪，也可以得到美味佳肴带来的享受。如果允许孩子吃饭时东奔西跑，他们往往会选那些比较容易吃的食物，就无法学会品尝一些富有营养但吃起来较为复杂的食物。即使父母本人不能坐下来陪孩子一起吃饭，最起码也要请家中的老人，或是保姆陪孩子一起吃饭。

4.丰富食品的种类

在每顿饭之前，你永远无法预测孩子到底需要多少能量。当孩子处于快速生长阶段，或是刚刚经历了激烈的体育运动之后，他们会寻找类似牛排、奶油之类的高热量食物；而当孩子感觉不太饿的时候，他们的注意力就不会集中在那些高能量的食物上。因此，父母最好在每一顿饭中准备卡路里含量不同的食物，有些高、有些中等、有些低，相信孩子能够根据自己的需要挑选合适的食品，并决定吃多少。

5.不断地提供新的食物

孩子对新的从未吃过的食物总是抱着怀疑的态度，在第一次看到这些食物的时候他们一般不愿去尝试。但是如果一直看到它们出现在餐桌上，大人们也在津津有味地品尝，即使没有人强迫他们尝试，总有一天孩子也会自己提出要求尝尝这些从未吃过的东西。但是如果父母只准备孩子已经接受的食物，就使他们失去了品尝并喜欢不同种类食物的机会。

6.为孩子做个榜样

作为父母，如果你自己不拿个苹果或是柑橘嚼嚼，而光是命令孩子"去吃点蔬菜和水果"，孩子是不会照你说的去做的。为了让孩子吃这些健康的食品，父母首先要树立一个榜样。

7.永远不要说"永不"

有些父母认为某些不能过量吃的食物应该永远受到禁止，这是不对的。如果孩子喜欢巧克力，要让他吃，只是不可让其每天都吃。

8.不仅仅关注餐桌

如果希望孩子生活得健康，不要仅仅担心脂肪，还要注意不要让孩子在吃饭时吃零食，并要预防孩子在进食中出现呛着、噎着等一些意外。

使孩子愉快地度过节假日

青少年在节假日的犯罪率明显高于平时在校学习期间。有的老师惊异地发现，一个原来学习认真、遵守纪律的学生，在过了一个暑假后，竟然变得经常迟到、旷课，学习成绩也急剧下降。与之相反，从武汉市"十佳"少年的成长历程看，他们不仅在校表现好，而且节假日期间也积极参加一些健康有意义的活动。如一位学生在节假日苦练书法艺术，五年级时利用春节这个时机为市民免费书写对联。再如一位学生参加向山村贫困孩子献爱心的活动，利用暑假带领同学拾易拉罐等去卖，用其所得费用帮助失学儿童重返校园读书。

几乎所有的孩子都十分喜欢节假日，他们总是盼星星盼月亮，盼望着节假日的到来。节假日是孩子重要的生命历程，节假日活动是对孩子学校生活的必要补充，对孩子的成长有着重要的影响。每一位家长都应努力帮助孩子合理地安排节假日活动。

同样是小学生，同在节假日里，不同活动安排产生了两种不同结果。这不能不促使家长进行理性思考：节假日为什么会对孩子有这么大的影响呢？这是因为：①在节假日里，孩子离开学校，离开了教师，父母也放松了对孩子的要求和管理。加上孩子学习任务轻，压力小，自由支配时间大大增多，交往时空、对象复杂；②节假日包括寒暑假和国庆节等重大节日，连续时间较长，约占全学年时间的1/4。在这么长的时间里，孩子离开学校，处于自由状态或家长的监护状态。由于小学生年龄小，正处于他律向自律过渡的阶段，自我制约能力、控制能力弱，容易受外界环境影响，可塑性特别大。

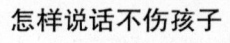
具体说来，节假日对孩子的成长有正、负两方面的影响效应。

从正效应来看：①可以缓解紧张的学习生活，调节生活节奏，丰富生活情趣；②促进自己兴趣爱好的提高，发展自己的个性；③可以利用节假日查漏补缺，提高学习成绩；④可以扩大孩子的生活时空，让孩子走向大自然和社会，增长见识；⑤可以走亲访友，自主交往，锻炼自己的交往能力等。

从负效应来看，若节假日活动安排不当，则有可能让孩子浪费节假日时间，养成不良习气。如大手大脚，任性刁蛮，生活无规律，乱交朋友，或个性孤僻，甚至染上看黄色书刊、吸毒等毛病，走上犯罪道路。若不注意对孩子节假日活动的管理，则很可能会使孩子误入歧途。

亲子正面沟通秘诀

1年中有许多有意义的节日。如何使孩子愉快地度过这些节日，为自己、为他人增添欢乐，是父母不可忽视的教育内容，不妨从以下几方面入手。

1.利用节日，进行有关的知识教育

例如：在教师节进行尊敬老师、尊重知识、尊敬长辈的教育；在"五一节"进行爱劳动、爱劳动人民、爱惜劳动成果的教育；在"六一儿童节"进行未来教育。让孩子对这些不同节日有具体的认识。

2.过节，父母需要为孩子做好榜样

例如：教师节，父母应通过谈话、通信或去拜访自己的老师，以体现尊师的道德风范；母亲节，父母应关心问候自己的母亲，给母亲排忧解难，让老人称心如意。这种教育效果好，与口头教育互为补充。

3.让孩子参与节日中有意义的活动

如"六一儿童节""五四青年节"、国庆节，学校、社会都要组织各种形式丰富多彩的活动。要鼓励支持孩子参加各项活动，在活动中得到锻炼，增长知识，让孩子高兴、愉快地度过节日。

4.让孩子和自己一起准备节日食品

如春节过年包饺子，大人可带着孩子一起采购、一起动手，既能使孩子

得到锻炼，又能使其学到简单的烹饪技术，从而使其过得尽情、高兴和满足。

　　家长必须高度重视节假日孩子的活动安排，防微杜渐，积极引导孩子合理安排节假日活动，充分利用有利因素，变不利因素为有利因素，促进孩子健康成长。

第7章

冷静些，耐心些，没有愤怒就没有伤害

不要把过高的愿望强加给孩子

峨眉山市的一个杀死父母、杀伤胞弟的19岁杀人犯彭足伟被依法处决。父母非常疼爱他，然而他竟亲手杀死了父母。人们不禁要问：究竟是什么原因使其用残暴的手段杀死父母，杀伤同胞兄弟呢？法医鉴定他精神正常。

彭足伟的父母把对未来的希冀都灌注到孩子特别是长子彭足伟身上。望子成龙、出人头地是他们家教的基本准则。他的父亲经常指着电视里面大人物的镜头对他讲，你长大了，就要像这些人一样给老子争光。

为了使彭足伟能考上高中、大学，每天当他放学回家后，父母就不再让他下楼去玩，而是把他关在家里死啃书本，几乎剥夺了他的交往和其他所有的业余爱好，连读报也被视为不务正业。专制的教育方式使他愈来愈难以忍受，从洗耳恭听逐渐到公然对抗父母。本来基础脆弱的他，学习成绩不断下跌，父母不是帮助分析原因，而是一味责怪"没出息"。久而久之，父母畸形的教育观念带给孩子的是心理上的畸形发展。用彭足伟的话说，家里不像家，而像个派出所，父母就是所长，他就是小偷。

彭足伟开始逃避这个家。他出走过，他因几分之差而不得不去读议价高中，他本来就很自卑，在这一连串的挫折面前就觉得更抬不起头来。他想到父母是近亲结婚，他觉得自己学习差，是父母近亲结婚造成的。随着父母更多的责怪，他的怨恨心理愈发强烈，进而产生了自杀或杀人的念头……

彭足伟在押时说："父母的要求太高，我永远也达不到，所以我恨他们。"在他的日记中有一段令人深思的话："我对天下父母说的最后几句话：父母不但要在生活上、身体上关心孩子，而且更应该关心孩子的心理健康，因为心理健康才是真正的健康。另外，就是要根据自己孩子的能力提适当的要求，不要提不切实际的过高要求。"

家庭是人生的第一站，父母是孩子的第一任老师。然而，彭足伟的父母

对孩子的爱和过高期望，几乎近于病态。父母畸形的教育观念和专制式的教育方法，以及不绝于耳的唠叨，造成孩子心理上的畸形发展。加之父母的近亲结婚，使他产生强烈的逆反心理和仇恨心理，这种心理在得不到及时疏导和宣泄的情况下，会导致病态性凶杀，也有可能导致自杀。结果，正是畸形的家庭教育环境使彭足伟走上了犯罪的道路。

假如你的孩子不能成长为参天大树，那就让他做一棵默默无闻的小草吧，他一样可以给你带来春天的美丽；假如你的孩子不能成为一片汪洋，那就让他做一朵最小的浪花吧，他同样可以带给你跳动的喜悦。每个人都应该知道：树有树的挺拔，花有花的芳香！

天下父母有哪个不是望子成龙，望女成凤？但是对孩子一定要因材施教，不能无的放矢，特别是教育孩子时不能有虚荣心，不能人云亦云，不能赶时髦，更不能给孩子造框框，让孩子按照定格好的"模式"去发展。这样做不但不能使孩子有所发展，还会起到适得其反的效果。

在这一点上，我国当代文学家老舍的教子方法值得我们去借鉴。老舍先生的教子方法有四：一是不必非考100分不可，特别是不必门门都考100分；二是不必非上大学不可；三是应多玩，不失孩子的天真烂漫；四是要有个健壮的体魄。

老舍先生的这种顺其自然的教育法打破了传统的教育方法，给孩子营造了一种宽松的发展空间，使孩子的个性得到了充分的发展，对培养孩子的自信心以及适应社会能力等都有很大的帮助。

亲子正面沟通秘诀

眼下，许多家长把大部分精力、物力、财力，都倾注在孩子身上。但是，不少家长的苦心未必都能获得预期的回报，有时候，孩子反而成了父母的心病。那么，该如何对待孩子的成长呢？

1. 家长对孩子要多一些平和，少一些苛刻

以平常心对待孩子的成长。父母都希望子女有出息、有作为，但是大千世界，芸芸众生，还是普通人占多数。如果家长不顾客观因素，而一味地

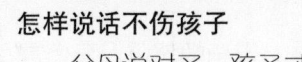
高要求、高投入，其结果可能就是期望越高，失望越大。在孩子成长的问题上，家长不要给孩子过大的压力。

2.家长要遵循孩子的成长规律，切勿拔苗助长

家长在给孩子选择教育时要选择适合他们年龄阶段的教育，也就是说不能超越孩子在该年龄阶段所能承受的最大压力。过早高强度地开发孩子潜能的教育，可能会一时换得了孩子某种超常的才能，而却有可能牺牲孩子一生的幸福。一旦孩子没有达到你的要求，不仅你会失望，孩子也可能会失去学习的兴趣。

3.让孩子自己树立适当的目标

望子成龙是天下父母的共同愿望，但是，"龙"难成，父母对孩子的要求不要过高、过严，不切合实际。孩子毕竟是孩子，常常很难完成父母"交给"的艰巨任务，因此产生了很重的心理负担。这种做法常常欲速则不达，不但不能有效地促进孩子正常心理的形成，反而还会阻碍孩子智力和个性的正常发展。

4.珍视孩子的进步

一般来说，在孩子看来，只要自己取得一点进步，父母就应该高兴，对自己进行表扬。可是有的父母不会从孩子的角度来看问题，而用大人的标准去要求孩子，因而孩子很多时候就很难达到父母的要求。还有的父母则担心孩子听到表扬产生骄傲情绪，其实大可不必担心，将表扬做到适可而止就好了。

不用强硬的态度对待孩子

胡丽的孩子今年上初二。这孩子上小学时非常聪明乖巧，学习成绩虽不冒尖但也不算坏，胡丽从来也没有多费心过，别人也都夸她的孩子聪明懂事，胡丽也曾非常骄傲和自豪。可是自从孩子上了初中后，学习成绩就一落

千丈，逆反心理也非常强。

去年1年，家里经常充满火药味。孩子英语考试不及格，胡丽找老师每周进行补课，结果一学期花了3 000元，孩子考试还是不及格。胡丽说东，他偏要西，母子俩总是话不投机半句多，说不了两句就会吵起来。胡丽和丈夫也常因为孩子的教育问题拌嘴。那一段时间胡丽非常痛苦，不知道该怎么办，对孩子说话也非常尖刻。

有一次胡丽当着孩子的面说："人家怎么养那么好的孩子，每次考试都那么好，我怎么养了个这么笨的孩子！"孩子脑袋反应特别快，立即回了胡丽一句说："我怎么遇见了这么笨的妈妈，人家妈妈都是当厂长的，你干的啥？"胡丽当时哑口无言。

后来胡丽仔细反思，想搞清孩子的问题到底出在什么地方。她感觉是自己对孩子的态度出了问题，对孩子的态度越差孩子的成绩就越滑坡。胡丽觉得找到了原因，就决定改正自己的态度，对孩子永远保持温和的态度。

从此之后，无论孩子做什么，胡丽总是用耐心温和的态度对待孩子。

两个月过去了，奇迹出现了，孩子和胡丽都有很大的变化，孩子不再和她作对了，有什么事情还会主动请教她，也知道关心人了，不再发脾气了。星期天胡丽去值班时，孩子还会嘱咐她说："妈妈你放心去吧，我在家会管住我自己，路上要小心。"另外，孩子写作业也比以前快多了，也知道努力，每次周末回家都会让爸爸给他辅导物理、数学等科目。

孩子现在英语虽然还不是太好，但从他的眼神中胡丽能看出他早晚会赶上的。

胡丽明白了：父母对孩子的态度不仅影响孩子智力发展和学习，也会影响孩子其他能力和人格的发展。

父母的态度不仅影响孩子对生活的看法，还会影响孩子智力和能力的发展，影响孩子的行为和道德发展。

孩子的社会适应能力、人际交往能力、自主能力、独立能力等，无不是在童年时代奠定基础的，父母对待孩子的态度，对孩子在这些方面能力的形成有巨大影响。父母是用温和的态度鼓励孩子去和其他孩子交往，还是限制

孩子的交往；父母是有意让孩子在某种环境受到挫折，得到锻炼，还是把孩子保护起来，害怕孩子受到挫折；当孩子遇到挫折是帮助、鼓励孩子，还是讽刺、嘲笑、忽视孩子，甚至让孩子在挫折面前逃避等，都将对孩子造成重大的影响。

父母对孩子持有消极粗暴的态度，会影响孩子的行为向不良或不健康的方面发展；父母对孩子持有积极温和的态度，会影响孩子的行为向健康的方面发展。只有在父母温和的态度下，在父母的鼓励和帮助下，孩子在社会能力方面才能建立起较好的自我评价和自我意向，建立起自信心，从而很好地发展出自主能力、独立能力和其他社会能力，为一生的发展奠定良好的基础。

父母要永远用温和的态度对待孩子。当发现孩子犯了错时，父母要注意控制自己的情绪，从孩子的角度出发，用温和的态度对孩子讲清楚问题的后果，让孩子认识自己的错误。当然，必要时父母还可以用温和的语气对孩子进行适当的批评。

亲子正面沟通秘诀

很多父母也想用温和的态度对待孩子，但往往控制不住自己的情绪，不知道自己该怎么样才能做到？那么，不妨按照下面的方法来做做看，你一定会发现：其实，以温和的态度对待孩子并不难。

1.父母要控制情绪，平衡心态

当孩子犯了错误或作出一些令父母难以接受的行为时，有些父母一时过于激动，控制不了自己的情绪，打断甚至不听孩子的解释，就对孩子采取训斥或粗暴的打骂。的确，孩子在父母的大吼大叫下，或许会表现得听话、服从，但这样的手段会渐渐地使父母无法控制局面。初期孩子会受到惊吓，影响稳定的情绪和心理发育，逐渐孩子会有错也不向父母说，采取隐瞒、撒谎等方法来逃避父母的斥骂，久而久之也会像父母一样以同样的手段对待别人。

此外，在父母和孩子谈话的过程中，如果孩子的意见和父母有冲突，父

母千万不要失去控制大吼大叫，应该冷静地分析一下孩子的意见是否正确。如果是正确的，就给予支持；如果是错误的，父母应该在商讨的气氛中用温和的态度帮孩子分析。切记不要一味地否定孩子的意见，以免使孩子养成沉默寡言的孤僻性格。

2.要学会对孩子的错误"冷处理"

父母打骂孩子往往是在自己着急上火的时候，因此父母要学会"冷处理"。所谓"冷处理"，就是在自己着急、上火、生气时不要教育孩子，自己先消消气，等心情平静了再教育孩子。而当孩子生气、激动的时候，也不适宜进行教育，应该等孩子平静下来再用温和的态度进行教育。这样才能防止粗暴型的教育，才能冷静地、客观地处理孩子的各种问题。

3.不要让自己的坏情绪感染孩子

父母应该注意自己日常生活中的情绪对孩子的影响。不要在孩子面前表现出消极的情绪，那样也会使孩子处在一种不和谐的家庭环境中，受到父母的消极情绪的影响而导致情绪上也发生变化。

总之，父母需要用温和的态度对待自己孩子。当父母为孩子的错误烦恼时，不妨静下心来，平静地分析孩子的错误，用温和的态度耐心地对待孩子。

父母请务必记住，只有用温和的态度对待孩子，孩子才能更健康茁壮地成长。

不用命令的口气压制孩子

齐齐的学习成绩很好，而且还是班里面的班干部，各方面都很优秀，在学校里是同学们的榜样。齐齐深知作为一个班干部，做每一件事情都要起到带头作用，所以无论是学习还是纪律方面，他都能作出很好的表率。老师常常夸奖齐齐是个"以身作则"的好学生干部。

这天，齐齐的学校号召大家义务献血，为了让同学们踊跃响应，老师就先给学生干部做思想工作，希望由各班的学生干部先加入献血的行列。

齐齐回到家里，把这件事和妈妈说了，希望得到妈妈的支持。可是，齐齐刚把话说完，妈妈就大声地拒绝了："不行！你怎么能去随便献血，你知道要吃多少营养品，你的血才能补回来吗？"

齐齐向妈妈解释道："其实，正常人献一些血是不影响健康的。"

妈妈立刻反驳道："你怎么知道？你还在长身体的时候，决不能献血。知道吗？"

齐齐还在和妈妈辩解道："老师希望班干部起带头作用，我可不能成为后进分子。"

妈妈不容争辩："后进就后进，你就和老师说你贫血。别和我争了，按我说的做！"

齐齐无可奈何地回到了自己的房间。

在生活中，很多家长都像故事里面的妈妈一样，面对孩子的问题不能给出合理充分的理由时，为了让孩子打消念头，便使出最后的绝招："你是我生的，所以凡事必须都得听我的。"在这种强权教育下，孩子能够做的只是接受家长的指令，然后去执行就可以了。长期如此，孩子的独立精神、自主意识都成了父母意志的附庸。

家长切勿一厢情愿地为孩子的事情自作主张，不要把自己的意愿和需要当做孩子的意愿和需要。父母要记住孩子不是傀儡，而是一个独立的人。

美国精神病学家威廉·哥德法勃曾经说过："教育孩子最重要的，是要把孩子当成与自己平等的人，给他们以无限的关爱。"无数事实也表明，父母以居高临下的命令姿态来跟孩子说话，反而会使孩子产生逆反心理。只有父母转变姿态，不用命令的口气跟孩子说话了，才有可能让孩子感受到平等。

著名教育家陈鹤琴在其名著《家庭教育》一书中举过这样一个例子：

一天，陈鹤琴的儿子拿了一块破烂的棉絮裹着身体玩。陈鹤琴看见后，就考虑是立刻把破棉絮夺去呢，还是让他在玩弄中得到一种经验，或者命令他将棉絮丢掉，而以其他东西替代。思考了一下，陈鹤琴觉得还是用积极的暗示去指导为好，就对孩子说："这是很脏的、有气味的，我想你一定不要的，你需要一块干净的，去拿一块干净的玩吧。"孩子听了，果然很高兴地跑去了。

陈鹤琴事后总结说："无论什么人，受激励而改过，是很容易的；受责骂而改过，是不大容易的。而小孩子尤其喜欢听好话，更不喜欢听恶言。大多数做父母的看见小孩子玩肮脏的东西，就会立马跑去把脏东西夺过来，而且还要骂孩子，甚至于还要打他。其结果，小孩子改过的少，而怨恨父母的多，即使不怨恨父母，至少也一定不喜欢父母了！"

亲子正面沟通秘诀

粗暴命令的方式，容易形成孩子与父母间的对立，不利于孩子发展。

1.命令让父母的教育行动难以留下回旋余地

例如：父母命令孩子去睡觉，偏偏孩子置若罔闻，只管自己玩自己的，而父母一时也拿这些小淘气没办法。这样次数多了，孩子就觉得不听父母的命令也没什么，那下次也就更不会听了。如果父母明白孩子的心理，这样对孩子说："呀，这东西真好玩啊！可惜时间不早了，乖孩子应去睡觉了。要不你再玩5分钟，就去睡觉，好吗？"这样既夸孩子乖，又是用征询的口气同他说话，孩子感到受到了尊重，也许到不了5分钟就乖乖地睡觉去了。而且这样为父母留下了余地，即使孩子暂时不听话，也不至于激得父母为了自己的威严而去与孩子大动肝火。但父母一旦向孩子发出了命令，那就尽量得让孩子服从，不然不利于以后的教育。

2.对孩子使用命令不利于孩子人格的发展

父母老用命令的方式将孩子支配来支配去，孩子处于被动服从的地位，时间长了，就会形成退缩的性格，依赖性强，缺乏主动性，也有可能走上另一个极端，孩子经常与父母顶牛，逆反心理增强，走入社会后也会具有反社会性。

所以，父母对孩子一定要注意说话的语气，千万不要用命令的方式。

不要揪着孩子的过失不放

在小军父母的眼里，小军实在太不争气了。他不但学习成绩差，永远都是班级里"垫底"的，而且经常惹是生非，打架斗殴，动不动就欺负同学。父母经常被老师叫到学校。可是，父母的打骂根本一点作用都没有，小军没有一点悔改的意思。父母为此头痛极了，觉得这样下去，这个孩子的前途一定要毁了。

这天，校长又给小军的爸爸打了电话，让他马上去学校。小军爸爸火急火燎地赶到学校，才知道小军又闯祸了，把班里的一个男生给揍了一顿，据说打得满脸开花。现在那个男生还躺在医院里，那个男生的家长还在气头上，一定要将小军送到派出所去。小军的爸爸跟人家说了半天的好话，赔了半天的笑脸，只差磕头求饶了，最终答应赔偿医疗费、营养费和精神损失费后，人家才同意不予追究。这边的问题刚解决好，学校的处理出来了，小军被开除了学籍。爸爸找校长求情，校长这次铁了心，无论如何也不要这个学生了。

爸爸心情沮丧地带着小军回了家。刚到家，爸爸就关起门，二话不说对小军就开始拳打脚踢，狠狠地把这个孩子给揍了一顿。最后还是气不过，恶狠狠地对小军说："你太不争气了，养你还不如养条狗！"

小军本来觉得今天闯的祸大了，爸爸一直在低三下四地为自己求情，所以对于爸爸对自己的暴打，他认为也是自己咎由自取，一直都不吭声。现在听到爸爸的这句话，实在忍不住，对爸爸吼道："谁让你当时生我了？我就是连狗都不如！从我记事起，你就开始这样骂我！你什么时候把我当人看了？"爸爸听到这句话，愣住了……

小军的确是一个令人头痛的孩子，这次犯的错误也有些过火了，咎由自取，被学校开除了学籍。父亲生气暴怒也是完全可以理解的，但是越是这

个时候，做家长的越应该克制，当孩子因为犯错误被周边所有人都放弃的时候，父母不应该放弃。

孩子再调皮捣蛋，也知道这次事情的严重性。家长要建设性地去解决这个问题，再生气也不能说出有损孩子人格的话来。这样践踏孩子人格尊严的做法只能让孩子越来越沮丧，陷入自卑的境地，可能会自暴自弃，破罐子破摔。

受到父母赏识、包容和教育的孩子，会在愉快中接受父母的建议，时刻记住自己的过失，并在以后逐步改进或改正。

其实，孩子犯错是很正常的。面对孩子的错误，如果父母不注意教育方式，不分青红皂白地批评、责骂、惩罚，不但不能让孩子改正错误，相反会使孩子形成胆怯、退缩或者是叛逆、攻击等不良心理。所以，父母要包容孩子的过失，以平静的心态对待孩子所犯的错误，这才是最好的教育孩子的方法。

亲子正面沟通秘诀

大部分父母也想包容孩子的过失，但有时就是控制不了自己，不知道该怎么做。那么，你不妨从以下几方面入手。

1.体谅孩子的过失

在生活中，有时父母也会出现这样那样的过失，更何况是不谙世事的孩子。因此，面对孩子的过失，父母要学会制怒，以一颗平常心来对待，把它看做是正常现象，是孩子成长中不可避免的。父母要心平气和地给孩子讲道理，帮助孩子分析过失所在，并指出改正的办法。如果父母能包容孩子的过失，那么孩子也会学会包容他人。如果将孩子暴打一顿，非但不可能起到教育孩子的目的，相反有可能让孩子从父母那里学会了用"武力"解决问题。

2.区别对待孩子的过失

孩子的过失分为偶然性过失和主观性过失。偶然性过失，一般是孩子无心或无意间所犯的过失，如孩子不小心打翻了牛奶等。对待这类过失，父母要原谅孩子，并帮着孩子分析和解决问题。而主观性过失，主要是指孩子由于故意或判断失误造成的过失。孩子犯这类过失的主要原因是想引起别人的注意，或者不知道这种行为是错误的。对待这类过失，父母一定要严肃认真地给孩子讲清楚过失的所在以及危害，并要督促孩子改正。

3.给孩子解释的机会

有的父母性子特别急，当孩子犯错时，不给孩子解释的时间和机会，先打骂一顿再说。其实父母的这种做法是很自私的，打骂孩子仅仅是为了发泄自己的怒气，缓解自己的情绪，丝毫起不到教育的作用。有时孩子犯错并不是出于本意，而是想帮助父母做点事，只是由于自己的经验和能力不够才犯错的。比如有个小女孩本想帮父母洗碗，却不小心把碗打碎了，如果父母不听孩子的解释而打了孩子，其结果是打击了孩子劳动的积极性，以后孩子再也不会帮父母干活了。

4.教孩子学会自我教育

有时孩子无意间犯了错，还没等父母批评教育，自己已经开始后悔、反思并自我教育了。因此，当孩子犯错时，父母可以引导孩子自己寻找原因并加以改正，这样孩子对自己所犯的错误会有更深刻的认识，改正过失的自觉性也会更高，以后就会少犯或不犯同类的错。

总之，孩子的心异常娇嫩，像一株刚露头的嫩芽，一朵初绽放的花蕾，需要父母加倍地呵护。

不要只盯着孩子的缺点挑刺

有一个叫王静的孩子，已经上幼儿园了，她最不喜欢上的课是手工课，因为她总是不能顺利地做好老师教的内容，她的手不像其他孩子的手那样灵巧。为此，她非常苦恼，回家问妈妈，妈妈对她说："每个人的能力是不一样的，你可能不如别人手巧，可是你也有很多他们没有的优点。再说了，妈妈小时候还不如你呢，你看我现在不是什么都会做吗？"

妈妈的话让王静信心大增："对啊，我虽然不如别人手巧，但是我能唱出好听的歌曲，还会给其他孩子讲故事呢。"

上小学后，王静开始讨厌体育课。因为很多体育项目她都做不好，她不如其他孩子跑得快，不如其他孩子跳得高，甚至连一些简单的动作都不能顺利地完成。为此，体育老师也经常说她"笨"。看着别的同学在操场上快乐地跑着、跳着，她只能伤心地掉眼泪。

她去找爸爸诉苦，爸爸把王静揽在怀里，心疼地对她说："不是你笨，是爸爸不好，把这个缺点遗传给了你，我小时候还不如你做得好呢，不信你看……"爸爸说着，非常笨拙地在地上做了一个前滚翻的动作。看着爸爸笨笨的样子，王静不禁笑了起来，原来这么优秀的爸爸都有缺点啊。

"金无足赤，人无完人"。世界上十全十美的人是没有的，何况是正在成长的孩子。孩子身上所谓的优点和缺点往往是辩证的，表面是缺点，实质却包含着优点的潜能；今日的缺点，也许就是明日的优点。辩证法告诉父母，一切事物都处于转化之中，在一定的条件下，一个孩子的缺点也能够转变成为优点。

美玉也有瑕疵，孩子有缺点不可怕。每个孩子的能力都是不同的，他们总会在一些方面有不足甚至有缺陷。这时候，如果连父母都看不起他们，甚至嘲笑他们，那孩子会更加自卑，甚至自暴自弃，从而毁了孩子的一生。

孩子的可塑性是很强的。可以说，不论孩子有什么样的缺点和不足，都是可以纠正过来的。

孩子或多或少都会存在一些缺陷，只是程度不同。对于具有明显生理缺陷的孩子，父母更应该通过自己的赏识和鼓励，给他们生活的自信和勇气。有时候，甚至需要一些善意的谎言，巧妙地"骗"一下孩子，让孩子在谎言中忽略自己的缺点，抹平心中的自卑。

面对有缺点的孩子，父母不仅要安慰孩子、鼓励孩子，帮助让孩子树立信心，更要注意发现和培养孩子的优点和长处，帮助孩子扬起生活的风帆，创造人生的辉煌。

亲子正面沟通秘诀

怎么样才能做到悦纳孩子的缺点，教育好自己的孩子呢？

1.对于天生的"缺点"要"悦纳"

要了解的一点是，孩子生来就是不同的，孩子的某些缺点可能就是他的个性所致，这不完全是他自己能够控制的。所以，父母不能以"孩子不应该这样"的想法来教育孩子，而是要同情孩子的缺点，这不是他的错，虽然需要改正，但如果孩子改正了，他比没有缺点的孩子付出了更多的努力，事实上比别的孩子经历更丰富，也更优秀。

父母之所以不接受这样的观点，主要是父母以大人的标准来判断问题，这对孩子是不公平的。

父母只有接受孩子的缺点，同情孩子的缺点，才能心平气和地帮助孩子纠正缺点。可以说，在教育孩子的问题上，心态决定着一切。

2.先赞扬后指缺点，孩子易接受

每个人都喜欢听赞扬的话，对自己的缺点不是不清楚，而是不愿意别人说得太清楚，所以父母不要直接攻击孩子的缺点，那只会引起孩子的反感，这是一种本能的自我保护，谁都一样。

所以在指出孩子缺点的时候，最好先是赞扬他的优点，即使这优点是你都不相信的，反正他相信就行了。孩子很粗心，你可以先夸他做事很果断，就是细心差了一点；孩子语文不好，数学不错，你当然是先夸他数学厉害，语文再加把劲那就更厉害了。

3.避免错误的家教观念

让孩子出色是父母的最大心愿，然而，父母教育孩子的错误观念以及由此导致的错误家教方法，不仅不能纠正孩子的缺点，反而会影响孩子的健康成长。一味抱着批评和指责，认为棍棒下出才子的想法，并企图用这种压力迫使孩子改正缺点、错误也是不对的。这种做法，往往会使孩子越来越没有信心，只会使情况越来越差。

孩子总会渐渐长大的，特别是进入青春期的孩子，他们的逆反心理会越

来越明显，故意不听话，甚至与父母对着干的情况时有发生。如果将这种情况出现的原因单纯归为孩子的缺点，显然不太科学。对此，父母究竟应该怎么办？不少父母采取强制孩子服从的办法，坚决不允许孩子的不顺从行为，这是很不恰当的。强制服从，即使孩子表面上屈服了，但他们的心里是不服的。不满情绪压抑久了，总有一天要爆发。到那时酿成大错，后悔可就晚了。

错误的方法只能得到错误的结果，因此每一位父母在抱着教育孩子改正缺点、发扬光大优点的美好愿望的同时，千万不要一厢情愿，不讲科学性地采取一些错误的方法来教育孩子。

所以，父母要悦纳孩子的缺点，唯有如此，才能让孩子更好地改掉缺点，养成更多的优点。

不急于纠正孩子的"出格"

一次美术课上，10岁的伊雪想了好长时间才开始动笔，一出手就画了半只鸭子！陪孩子画画的父母看见一张大纸上什么都没有，却在画纸边上只画了半只鸭子，都觉得不可思议，开始七嘴八舌的议论起来："怎么只画个鸭屁股呀？这孩子怎么乱画呢？好好一张纸不画，画到边边上干什么？……"伊雪妈妈也说："你看人家画的多好！你看你！""哪有画半个鸭子的呢？怎么能画的这么不完整？都到纸外面去了，把纸翻过去重画吧！"

老师赶紧过去看了看，说："让孩子画完，不要着急！孩子一定有她自己的想法！"

果然，伊雪下笔后，似乎胸有成竹，很快完成了那幅画。老师让她给大家讲讲画的内容，伊雪简单地讲了一下她画的故事："鸭妈妈和鸭孩子出去玩，走散了，小鸭去问青蛙妈妈：你好！你看到我的妈妈了吗？青蛙妈妈没看到；小鸭又问乌龟姐姐：你好！你看到我的妈妈了吗？乌龟姐姐也说没看到！最后小鸭终于找到了自己的妈妈，原来，妈妈去找妹妹了！妈妈带着小

鸭和妹妹一起去了游乐场！"

这时，大家才明白，原来那画面上的半只鸭子，是跟着妈妈的小鸭子。妈妈和妹妹已经走出画了，而小鸭子才走出去一半。

看着画，老师为孩子的创意感到欣喜，伊雪的妈妈也感到震惊。

对于一个10岁的孩子来说，所做的事情虽然出乎父母的意料，可是这样丰富的想象力，是多么的宝贵啊。

现在孩子们的生存、成长环境，无论是家庭还是社会，都和他们父母小时候不一样了。他们接触社会、接触新事物更早、更广泛，他们面对的世界更精彩。这就使他们更容易产生好奇心，容易突发奇想，有意无意地作出一些出格的事情来。

针对这种情况，国内的教育专家们指出：面对孩子的诸多出格行为，如果父母将其简单地看成越轨、破坏纪律而加以批评和限制，可能就会把一些孩子的主动性和创造性扼杀在萌芽状态。反之，如果父母能够正确地对待孩子的"出格"行为，对他们加以正确地引导，调动他们的主动性和创造性，培养他们的创造精神和战胜困难挫折的勇气，那么在"出格"的孩子们中间一定会出现更多的人才。

强烈的"出格"思想对孩子的成长是有害的，但孩子的"出格"思想也有其不可忽视的积极因素。认识到了这一点，有助于正确对待孩子的"出格"，因势利导地教育孩子。

教育专家指出，"出格"对于孩子的成长有如下几方面的积极作用。

（1）有利于孩子独立性的发展。孩子的"出格"大多发生在青春期。青春期的孩子处在生理发育的高峰期，这一阶段也是心理发展的巨变时期。这个时期是由孩子向成人过渡的心理"断乳期"，他们不再像儿时那样依恋父母，也不再把父母看做是"至高无上"的"权威"。这样的心理，如果能悉心保护，正确引导，有利于其独立性、创造性的发展。

（2）有利于孩子情绪的调节。孩子处于发育的过渡时期，其中枢神经系统活动的基本过程，一般是兴奋过程强于抑制过程。有"出格"思想的孩子，是不会让情绪长期滞留在心中的，经过适当发泄后，他们的情绪会得到

调节，对其心理健康是十分有益的。

（3）有利于培养孩子的求异思维。孩子的"出格"思想，有时是针对传统思想的束缚而产生的。传统观念认为是这样的，而具有"出格"思想的孩子偏偏认为是那样的。虽然有时可能"钻牛角尖"或失之偏颇，但更多的时候，却是他们求异思维的表现，他们在试图独辟蹊径，从其他角度来观察和分析问题。

（4）有利于孩子形成开拓的个性。孩子产生"出格"思想，实质上是他们心理上对于常规的"突破"。当他们心理上一进入"突破"阶段，表现出来的就不再是过去的听话、顺从，而是勇敢和冒险。现代社会充满着竞争，从小培养孩子好胜、敢闯的心理素质，有利于其形成开拓、进取的个性。

所以，一个合格的父母应该能够正确认识和对待孩子的"出格"，并积极引导孩子，使其朝着富有建设性的健康方向发展。

亲子正面沟通秘诀

父母应该如何正确对待孩子的"离经叛道"行为呢？教育专家为广大父母们提供了如下对策。

1.正确理解孩子的"出格"

父母要知道，孩子的一些"出格"行为，其实是对于自己生理心理成熟的一种尝试性反映，绝大多数并非父母所想象的那样，孩子并不是真的学坏了，而只是个体成熟的心理反映而已。

2.正确应对孩子的"出格"

父母发现孩子的"出格"行为时，的确需要表明态度，但要特别注意方式方法。父母应该给孩子一个平等对话的机会，避免因为简单粗暴而伤害了孩子的感情，甚至激发孩子的逆反心理，推动孩子走向父母希望的反面。

建议父母在这个时候，可以采取"主动式聆听"；最好由父亲来处理儿子的问题，母亲来处理女儿的问题，这样共同语言会多得多。父母可以坐在孩子身边，主动和孩子聊聊这方面的问题，可以告诉孩子自己在这方面的一些经验和体会。

3.用沟通交流走入孩子的心扉

交流、沟通是走进孩子心灵的最好方法。面对"出格"的孩子，和他们进行良好的沟通是引导他们的必要前提。每个父母都应该提高自己和孩子交流沟通的能力，只有如此，才能够走进孩子的心扉，摸透孩子的想法，才能采取具有针对性的、高效的教育方法。作为一名合格的父母，一定要敢于接受孩子的"出格"，要能够善待孩子的"出格"行为，要善于引导孩子走向精彩的人生。

不要忽视孩子的任性妄为

牛小强是个11岁的小孩，这个小家伙漂亮可爱。牛小强小时候经常不言不语，非常听话，家里人都宠爱他。慢慢地牛小强的话成了"圣旨"，吃、喝、玩、乐全都由着牛小强的性子，稍不顺心，他就哭闹、打滚。在学校学习得了零分，回家后却自豪地高喊："一二一，大零分。"家里人不但没有予以制止，反而被牛小强的幼稚逗乐了。牛小强不但没有认识到自己的不对，而且认为得零分是件好事。经过一段时间后，谁也管不住牛小强了。

有一天，牛小强在楼下跟别的小朋友玩，过了一会儿回家对妈妈说："他们用玩具枪打我。"妈妈说："打着你了吗？"牛小强说："没有，如果打着我怎么办，我要拿着我的枪打他们。"妈妈说："不行，你的枪威力太大，如果伤着人怎么办？"牛小强说："我不打他们了。"妈妈说："你把子弹拿出来后可以拿枪出去玩。"牛小强说："我不打他们，只是拿出去跟他们玩，我打别的东西。"妈妈怕牛小强伤着人，然后说："妈妈跟你一起下去玩。"

但牛小强说什么也不听，就是不让妈妈跟自己一起下去，妈妈坚持，牛小强非常生气，又是哭又是闹。妈妈下楼跟那些小朋友说，别用枪打人。等妈妈上楼后牛小强还在哭闹，并且还不断摔东西。

一些父母对孩子过于溺爱、娇惯，凡事都顺着孩子的心意。一旦某件事不能按照孩子的想法去做，孩子就会任性地大哭、大闹。如果父母为此而心疼作了第一次让步，这就让孩子意识到了他的这种做法十分有效，以后就会不断地使用这种手段来达到自己的目的，这就滋长了孩子任性妄为的坏毛病。

孩子的任性妄为不外乎两种原因：一种是父母对孩子过分的溺爱、娇惯、放任、迁就而造成的任性；另一种是孩子年龄大些后，独立意识增强，不希望父母再把自己拴在身边，而是希望做一些显示自己能力的事。

父母首先应该认清孩子"任性"与"韧性"的界限。"韧性"是坚信自己的做法正确，无论有多大困难也要坚持下去的一种顽强精神的表现。意志坚强，是良好的品质，父母应给予大力支持。而"任性"则不同，它是不分是非、固执己见，不愿受到任何约束，是缺乏控制自己的能力，又不听劝告的一种表现。

当今社会，父母大多过于宠爱孩子。孩子要什么，父母就满足什么，可谓百依百顺。其实，这样很容易使孩子变得任性妄为。

面对孩子的任性妄为，父母一定要认真对待，否则孩子一旦走上犯罪道路，就追悔晚矣。但是，父母也应正确看待孩子的任性妄为，因为很多时候，孩子所谓的"任性妄为"恰恰是孩子特立独行的思想和言行的表现。

亲子正面沟通秘诀

父母如何防止和纠正孩子任性妄为呢？教育专家建议采取下列几种方法。

1.冷漠处理，不要理睬他

当孩子由于要求没有得到满足而发脾气或打滚撒泼时，父母不要去理睬他，不要在孩子面前表露出心疼、怜悯或迁就，更不能和他讨价还价，最好采取躲避的方法，暂时离开他。当无人理睬时，孩子自己会感到无趣而作出让步。这种"冷处理"的方法往往比较有效。

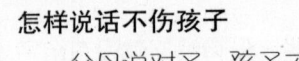
2.用其他东西转移注意力

这种方法适用于年龄较小的孩子。父母可以利用孩子注意力易分散、易被新鲜的东西吸引的心理特点，把孩子的注意力从他坚持的事情转移到其他新奇、有趣的物品或事情上。

3.拒绝娇惯行为

孩子是父母的"命根子"，在家庭生活中，父母的保护关怀使孩子不断成长，但过分的娇惯也会导致孩子不能健康地成长。如孩子任性时，在必要的惩罚中，父亲打孩子一下，母亲不干，护着孩子；母亲打了一下孩子，父亲反过来又向着孩子一边。一来二往，不仅会导致孩子的任性心理，而且会使父母的行为在孩子心中失去严肃性、权威性。这种方式无助于孩子的成长，也不可能改变孩子任性的毛病。

4.给以正确诱导

正确诱导的方式有：一是用近来涌现的先进人物的事迹，追根溯源地讲述先进人物的成长过程，全面灌输，在孩子幼小的心灵中培育自强奋进的种子。二是每当孩子犯拧时，父母要用积极因素克服消极因素的办法诱导，用谈心的办法真诚地表扬孩子平时的优点，转变孩子的情绪。不要乱给孩子下定论，认为孩子是不可救药的，天生就是一个"拧种"。

5.强化教育

孩子的小毛病、坏习惯较多，父母首先要从自己的言行中找问题，做到正人先正己。当孩子任性时，父母在说服教育的同时，给予一定的批评或惩罚是必要的。孩子的判断能力、抽象思维能力及控制自己的能力都比较弱，父母应当注重引导与惩罚结合的尺度，迫使孩子真正认识到任性是一种坏毛病，是一种错误行为。此时，父母要做到坚决不妥协，不能满足孩子不合理的要求，这样才能遏止孩子的任性行为。

"冰冻三尺，非一日之寒"，要想改变孩子任性妄为的毛病，就要求父母在长期的教育中，必须细心观察孩子的一言一行，像种植一棵树一样，从小扶正树干，精心修理树枝。

理智地对待孩子之间的冲突

场景一：

小健在学校里与同学打架了，班主任老师打电话给小健的爸爸。小健的爸爸虽然对一向老实的儿子突然打架有些奇怪，但还是一肚子怒火，嘴上不停地跟老师说好话，心里却在责骂儿子：这个臭小子，一点儿好事也不干，回来非收拾他不可！

没过多久，儿子就兴冲冲地回来了，见儿子一副若无其事的样子，坐在家里等他的爸爸更是火冒三丈，开头就嚷道："你在学校干什么好事了？整天不学好，就知道打架！"

小健知道爸爸为什么生气了，本想解释一下这次打架是因为对方先挑起的，可是，他似乎被爸爸怒视的双眼吓住了，只见他嘟嘟囔囔地说："我……我……"

"我什么我！打就打了，男子汉敢做敢当，有什么好说的？"

小健一听爸爸这样说，流下了眼泪。

这一流泪，爸爸似乎更生气了，继续咆哮着："哭什么哭！打架你还有理了？现在哭算什么？"

从那以后，小健开始越来越叛逆，时不时与别人打架斗殴。爸爸更是隔三差五地打骂他一次，但是一点用也没有。

场景二：

周兵在学校里动手打人了。这到底是怎么一回事呢？平时对人总是很有礼貌的周兵怎么会打人呢？事情是这样的，周兵被老师选去参加全市的物理竞赛，这次选拔没有经过特定地公开甄选，周兵是直接被老师点名叫去参赛的。

所以，同学之间自然有点闲言碎语，大家都在私下里议论："周兵绝对

是内定的，就因为他爸爸是教育局长的关系啦。"其中最不服气的同学是李松，他觉得自己的物理成绩比周兵优秀，可是老师却没有挑选自己而挑选了周兵。

　　放学后，李松拦住了周兵，质问道："你凭什么获得比赛的资格，是不是你老爸拜托老师做的。哼，就会走后门，有本事就靠自己的能力呀！"

　　周兵面对这样无端的误会和指责，非常生气，他说道："你不要胡说八道，我靠的是自己的努力！"

　　李松还是不依不饶地继续说道："别故意装了，谁不知道老师也在讨好你呀！"

　　周兵听到这里，实在忍无可忍了，他攥紧拳头上去就朝李松的鼻子挥上一拳。就这样两人扭打在了一起……

　　当周兵满脸淤青地回到家中时，爸爸担心地问道："你的脸是怎么了？是不是和人打架了？"

　　周兵点点头。

　　爸爸缓和地说道："我知道你很生气。"爸爸稍停了一下，便立刻正色道，"但无论怎样动手打人是不对的。"

　　爸爸说完，便亲手帮孩子往伤口上擦药水，温和地询问孩子打架的原因。经过和爸爸的一番交谈后，周兵意识到自己错了，愤怒的心情也渐渐得到了平息……

　　如果听说孩子打人了，父母切不可不问清事情的原委便破口大骂起来。应当先以平和的语气对孩子说："我知道你很生气。"以表示明白孩子的感受，然后坚决地说："但是动手打人是不对的。"说明自己反对这种野蛮的行为。再给孩子清静的空间进行思考，平复孩子激动的情绪。

　　此外，父母处理孩子间打架的事情时要有这样的想法：孩子自己能解决的问题，尽量让孩子自己解决；孩子自己解决不了，求助于父母，父母切莫简单处理。

　　父母要教育孩子懂得：做事要公正，不要强词夺理，即使自己有理也不要随便妥协，不讲原则。教育孩子不能随便动手打人，要尽可能用讲道理的方式化解矛盾。

孩子打人、骂人是不文明的行为，不过孩子身上的任何缺点都是从无到有、从小到大发展形成的。因此，对孩子打人的坏习惯，父母有责任尽早予以纠正。

亲子正面沟通秘诀

怎样才能纠正孩子爱打人的坏习惯呢？

1.让孩子明白打人是野蛮行为

父母要让孩子意识到，人与人之间应该和睦相处、互相帮助和爱护。打人是野蛮行为，打人的孩子是不会交到好朋友的。

2.弄清楚孩子在什么情况下打人

孩子打人的情况是千差万别的。比如，有的孩子在玩累了，不想再玩儿下去的时候，特别容易打人。这时，父母就应该把他叫走，不要让他再泡在孩子堆里，以免出现打人的情况。

3.让孩子换一种方法应付恼人的事

恼人的事情可以用多种方式解决。比如，当孩子在玩自己心爱的玩具的时候，别的孩子可能过去抢他的玩具，孩子急了就会打人。这时候，父母应该教育孩子对抢他玩具的小朋友说："这是我的玩具，让我先玩一会儿，等会儿我给你玩儿。"或者让孩子请求大人的帮助。

4.让孩子学会用说理代替武力

用武力解决冲突是不理智的。父母应告诫孩子不要用武力解决和小朋友之间的冲突，要让孩子明白在碰到争执时，最好是和小朋友讲道理。

5.平静地对待孩子之间的冲突

如果孩子之间发生了冲突，父母一定要保持冷静，不要立即大声呵斥孩子，更不能因为害怕自己的孩子吃亏而护着孩子。应该让孩子自己说清楚发生冲突的原因，然后让他们自己提出解决冲突的方法，或者帮孩子提出一些解决冲突的办法。

不要对孩子下否定的预言

小宝超级喜欢武打片，偶像是成龙和李连杰。他希望自己长大后也能像他们一样凭借真功夫在世界上闯出一片天地。

这天晚饭后，小宝和爸爸妈妈一起看成龙的电影《警察故事》。小宝看到成龙在影片里帅气的武打动作，越看越羡慕，连连叫好，边叫好边站起来，还在电视机前有模有样地舞起来了。

小宝越舞越入迷了，在客厅里面"嘿嘿哈哈"地舞开了，忘记了还在电视机前看电视的爸爸妈妈。这让看电视看得正入迷的爸爸很是心烦："你去别处舞去！别挡住我们的视线！"

小宝没有听出爸爸话里的不耐烦，反而一本正经地跟爸爸说："爸爸，你看我舞得好不好？我要努力练习功夫，将来也要和成龙一样世界闻名，打进好莱坞……"

爸爸看着小宝煞有介事的样子，禁不住"扑哧"笑出来："什么？打进好莱坞？就你这样，别做梦了吧！还是好好学习，能考上大学就不错了！"

爸爸的话让小宝心中的火焰霎时熄灭了。从此，那个充满志气的小宝不见了。

在华人世界无人不知的大明星成龙的成名之路，并不是一帆风顺的。他从小就梦想着当武打明星，但他的外在条件不好，大鼻子，小眼睛，这样的条件让他很难进入演艺圈。可是他一刻也没有放弃过他的明星梦，认定自己终有一天能成为和李小龙一样家喻户晓的武打明星。事实证明，他的确做到了。每当成龙回忆起年少的梦想时，总是感谢自己的母亲："当年的我很自卑，别人都说我长得不帅，却想当明星，简直就是痴心妄想。但是我的母亲却一直给予我鼓励，她经常对我说：'孩子，我相信你一定会成为第二个李小龙。'这让我不停地鼓起勇气。今日的成就，和母亲当年的鼓励是分不开的……"

　　而案例中小宝爸爸却采取了一种和成龙妈妈截然相反的态度，也许他只是随口说出这样一句话，却不知道就这么一句话彻底击溃了孩子的自信心。

　　让我们来看看毕加索小时候的故事。虽然毕加索有着惊人的绘画天赋，但他因在学校的表现，常常被同学讥诮为"呆子"。有时一下课，同学们就走到依旧怔怔发呆的毕加索面前，逗弄他："毕加索，二加一等于几？"而毕加索的老师则压根就认为这孩子根本不具备学习能力，他的智力太低了，以至于这位老师多次跑到毕加索的父母面前，绘声绘色描绘毕加索的"痴呆症"症状。为此，毕加索的母亲又羞又恼，觉得自己简直没脸见人了。

　　本来镇上的人们对毕加索的天赋大为惊异，现在他们则一反常态。要知道，天才肯定具有极高的智商，因而小毕加索根本就不是天才，单有绘画才能有何用处，他的父亲堂·何塞不就是一个落落寡合的小画家吗？他连自己的家都养活不了！在本镇多数人看来，写写画画的人不是性格乖张，就是吊儿郎当。

　　整个社会似乎已有公论：毕加索是一个傻瓜。面对来自社会的讥嘲与蔑视，何塞没有随波逐流，这不仅仅源自舐犊之情，而是他认为只有他才真正理解与赏识自己的儿子。如果从世俗的眼光来评价一个孩子，那么父母则极易为流俗所左右，而缺乏对孩子的独特的发现与认识。何塞坚持自己的意见：毕加索读书不行，绘画却极有天赋。

　　为了掩饰自己学习上的落后，毕加索总是毫不费力地绘出才华横溢的图画。然而，不论怎样，嘲讽来得更猛烈了，小毕加索脆弱的心灵蒙上了阴影，他变得不爱说话，成天蔫头耷脑的。

　　关键时刻，是何塞给儿子注入了一针强心剂，让他了解到：天生我才必有用。

　　为了抚慰儿子受伤的心灵，拉近父子之间的感情距离，何塞开始坚持每天都送儿子去上学，到了教室里，他把带来的画笔、用做模特的死鸽标本放在课桌上。既然儿子读书不行，就不要勉强，相反过分强迫儿子去学习文

化，最终会把儿子的绘画天赋也扼杀了，何塞这样想。

有了父亲的支持，毕加索每天都沉浸在绘画的天地里。课堂上，他对功课不闻不问，却对绘画有着过人的颖悟与表达，只有在挥毫作画之际，毕加索才能找到自己的快乐。

这段时期，何塞成了儿子强有力的心理依靠，似乎离了父亲，毕加索根本没有勇气去面对生活。以至于他每天上学，必须在得到父亲会来接他回家的承诺后，才会松开父亲那温暖的手。

作为坏学生，在学校被关禁闭已成了毕加索的家常便饭。禁闭室里只有板凳和白色的墙壁，这样关禁闭便像过节一样使毕加索乐不可支，因为他可以带上一叠纸，在那儿没完没了地作画，直到傍晚，父亲在夜幕降临之前接他回家。何塞从来不会因此而粗暴地责骂儿子，他知道儿子在坚持不懈地追求自己的梦想，儿子关禁闭时丝毫没有忘记绘画，有什么理由去斥责他呢？

毕加索在父亲的影响下，重新恢复了自信，终于度过这段难熬的时期。作为父亲，何塞坚信自己的儿子能成功，而儿子也没有辜负他的期望，成了世界著名画家。

很多父母都有这样的经历，在孩子不听话，屡教不改，或者不认真读书、完不成作业时，气急了就会骂出一些令人泄气的话来："你一点用都没有！""你将来也就这样了，怎么养出来你这个废物！"殊不知父母一时的气话，却足以造成对孩子终身的伤害，因为它斩断了孩子对自己将来的希望和美好的憧憬。一个人对前途失去了信心，一个认为自己没有前途的孩子，他还能好好读书吗？还能读好书吗？

一个人的前途是很难预料的。因为一个人的成长，除了取决于主观的因素外，还取决于外部条件和环境，例如机遇。而一个人的才能又是多方面的，有的人不会读书，但可能精于经营。更何况，孩子未来的人生道路还很漫长，不管现在多么平淡无奇的人，只要对将来抱着"前途大有可为"的希望，就会激发无穷的力量。

亲子正面沟通秘诀

很多父母在否定自己孩子的时候都是无心的。笔者建议父母重新学习"说话"，并注意以下几点。

1.不要轻易否定孩子

那些轻易否定孩子的父母，只想在孩子面前树立权威却忽略了孩子需要的尊重，交流的结果可想而知。引导孩子进行深入思索可以使孩子看到父母的"深度"，从而产生敬佩之情。

2.语言中不要带有不良情绪

父母要以积极的心态对待孩子。只有父母乐观地对待孩子，孩子才会给父母乐观的回报。有些父母每一句话中都包含着不良情绪："他们数学老师很坏""他爸爸也不管孩子""当时别听他们班主任的话好了"……感觉事情很糟，处处不顺，而且这都是别人的责任。这种不良的情绪会传染，孩子会在父母的潜移默化中变得消极起来，并形成外归因的思维方式，这对孩子的成长非常不利。

3.不要说孩子没出息

"没出息！"这句话出自父母口中的频率是相当高的。这句带着强烈贬损意味的话，不知刺伤了多少孩子的心。孩子也是人，也有自尊心，在孩子的成长道路上，需要来自父母的肯定和赞扬。即使是批评，也应当入情入理，让孩子心服口服，千万不要说孩子没出息。

4.避免语言中的消极心理

暗示心理学研究已经证实，长期的不良心理暗示可以导致孩子认知思维层面的偏离，进而引起相应的心理和行为改变。因为孩子对自身状况缺少判断能力，潜意识里很容易认同父母的这些消极说法，父母说得多了，往往会弄假成真。

5.在孩子失落时支持他

孩子毕竟是孩子，他们太弱小，在他们的人生中会遇到很多难题，父母应该尽可能地帮助和支持他们。每个人都会有失落的时候，每个人都会有失

去信心的时候，只有让孩子充满信心，他们才能在未来的人生之中面对一切挑战，才会拥有幸福的人生。每当孩子痛苦和失落之时，做父母的不要忘记对他说："你一定行的，我相信你。"任何人都有成功，也有失败，失败往往比成功更多。孩子失败了，父母绝不能说"我就知道你不行"之类的话，而是要多加鼓励，帮助他们从失败中走出来。

第8章

温暖和爱的话语是照亮孩子心灵的阳光

孩子很自卑，你该怎么办

美国心理学家罗森塔尔来到一所乡村小学，给各年级的学生做语言能力和推理能力的测验。测完之后，他没有看测验结果，而是随机地选出20%的学生，告诉他们的老师说这些孩子很有潜力，将来可能比其他学生更有出息。8个月后，罗森塔尔再次来到这所学校。奇迹出现了，他随机指定的那20%的学生成绩有了显著提高。

为什么会这样呢？是老师的期望起了关键作用。老师们相信专家的结论，相信那些被指定的孩子确有前途，于是对他们寄予了更高的期望，投入了更大的热情，更加信任、鼓励他们，反过来这些孩子的自信心也得到了增强，因而比其他80%的孩子进步得更快。罗森塔尔把这种期望产生的效应称之为"皮格马利翁效应"。皮格马利翁是希腊神话中的一位雕刻师，他耗尽心血雕刻了一位美丽的姑娘，并倾注了全部的爱给她。爱神阿佛洛狄忒被雕刻师的真诚打动了，使皮格马利翁的姑娘雕像获得了生命。

也许你的孩子总觉得自己是个"丑小鸭"，登不上大雅之堂，或者因为家庭拮据变得郁郁寡欢，其实这些都是青春期的自卑感在作怪。

一个人若被自卑感所笼罩和统治，他的精神活动就会遭到严重的束缚，从而使聪明才智和创造能力受到严重的压抑，无法发挥自己的潜能。这种情况长期发展下去，就会导致一个人颓废、落伍、心灵扭曲，甚至产生错误的人生态度。

进入青春期后，青少年开始越来越关心自我，越来越密切地注视自己，很自然地就常常拿自己与周围人比较，很想肯定自己，处处能赶超别人，使别人能对自己刮目相看。正是在这样的人与人的比较中，个人很容易判断出自己与别人的上下高低，这虽然有着促人奋进的积极一面，但由于青少年常常情绪化，看事物很容易以偏概全，一旦在比较中感到自己与别人距离过

大，或是比较之后通过自己努力还是达不到愿望的时候就会产生挫折感，会"一荣俱荣，一损俱损"，变得心灰意冷，产生自卑心理。每个人产生自卑感的根源并不一样，产生的原因是复杂的，主要有如下几个。

（1）生理上的原因。一个人相貌、身材、体重、肤色等，都可能导致自卑感的产生。有些女学生常因为自己长相不够漂亮，或者身材矮小、肤色黝黑而感苦恼、自卑；还有的女学生甚至会因为自己的汗毛重，或者脸上长有几颗雀斑、一颗痣而感到自卑。男学生中，因为身材不够高大、魁梧而感到自卑的也大有人在。至于那些有先天性生理缺陷的人，如聋、哑、盲、肢残，等等，存在自卑感的现象就更普遍了。

（2）性格上的问题。有自卑心理的人，性格比较内向，自尊心较强，自信心不够，容易因一时的失败而灰心丧气，甚至自暴自弃。有的人易烦躁、焦虑，无法安下心来学习做事，他们看到别的同学学习成绩好、组织能力强，很羡慕，希望自己也能那样，但性格与能力并不是一下子就能改变的，为此他们自我烦恼，并深深自卑。

（3）成人的贬抑性评价。父母是孩子第一任老师，而老师又是学生心目中的权威，因此，父母与教师对孩子的评价都会对孩子产生巨大的影响。特别是贬抑性的评价："太笨""脑瓜不开窍""饭桶""蠢驴"，等等，都可能严重挫伤孩子的自尊心，使其产生自卑感。

（4）个人生活条件不尽如人意。有的青少年因为家庭经济条件差而感到自己不如他人；有的因为父母亲职业的问题而感到自卑；有的因自己没考上重点学校或不是重点班的学生而感到低人一等；有的因自己家住农村而从不在别人面前谈论自己家庭的情况。

（5）实践中经常遭受失败和挫折。这是导致自卑感产生的根本原因。失败和自卑，往往如影随形，互为因果。失败可以引起自卑，自卑又会增加失败。所以，经常遭受失败和挫折的人，自信心会日益销蚀，而自卑感也日益严重。

（6）不能正确认识自己。每个人都有他理想的自我和实际的自我，而实际的自我又有主观的自我和客观的自我之分。自己对自己的看法就是主观的自我，别人对自己的看法则是一种客观的自我。如果主观的自我远低于客观的自我，那么这个人就缺乏自信，他往往过于低估计自己。当某种能力与缺陷受到周围人的轻视、嘲笑或侮辱时，其自卑感会大大加强，甚至以畸形的形式表现出来，如自杀等。

有自卑心理的青少年又会显得更为敏感，因自己一件事做不成就怀疑自己，自尊心、自信心很容易受到伤害。特别是学习上，成绩和智力比不过同伴时就常常无法坦然接受现实去踏实学习，而是显得急躁、压力重重。对体貌上的自觉不够理想也常常让他们滋生烦恼，有时身体的急速成长常常使他们不知所措，如觉得自己太胖、太高、太矮，眼睛太小，等等。所以说，自卑感更确切地说其实是一种信心不足。

如前所说，成人的贬抑性评价，是使孩子产生自卑感的一个重要的外部刺激因素。因此，父母亲要注意不要轻率地评价孩子，尤其不要随意贬低他们的能力或品质，以免损害他们的自尊心和自信心，而要多给以褒扬性的评价，即表扬和鼓励。

目前看来，在青少年中由于主观随意虚构而造成的自卑感占有很重要的成分。主观虚构的自卑是指对他人根本不曾留意或不曾觉察的事情，自己胡思乱想、疑神疑鬼，怀疑别人对自己态度冷淡，鄙视自己的缺陷，看不起自己等。因此，要帮助孩子正确地认识与评价自己，不要让孩子被主观臆造的自卑感所困扰。

亲子正面沟通秘诀

家长如果想要帮助自己的孩子从"丑小鸭"变成"白天鹅"，那么就请认真看看下面的提示。

1.对孩子微笑，并让孩子对自己微笑

在微笑中我们能吸取失败的经验，轻轻松松地迎接下一次挑战。你可以微笑着告诉孩子，也让孩子微笑地告诉他自己："一次失败不能证明全部失败，只有放弃尝试才必定失败。"

2.努力增强孩子的自信心，对孩子进行积极的自我暗示

自卑是失败的俘虏，不战自败。所以，要经常让孩子保持一种信念："我也能！""我行！""不信，做给你看！"恰到好处地自我暗示，就是在自己的心田上播种自信，消除自卑的莠草。为了增强自信心，可以有意识地、实事求是地把孩子的优点和长处列成一张表，以便时时提醒孩子。

3.确立合乎实际的目标，注意自我激励

自卑往往是由于失望而产生的，而人的失望情绪又与人对某件事的期望程度相关。事先的期望值越高，事后因结果不理想、目标未达到而产生的失望程度也就越深。因此，不管做什么事情，不可操之过急，目标不可定得太大太高，不然就易于受挫。如果目标本身较大较高，可将它分解为一个个子目标，这样就易于打胜仗，而每次成功都对自己是一种激励，这有利于提高自信心。

4.拓展孩子的交际圈

自卑的孩子多数孤僻、不合群，自己把自己孤立起来。心理学家认为，当人独处时，心理活动就会转入内部、朝向自我。自卑者长期独处，心理活动的范围、内容会变窄变小，只能翻来覆去在某几个问题上转，加上个人认识的局限，就会使心理活动走向片面，从而陷入深深的自卑之中不能自拔。而在与人积极交往的过程中，自己的注意力会被他人所吸引，心理活动就不会局限于个人的小圈子里，性格就会变得开朗。此外，通过与人交往，就能正确认识他人的优缺点，并通过比较，正确地认识自己，调整自我评价，学习他人的长处，从中模仿他人的行为，减少自卑感。

5.剔除孩子的消极用语

留意一下你的孩子是不是经常使用一些消极性的自我描述用语，如"我就是这样""我天生如此""我不行""我没希望""我会失败"等。如果他们总是把这些消极用语挂在嘴边，就只能使他们更加自卑。帮助孩子把这些句子改成"我以前曾经是这样""我一定要作出改变""我能行""我可以试试""这次会成功的"等，并且要经常让孩子对自己说，或写下来贴在孩子房间的床头和书桌上。

6.引导孩子学会"扬长避短"

对那些让孩子自卑的而其经过努力后仍难以有大的长进的方面，就让孩子放弃它。有意识地让孩子积极寻觅并发展自己的优势，用精力与时间去培植这些优势，让这方面的成绩辉煌起来。而与人交谈和交往的活动中，要让孩子尽可能选择自己擅长的话题与活动项目。这样不仅有话可说，甚至可以语出惊人，充分显露自己的一技之长，从而体验到"我能胜任"的愉悦感。这样也会让孩子因此而自信起来，以达到"失之东隅，收之桑榆"之效。

孩子遭遇挫折，你该怎么办

小刚读五年级，一天放学回家，一直闷闷不乐，临睡前才将一张考了78分的卷子让妈妈签名，两天前类似的卷子他得了98分。妈妈边签名边问原因，小刚不吭声。一连两天，小刚情绪低落。第三天晚上，妈妈问小刚，是不是考了78分不高兴？小刚仍不作声。妈妈继续追问："你有什么不愉快的事能讲给妈妈听吗？"小刚答道："讲给你听有什么用，反正我现在不想上数学课，我也学不好数学。"妈妈听了此话很是吃惊，忙说："有些事妈妈不一定能帮得上忙，可有了不高兴的事，放在心里会越来越不开心的。讲出来可能心情会好些。"小刚突然提高了嗓门说："妈妈你知道吗，我考了78分，老师让我站在黑板前，说让我头脑清醒清醒，全班同学从此会认为我是差生，是笨蛋。"

听了小刚的话，这位妈妈感到老师的方法似乎有点不妥，这件事对儿子来说是个挫折，一旦战胜这个挫折，孩子会更成熟一点，于是她向儿子提了几个问题并帮助他分析。

那晚，母子俩谈到深夜，最后儿子说："妈妈，现在我心情好多了，明天上课我会好好听，把这两天的损失补回来。"在向儿子道晚安时，这位妈妈加上一句："今天我比见你拿了100分还高兴。"听了妈妈的话，小刚又充

满自信了。

看看你的孩子是否有以下几种反应，如果回答为"是"，那么你要小心，你的孩子很有可能正在受到挫折的折磨。

（1）焦虑。常常表现出烦躁不安、厌食、失眠、健忘、喜怒无常等征候，并伴有恐惧和不安。

（2）直接攻击。对准引起挫折的人或物直接发起攻击，如怒目而视、开口骂、动手打等，以解心头之恨。

（3）间接攻击。撕本子、摔文具或在同学中间无端地发泄，把攻击目标指向与产生心理挫折毫不相关的人或物上，寻找"替罪羊"。

（4）冷漠。表面上漠不关心、无动于衷，实际上是个体内心在压抑着愤怒情绪。

如果将幸福、欢乐比做太阳，那不幸、失败、挫折就可以比做月亮。人不能永远在阳光下生活，在生活中没有失败和挫折是不现实的，也是不可能的。心理学家使用挫折一词来指人们不能达到某种目标的情形，简而言之，你希望得到某种东西没有得到，这就叫挫折。

挫折在人的一生中是不可避免的，不要哀叹自己为什么那么倒霉，总要遇到不如意或是失败，其实每个人都会遇到挫折，只是有大有小而已。可能许多孩子都曾学过"天将降大任于斯人也，必先苦其心志，劳其筋骨，饿其体肤，空乏其身"这句话。也就是说，做任何事情要想获得成功，都得付出代价，而遇到挫折和失败是所付出的代价的一部分。遇到失败或是挫折并不可怕，关键的是一个人如何对待挫折，不能一遇到挫折就心灰意冷、一蹶不振。

在心理学上，挫折是指当个体从事有目的的活动过程中遇到障碍而受到干扰致使个人的动机不能实现、需要不能满足时的紧张状态与情绪反应。它是一种主观感受，因人而异。因为人的目的和需要不同，同一种活动对于不同的人可能会造成不同的主观的感受。比如，有的孩子对自己要求不高，考试只要能及格就可以了；但是有的孩子不达到高分就觉得没有考好，就会有失败感。

一般认为挫折给人带来的只有灾难、失意和无情的打击。事实上，挫折对个人来说，也具有"利"和"弊"两重性。"利"者，它能够引导人不断提高认识能力，增长才干，古人所说的"吃一堑，长一智"就是这个道理；"弊"者，它使人内心痛苦、情绪紊乱、行为偏差，甚至引起种种疾病或轻生的举动。对挫折的两重性的认识，有助于一个人在挫折面前采取理智的、积极的态度。

产生挫折的原因是多种多样的，对于具体的心理挫折，应具体地分析其产生的原因，但就一般而言，可以归纳为客观和主观两大方面。

（1）客观原因。一般来说，来自自然因素的心理挫折不是主要的，由社会因素而造成的心理挫折往往对人的影响更大。社会因素主要指人在社会生活中所受到的人为因素的限制和阻力，例如，同学之间的矛盾、家长和老师的不理解、对某些课程缺乏兴趣等都是心理挫折产生的社会因素。

青少年处于思想尚未成熟的阶段，对于挫折缺乏心理准备，也不具备足够的经验和能力去应对，因此社会因素所致的各种挫折，对学生个体行为所发生的影响很大。

例如，有位学生，初中阶段一直是优等生，但上了高中后，尽管自己仍很努力，成绩总是不理想。父母望子成龙，整天没完没了地唠叨，给他增加了很大压力。临近高考时他又因报志愿与父母发生了冲突，一气之下没有参加高考，放弃了升学的机会。

以上事例足以分说明，来自社会因素所致的各种挫折对于尚未成熟的青少年的心理和行为会产生很大的影响。

（2）主观原因。从主观方面看，由于个人的容貌、身材、体质、能力、知识等条件的限制，使自己所要追求的目标不能达到而产生挫折。

例如，有的女学生梦想当空姐，飞向蓝天，但由于自身条件不够而不能实现自己的愿望。这种心理挫折就主要是由主观原因引起的。

另外，每个人心中都有自己的奋斗目标和动机要求，当个人欲望与国家或集体利益、与社会道德标准发生矛盾时，内心也有可能产生挫折，这种挫折主要也是由于主观原因引起的。

亲子正面沟通秘诀

如果孩子遭遇挫折，父母该怎么办呢？

1.告诉孩子你也曾经受到挫折的困扰，让孩子的心态平稳下来

将自己的挫折故事讲给孩子听，不但能帮助孩子认识到挫折在所难免，还能让孩子将自己的挫折感受以及原因向父母亲倾诉，以达到沟通的目的。让孩子清楚地了解到：每个人由于自己能力的限制，客观条件的限制，做任何事情都不可能总是成功的，挫折的确在所难免。因此，当孩子遇到挫折的时候，要让他懂得不要怨天尤人，也不要自怜自惜，认为自己一无是处，或是一遇到挫折就垂头丧气，一蹶不振。

2.理出受挫的原因

既然挫折在所难免，那么当孩子遇到挫折的时候，重要的就是帮助其学会理清思路，也就是要分析失败的原因。找到了失败的原因之后，好好考虑下一步怎么办，然后重整旗鼓，为下一次挑战作准备。

3.不要否定孩子，也不要让孩子自我否定

孩子受挫折的时候，自身很痛苦，父母这时候更不要只是一味地否定孩子，特别是不要用"你真笨"这几个字来否定孩子，因为这三个字对孩子的自信心无疑是一个致命的打击。任何人都有不懂的问题，即使再有学问的人，也会有不知道的东西。要记住：凡事尽力皆无悔！只要孩子尽力了，就可以了。

4.找一些简单的事情让孩子做

当发现孩子因为某件事情受到挫折的时候，交给孩子去做一些其力所能及且能完成得很好的事情，并注意对孩子进行鼓励和赞美，从而恢复其自信心，进而让其有信心能够战胜挫折。

5.增强孩子的心理耐受力

所谓心理耐受力是指当个体遇到挫折时，能积极主动地摆脱困境并使其心理和行为免于失常的能力。积极的心理耐受力来源于个体的心理韧性，而所谓的心理韧性是指个体认准一个目标并长期坚持向这一目标努力。告诉孩

子挫折也是好的事情，因为在对诺贝尔文学奖得主进行调查之后，结果发现，他们中间有50%以上的人都有过坎坷不幸的童年。爱迪生曾经说过："伟大人物最明显的标志就是他坚强的意志，不管环境变换到何种地步，他的初衷与希望仍不会有任何改变，而终于克服障碍达到所期望的目的。"

6.增强孩子的能力，以增强自信

即便孩子已经清楚了面对挫折时应该分析失败的原因，以便日后面对新的挑战和困难，做父母的也一定要明白，一个孩子如果总是遇到失败和挫折，这无疑对其自信心是一个沉重的打击。那么这就需要我们有意识地在平时加强孩子的能力，尽可能挖掘孩子的潜能，为孩子的成功打下良好的基础。而每一次成功的体验，不管大的成功抑或小的成功，都会增强孩子的信心，这样孩子就会愿意去尝试更具挑战性的事情，在更为激烈的竞争中和更为困难的情况下，锻炼和提高自己的能力，于是就形成了一个良性循环。而成功的体验和较强的能力使孩子在面对挫折时就不至于不知所措、灰心丧气，失去希望和进行努力与尝试的信心。

孩子比较害羞，你该怎么办

敏珠是一个非常害羞的孩子，她总是在教室里静静地坐着，老师和同学们有时竟然会感觉不到她的存在。她没什么特别要好的朋友，在课间或午餐时间里，她习惯于自娱自乐。陌生人和她搭话，她就会满脸通红，好像快要哭出来的样子，躲到妈妈的身后。

有一次，妈妈领着敏珠去快餐店，敏珠想要一杯可口可乐。妈妈就让敏珠到柜台买，但是敏珠不愿意自己去，和妈妈争执了10多分钟。最后经过一番练习之后，她才走到柜台前说出她想要一杯可乐，但是由于敏珠的声音太小，服务员没有听清楚，敏珠一下子哭了出来。

　　你的孩子是否也会这样？或者出现过下面的一些征兆？

　　——站在陌生人面前，总感到有一种无形的压力，似乎自己正在被人审视，不敢迎视对方的目光，感到极难为情。

　　——与人交谈时，面红耳赤，虚汗直冒，心里发慌。即使硬着头皮与人说上几句，也是前言不搭后语，结结巴巴的。

　　——不善于结交朋友，于是常感孤独，常因不能与人融洽相处或充分发挥自己的才干而烦恼；不善于在各种不同场合对事物坦率地发表个人意见或评论，因此不能有效地与他人交换意见，给人拘谨、呆板的感觉。

　　——常感到自卑，在学习和生活中往往不是考虑取得成功，而更多的是考虑不要失败。

　　羞怯的本质就是一种不自信。其实，几乎每个人都有害羞的时候，对青少年来说更为普遍。美国俄亥俄州立大学的一项统计结果表明，97%的学生认为进行公开演说和核武器是世界上两件最可怕的事情。那么，羞怯产生的原因有哪些呢？

　　一是先天原因。有些人生来性格内向，气质属于黏液质、抑郁质类型，他们说话低声细语，见到生人就脸红，甚至常怀有一种胆怯的心理，连举手投足、寻人问路也思前想后。

　　二是家庭教育不当。过分保护型与粗暴型的家庭教育方式都可能造成子女怯懦的性格。前者，家长代替了子女的思想和行为，子女缺乏经验，生活办事能力差，单纯幼稚，遇事便紧张、恐惧、焦虑。后者，家长剥夺了子女思维和行动的机会，子女时常担心遭到批评和斥责，遇事便紧张、焦虑、消极、被动。有些家长对儿童的胆小不加引导，孩子见到生人或到了陌生的地方，便习惯性地害羞、躲避，没有自信心。儿童进入青春期后，自我意识逐渐加强，敏感于别人对自己的评价，希望自己有一个"光辉形象"留在别人的心目中，为此，他们对自己的一言一行非常重视，唯恐有差错。这种心理状态导致了他们在交往中生怕被人耻笑，因此表现得不自然、腼腆，还会心跳加速。久而久之，便致使其羞于与人接触，羞于在公开场合讲话。

　　三是缺乏自信和实践锻炼。有些人总认为自己没有迷人的外表，没有过

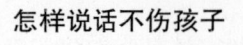
人的本领，属能力平平之辈，因此他们在交往中没有信心，患得患失。长期的谨小慎微不仅使他们体验不到成功的喜悦，而且使他们更加不相信自己的能力。此外，多数学生生活环境较好，凡事都比较顺利，缺乏锻炼的机会，这些也都是导致害羞的重要原因。

四是挫折的经历。据统计，约有1/4害羞的成人在儿时并不害羞，但是在长大后却变得害羞了。这可能与其遭受过挫折有关。这种人以前开朗大方、交往积极主动，但由于复杂的主客观原因，屡屡受挫而变得胆怯畏缩、消极被动。

亲子正面沟通秘诀

如果你的孩子很害羞的话，你该怎么办？

1.帮助孩子正确估量自己，树立自信心

日常学习和生活中，应让孩子多考虑"我要怎么做"；在各种社交场合中，应让孩子顺其自然地表现自己，不要担忧人家是否注意。告诉孩子，当与对方交谈时，眼睛要看着对方，并将注意力集中在对方的眼睛。这样可以增加孩子对对方的注意，减少对方对孩子的注意。

2.让孩子勇于和别人交往

让孩子向经常见面但说话不多的人如邮递员、售货员等问好，告诉他们，与人交往，特别是与陌生人交往，要善于把紧张情绪放松。让孩子使用一些平静、放松的语句进行自我暗示，以缓和紧张情绪、减轻心理负担。

3.教给孩子一些谈话的技巧

比如：在连续讲话中不要担忧中间会有停顿，因为停顿一会儿是谈话中的正常现象；在谈话中，当感觉脸红时，不要试图用某种动作掩饰它，这样反而会使脸更红，进一步增加了羞怯心理；羞怯并不等于失败，这只是由于精神紧张，并非是不能应付社交活动。

4.让孩子不要过于敏感

凡事尽可能往好的方面想，多看积极的一面。平时注意培养孩子的良好情绪和情感，让孩子相信大多数人是以信任和诚恳的态度来对待自己的，不

要把自己置于不信任和不真诚的假定环境中。那样，对别人就总怀有某种戒备心理，自己偶有闪失，或者并无闪失，也生怕别人看破似的，就会使自己惶惶然，更加重了羞怯心理。

孩子依赖心强，你该怎么办

小蜗牛问妈妈：为什么我们要背负这个又硬又重的壳？

妈妈：因为我们的身体没有骨骼的支撑，所以要有壳的保护！

小蜗牛：为什么毛毛虫和蚯蚓不需要壳呢？

妈妈：因为毛毛虫能变成蝴蝶，天空会保护她；蚯蚓会钻土，大地会保护他。

小蜗牛哭了起来：我们好可怜，没人保护。

蜗牛妈妈安慰他："所以我们有壳啊！我们不靠天，也不靠地，我们靠自己。这个世界上从来就没有什么救世主，一切只能靠自己。因为父母会老，朋友会散，而'自己'却始终不会远离。谁要是游戏人生，他就一事无成；谁不能主宰自己，就永远是一个奴隶。"

自己的困境只有依靠自己才能走出，自己的良机和快乐，只能依靠自己去发现和把握。

人应该是独立的。独立行走，使人从动物界脱颖而出成为万物之灵。当孩子跨进青春之门的时候，他就开始具备一定的独立意识，但他对别人尤其是父母的依恋常常困扰着自己。依赖，是心理"断乳期"的最大障碍。随着身心的发展，孩子一方面比以前拥有了更多的自由度，另一方面却担负起比以前更多的责任，面对这些责任，有些孩子感到胆怯，觉得自己无法跨越依赖别人的心理障碍。他们容易失去自我，遇到问题的时候，自己不动脑筋，易产生从众心理。依赖别人，意味着放弃对自我的主宰，这样往往不能形成独立的人格。

依赖心理主要表现为缺乏信心，放弃了对自己大脑的支配权。往往表现出没有主见，缺乏自信，总觉得自己能力不足，甘愿置身于从属地位。总认为个人难以独立，时常祈求他人的帮助，处事优柔寡断，遇事希望父母或师长帮自己作决定。

依赖性强的孩子喜欢和独立性强的孩子交朋友，希望在他们那里找到依靠，找到寄托。学习上，喜欢让老师给予细心指导、时时提出要求，否则，他们就像断线的风筝，没有着落，茫然不知所措。在家里，一切都听父母摆布，甚至连穿什么衣服都没有自己的主张和看法。一旦失去了可以依赖的人，他们会常常不知所措。

具有依赖性格的孩子，如果得不到及时纠正，发展下去有可能形成依赖型人格障碍。依赖性过强的人需要独立时，可能对正常的生活、工作都感到很吃力，内心缺乏安全感，时常感到恐惧、焦虑、担心，很容易产生焦虑和抑郁等情绪反应，影响身心健康。

那么，孩子为什么会在对别人的依赖中迷失自己呢？这是因为：依赖的产生同父母的过分照顾或过分专制有关。现在的青少年多为独生子女，家长常常对子女过度保护，一切为子女代劳，他们给予子女的都是现成的东西，孩子头脑中没有问题、没有矛盾、没有解决问题的方法，自然时时处处依靠父母。对子女过度专制的家长还会一味否定孩子的思想，时间一长，孩子容易形成"父母对，自己错"的思维模式，走上社会也觉得"别人对，自己错"。这两种教育方式都剥夺了子女独立思考、独立行动、增长能力、增长经验的机会，妨碍了子女独立性的发展。

亲子正面沟通秘诀

要克服孩子的依赖心理，可从以下几个方面着手帮助他们。

1.要纠正孩子平时养成的依赖习惯，提高孩子的动手能力

教导孩子多向独立性强的同学或朋友学习，不要什么事情都指望别人，遇到问题要作出属于自己的选择和判断，加强自主性和创造性。

2.要帮助孩子在生活中树立行动的勇气，恢复自信心

自己能做的事一定要自己做，自己没做过的事要锻炼着做。

3.丰富孩子的生活内容，培养其独立生活能力

让孩子在学校中主动要求担任一些班级工作，以增强主人翁的意识。使孩子有机会去面对问题，能够独立地拿主意、想办法，增强自己独立的信心。在家里，孩子该干的事要让他自己去干，如穿衣、洗碗、打扫卫生等，不要什么都推给爸爸妈妈，自己做个"小地主"。

孩子有些自负，你该怎么办

柳眉是一个初露才华的中学生，由于她骄傲自大，不能正确估价自己，不能正确对待别人，不努力学习基础知识，差点儿落得一事无成。

柳眉在初中二年级时就立志要当作家，并发誓要当著名作家。她若能为此努力学习，脚踏实地读书、认真地写作，有这样的雄心壮志本来没有什么不好。可是柳眉并没有这样做，而是成天想入非非，要当"在文学史上永远闪耀着光芒的大作家"，她认为自己天生具有大作家的气质，说什么"我最大的资本就是年轻，有成年人无法比的青春激情，有激情就足够了"。柳眉说："老师都是些庸人，在课堂上只会照本宣科，讲些重复的死理论。一万句里找不到一句精彩的格言和奇特的妙语。"柳眉讨厌一切该死的书本和"枯燥的知识"，讨厌读书，说书都是别人、成年人、老年人写的，而她要创造！要突破！

对学习的不屑与对老师的不以为然，使柳眉的成绩一路下滑，然而她把爸爸妈妈的劝告轻蔑地视为"絮絮叨叨老一套"。一次摸底考试中，柳眉的数学考了17分，外语考了24分，连语文也只得了60分。到了如此地步，不得不退学"专攻文学"。后来的状况如何，可想而知。

在频频投稿，屡遭退稿后，她便骂编辑"不识货""势利眼"。

请家长仔细找找，你的孩子是否存在下面的一些表现，如果回答为"是"，那说明你的孩子已经有了自负心理。

是否存在自视过高的现象？认为自己非常了不起，别人都不行。很少关心别人，与他人关系疏远。这类孩子时时事事都从自己的利益出发，从不顾及别人。不求于人时，对人没有丝毫的热情，似乎人人都应为他服务，结果落得个门庭冷落。

是否存在看不起别人的时候？总认为自己比别人强很多，这类孩子固执己见，唯我独尊，总是将自己的观点强加于人，在明知别人正确时，也不愿意改变自己的态度或接受别人的观点。总爱抬高自己贬低别人，把别人看得一无是处。

是否曾经过度防卫，有明显的嫉妒心？有很强的自尊心，当别人取得一些成绩时，其妒忌之心油然而生，极力去打击别人，排斥别人。当别人失败时，幸灾乐祸，不向别人提供任何有益的信息。同时，在别人成功时，这类孩子常用"酸葡萄心理"来维持自己的心理平衡。

翻看《辞海》，"自负"的条目后跟着简单明了的四个字："自恃；自许。"那么，究其原因，是什么导致了青少年自负心理的产生呢？

一是过分娇宠的家庭教育。家庭教育是一个人自负心理产生的第一根源。对于青少年儿童来说，自我评价首先取决于周围的人对他们的看法，家庭则是他们自我评价的第一参考系。父母宠爱、夸赞、表扬，会使他们觉得自己"相当了不起"。

二是生活中的一帆风顺。人的认识来源于经验，生活中遭受过许多挫折和打击的人，很少有自负的心理；而生活一帆风顺的人，则很容易养成自负的性格。现在的孩子大多是独生子女，是父母的掌上明珠，如果他们在学校出类拔萃，老师又宠爱他们，很容易就会养成自信、自傲和自负的个性。

三是片面的自我认识。自负者往往会缩小自己的短处，夸大自己的长处。有的孩子缺乏自知之明，把自己的长处看得十分突出，对自己的能力评价过高，对别人的能力评价过低，自然产生自负的心理。当一个人只看到自己的优点、看不到自己的缺点时，往往会产生自负的个性。这类孩子往往好

大喜功，取得一点小小的成绩就认为自己了不起，成功时完全归因于自己的主观努力，失败时则完全归咎于客观条件的不合作。他们过分自恋和以自我为中心，把自己的举手投足都看得与众不同。

四是情感上的原因。一些孩子的自尊心特别强烈，为了保护自尊心，在交往挫折面前，常常会产生两种既相反又相通的自我保护心理。一种是自卑心理，通过自我隔绝，避免自尊心的进一步受损；另一种就是自负心理，通过自我放大，获得对自卑、不足的补偿。例如，一些家庭经济条件不很好的孩子，生怕被经济条件优越的同学看不起，于是便装清高，在表面上摆出看不起这些同学的样子。这种自负心理是自尊心过分敏感的表现。

人不能自负。尤其对青少年来说，自信可以激发青少年的斗志，使其树立必胜的决心，坚定战胜困难的信念，使自己能勇往直前。但是，自信又必须建立在客观现实的基础上，脱离实际的自信就会变成自负，不但不能帮助人们成就事业，反而影响自己的生活、学习、工作和人际交往，严重时还会影响心理健康。

自卑与自负看似有天壤之别。自卑者，自己瞧不起自己；自负者，自己太看得起自己。只要究其根源，就能找到他们的相同之处，那就是这两种人都不能准确地评价自己，对自己没有正确的认识。

自卑者认为自己技不如人，既不像自暴自弃者那样自甘堕落，也不像自强不息者那样勇往直前。有自卑感的人如同阴影中的萌芽，他们向往成功、羡慕辉煌，却又拒绝生长、无法舒展。他们往往看不起自己，在乎别人的眼光，种种顾虑锁住了前进的脚步，面对困难一筹莫展……比自卑更可怕的就是自负。自负感的产生往往源于已经获得的一些成绩，是自满情绪的进一步恶化。可以说，有自负感的人，一般都有一定的"本钱"，但在成功面前不小心便失去了自我，以为自己已经成了人物，从而唯我独尊，听不进去他人的劝谏。

自卑与自负是两个极端，两者的结果在某种程度上却是相同的，如都会导致人生的失败。自卑者总是低着头走路，因为缺乏自信，心灵上往往背负着沉重的担子，被压得喘不过气来，以致最终把自己压垮；自负者总是仰着

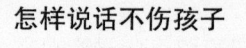
头走路，因为过于自信，常常趾高气扬，以致昏昏然不辨东西，不是迷路就是跌跤。

亲子正面沟通秘诀

让孩子了解：认识自我不能孤独地去评价，应该放在社会中去考察，每个人生活在世上都有自己的独到之处，都有他人所不及的地方，同时又有不如他人的地方，因而不能总拿自己的长处去比别人的不足，把别人看得一无是处。

1.让孩子接受批评

让孩子愿意接受家长、老师、同学的批评，是根治自负的最佳办法。自负者致命的弱点是不愿意改变自己的态度或接受别人的观点，应引导他们尝试着虚心接受别人的批评、教育，改变过去固执己见、唯我独尊的形象。同时，让孩子本着谦逊的态度去了解、学习他人身上的优点，对孩子也是一种促进。

2.帮助孩子提升自我认识

让孩子全面认识自我，既要看到自己的优点和长处，又要看到自己的缺点和不足，不可一叶障目，不见泰山。

3.适当地提高孩子的目标和追求

如果你帮孩子将目标定得太低，孩子很容易就实现了，那他自然就会觉得自己做什么都行，不会遇到困难和挫折，也不能够从困难和挫折中吸取经验和教训。

4.培养孩子与人平等相处的能力

自负者视自己为上帝，不论观念上、行动上都无理地去要求别人服从自己，否则便被激怒，甚至大打出手。平等相处是要求自负者以一个普通社会成员的身份与别人平等交往。

孩子爱慕虚荣，你该怎么办

家境贫寒的小倩刚刚大学毕业步入社会，为了追求时髦，不惜借钱购买高档衣服，还借钱买了相当昂贵的项链、戒指来炫耀自己。周围人羡慕地夸奖她有钱，她只说是爸爸妈妈给她买的。直到有一天要债的人"逼宫"，周围的人才明白过来是怎么回事儿。从此，大家都躲着她走，她也为此陷入了苦恼之中。

随着生理上的发育和社会接触面的扩大，青少年的自尊心亦与日俱增，然而，这种自尊心容易被追求虚荣所扭曲。例如，他们穿华丽的服装，在同学中做出哗众取宠的举动，目的就是要显示自己，用片面的虚荣去满足自己某种好奇、好胜及自我表现的心理欲望。

心理学上认为，虚荣心是一种被扭曲了的自尊心，是自尊心过度的表现，是一种追求虚荣的性格缺陷，是人们为了取得荣誉和引起普遍注意而表现出来的一种不正常的社会情感。这一类型的人表面上表现为强烈的虚荣，其深层心理就是心虚。表面上追求面子，"打肿脸充胖子"，内心却很空虚。他们表面的虚荣与内心深处的心虚总是不断地在斗争着：一方面在没有达到目的之前，为自己不尽如人意的现状所折磨；另一方面即使达到目的之后，也唯恐真相败露而恐惧。一个人如果永远被这至少来自两方面的矛盾心理所折磨，他的心灵总会是痛苦的，完全不会有幸福可言。正如法国哲学家柏格森说："一切恶行都围绕虚荣心，都不过是满足虚荣心的手段。"

虚荣心很强的人往往是华而不实的浮躁之人。这种人在物质上讲排场、搞攀比；在社交上好出风头；在人格上很自负、嫉妒心重；在学习上不刻苦。因而可以说，虚荣心是一种病态的社会心理。

从个体心理方面分析，虚荣心产生有以下几种原因。

一是面子观念的驱动。几十年前，林语堂先生在《吾国吾民》中认为，统治中国的三位女神是"面情、命运和恩典"。"讲面子"是中国社会普遍存在的一种民族心理，面子行为反映了中国人自重与自尊的情感和需要，丢面子就意味着否定自己的才能，这是万万不能接受的，于是有些人为了不丢面子，通过"打肿脸充胖子"的方式来显示自我。

二是与戏剧化人格倾向有关。爱虚荣的人多半为外向型、冲动型、反复善变、做作，具有浓厚、强烈的情感反应，装腔作势，缺乏真实的情感，待人处事突出自我、浮躁不安。

三是虚荣心的背后掩盖着的是自卑与心虚等深层的心理缺陷。具有虚荣心理的人，多存在自卑与心虚等深层次的心理缺陷。他们竭力追慕浮华，只是一种补偿机制，以掩饰心理上的缺陷。

我们平常所说的自尊心，就是尊重自己的人格、荣誉，不向别人卑躬屈膝，不容别人歧视侮辱，以维护自我尊严这样一种自我情感体验。自尊心是自我意识中最敏感的一个部分，一个人有了自尊心，就总是能争上游，不达目的誓不罢休。在平常生活中可以看到，有自尊心的人不甘落后，自觉主动地遵守纪律、努力学习，创造性地完成任务。自尊是一种可贵的情感，很好地利用它，能够丰富自己、提高自己、发展自己。

但是，有的孩子自尊得过分，特别好面子，贪图并追求表面的光彩，这就走向了虚荣。比如不能正确地估价自己，将父母或他人的荣耀也当成自己的；因为害怕别人看不起，而不顾经济条件是否允许，在穿着打扮上互相攀比；在知识学问上，不懂装懂；总想表现出一贯正确，听不得别人对自己的批评，等等，这些都是虚荣心的表现。

自尊心是建立在自信的基础上的。有自尊心的人也承认自己有比不上别人的地方，但是他们相信通过努力能够改变这种状况，使自己变得更好；而虚荣心却建立在自卑的基础上，有虚荣心的人非常在意自己在别人眼里的形象，总是不由自主地掩盖自己的弱点，以便显得自己和别人一样或比别人更优越。虚荣心使他们不是去努力提高自己的实力，而是急功近利地做表面文章，结果到头来并不能真正改变不利地位，反而进一步丧失了自尊。因此，虚荣并不能让人真正感受到内心的充实，永不满足的虚荣心带给人的只能是无休止的烦恼。

亲子正面沟通秘诀

家长如何帮助孩子克服爱慕虚荣的缺点呢？

1.让孩子正确地对待舆论

孩子生活在群体之中，总免不了被别人品头论足，有些评论是正确的，那我们就应让孩子认真对待；有些评论则未免失之偏颇，那我们就应当让孩子提高辨别力，不要凡事人云亦云、毫无主见，以免让不正确的舆论左右了孩子。

2.帮助孩子正确评价自己

告诉孩子不仅要看到自己的长处和成绩，也要看到自己的短处和不足，对自己采取实事求是的态度，这样才可避免因过高估计自己而实际上做不到的难堪局面。

3.教会孩子正确地对待荣誉

荣誉应当与一个人的真实努力相符，否则只能是虚假的。孩子需要得到别人的尊重，他们也有得到别人尊重的权力，但这种尊重必须建立在孩子真实的努力之上。要取得好成绩，一定要靠认真刻苦的学习。否则，即使赢得了"荣誉"，也不光彩，而且一旦暴露，只能受到他人的蔑视和仇视。面子"不可没有，也不能强求"，如果孩子"打肿脸充胖子"，过分追求荣誉、显示自己，人格就会受到歪曲。同时也应正确地看待失败与挫折，"失败乃成功之母"，只有从失败中总结经验，从挫折中悟出真谛，才能建立自信、自爱、自立、自强，从而消除虚荣心。

4.让孩子学会公平竞争

竞争应是激励人奋进的过程，而不应成为目标，如果把竞争本身看做是目的，便会使人过于看重结果，很容易引发不择手段、不讲规矩的举动。要让孩子明白，凡是竞争总有输赢，不要把目的只放在输赢上，而是要注重竞争的过程，从中发现自己输或赢的道理，体会竞争的乐趣，形成健康的心理。

　　与别人的比较要立足于健康的而不是不良的比较，如比成绩、比干劲、比投入，而不是贪图虚名、嫉妒他人、表现自己。

　　如果孩子已出现自夸、说谎、嫉妒等病态行为，可以在发现后让孩子到操场上跑几圈，或者在其手腕上套个皮筋，以作警示与干预之用。久而久之，虚荣行为就会逐渐消退，但这种方法还需要本人有坚强的毅力与坚定的信念才能收到良好效果。

孩子太过孤独，你该怎么办

　　1954年，美国的一所学校做了一项实验。该实验以每天20美元的报酬（在当时是很高的金额）雇用了一批学生作为被测者。

　　实验内容是这样的：为了制造出极端的孤独状态，实验者将学生关在有防音装置的小房间里，让他们戴上半透明的保护镜以尽量减少视觉刺激。接着，又让他们戴上手套，并在其袖口处套了一个长长的圆筒。为了限制各种触觉刺激，又在其头部垫上了一个气泡胶枕。除了进餐和排泄的时间以外，实验者要求学生一天24小时都躺在床上。可以说，这样就营造出了一个所有感觉都被剥夺了的状态。

　　结果，尽管报酬很高，却几乎没有人能在这项孤独实验中忍耐3天以上。最初的8个小时他们好歹撑住了，之后学生们就吹起了口哨或者自言自语，有点烦躁不安了。在这种状态下，即使实验结束后让他们做一些简单的事情，他们也会频频出错，精神也集中不起来了。

　　据说，实验后需要3天以上的时间才能回到原来的正常状态。实验持续数日后，人会产生一些幻觉。例如，看见大队花栗鼠行进的情景啦，或者听到有音乐传来啦，等等。到第四天时，学生便出现了双手发抖、不能笔直走路、应答速度迟缓以及对疼痛敏感等征候。

通过这个实验我们明白了一点：人的身心要想正常工作就需要不断地从外界获得新的刺激。

　　有位哲人曾说过："没有任何人会像青年人那样深陷于孤独之中，渴望着被人接近与理解，没有任何人会像青年那样站在遥远的地方呼唤。"青春期是儿童向成人转变的过渡阶段。青少年总想一夜之间成熟，在同学中成为被接纳和喜爱的人，在成人面前希望得到尊重和信任。他们渴望和别人探讨交流又不愿敞开心扉。独立意识和自我意识的发展导致青少年产生许多独特的想法和美好的向往，而这些想法往往被人否定，认为是"幼稚无知"，青少年便将内心封存起来并变得孤独。

　　儿童时期，人慢慢认识到别人与自己的区别，虽然也有害怕、担心、寂寞等，但因为自我认识相对不是很强，所以只要有人做伴就能消除以上感觉。但进入青春期后，伴随着生理上的发育、成熟，青少年在心理上也发生着急剧的变化。他们的注意力从外部世界逐渐转向自己的内心世界，发现了一个新奇、纷繁复杂的"世界"。他们为自己生理上的变化而感到惶惑和恐惧，为心理上的"成熟"而兴奋和焦急。他们渴望了解这个世界，陷入空幻的冥想和自我反省之中。一方面，他们害怕别人发现、侵扰自己这块神圣的"领地"，于是本能地将自己闭锁起来，闭锁性是这一时期最主要的特征；另一方面，他们又极其渴望得到别人的理解、关怀。自我意识的觉醒，使他们开始摆脱父母的监护，追求自我独立，他们自认为已经成为"大人"，然而他们毕竟还是"孩子"，在强大、复杂的社会现实面前，他们显得是那样的软弱无力，那样的不堪一击。更由于他们的闭锁性，使他们内心深处的真实思想难以被人了解，从而失去别人的帮助和理解。这就使他们陷入迷茫、痛苦和孤独之中，觉得没有人能够理解他们。事实上，主体的独立性形成的时期，也正是主体产生孤独感的时期。

　　正值豆蔻年华的少男少女体验到孤独其实并不可怕，这正是自我意识觉醒的一种表现。孤独感乃是一种封闭心理的反映，是感到自身和外界隔绝或受到外界排斥所产生出来的孤伶苦闷的情感。当一个人不能按照自己的意愿或计划行事；耽于梦想，而又不可能实现；和亲人分离或经历亲人死亡的打击；内心有难言的羞耻；被排斥于自己想加入的小团体之外；被他人嘲笑或轻视；处处和他人意见不合而不能融洽自然地相处；不敢向他人吐露心事，因为害怕会被人嘲笑、泄露自己的秘密、受人冷淡而得不到同情；被父母限制了活动和交往；新的环境改变了自己的生活；铸成一生中的大错而悔恨不已或自惭形秽；对别人做的一切都不感兴趣或不屑去做那些事；无聊空虚，不知该做什么；怯于和他人交往或交谈；觉得"没人理解我"时，孤独感就会悄然而至。每个人在一生中都或多或少地体验过孤独感。

孩子的孤独感并非一无是处。青春期的孤独是心理成熟的标志，它意味着一个人开始把自己的兴趣从对外界事物的关注中撤回来，返回到了自我，试图了解自己是怎么一回事，思考人生的意义和价值。这种将目光转移到自我内心的体验，是一件好事。正确地理解孤独，勇敢地正视孤独，是一个强者的风范。从孤独中，青春期的孩子得以走进自己的内心深处，重新认识自己、把握自己；从孤独中，青春期的孩子得以冷静地对身边发生的事物进行分析和思考，适时调整自己的行为，获得最佳的人生设计。

亲子正面沟通秘诀

如果你的孩子太过孤独了，请尽力改变孩子原来的环境。当孩子一个人的时候，给他安排一些感兴趣的事情，读读书、听听音乐、从事自己的业余爱好，等等。每个人都会有孤单的时候，在属于自己的时间里满足自己的兴趣爱好，乃是人生的一种乐趣。另外，作为父母，你还应该做做下面的事。

1.告诉孩子在个体上他是独一无二的，但在世界上他同别人一样

告诉孩子，他的喜、怒、哀、乐，别人包括做家长的你也都曾有过，不必过于留心自己的体验，要学会"不以物喜，不以己悲"。凡事都要保持一颗平常心，要努力向外部世界伸展，外面的世界很精彩。

2.与孩子分享他正在思考的问题

分享是人生的宝贵财富，是一种难得的心理满足。当我们的喜、怒、哀、乐被人分享时，就会感到喜上加喜，悲伤也会大大减轻。同理，当父母分享孩子的各种情感时，孩子同样会产生莫大的心灵安慰，而父母也会从中得到精神的满足，进而使孩子摆脱孤独的情绪。

3.指导孩子积极主动地接近别人

积极主动地接近别人的最好方法，便是关心、帮助别人。提醒孩子，当他看到周围的人有为难之处的时候，如果能主动伸出手去帮一把，很可能就为自己赢得了一位朋友，从而也帮助自己摆脱了孤独。

4.帮助孩子通过改变自我而获取朋友

没有人会喜欢整天愁眉苦脸的人，也没有人会喜欢一脸清高孤傲的人。如果你想要孩子拥有友谊和朋友，那么你就需要帮助孩子在某种程度上改变自己。指导孩子学会倾听别人的讲话，学会将心比心，学会礼让平和，学会说话的时候多强调他人而不是"我"，那么你的孩子很快就会拥有大量的好朋友。

5.将分享作为财富赠与孩子

其实，孤独与分享从来就是统一的，不能截然分开，而两极相通从来都是事物的普遍规律。只有从分享走向孤独，才会体会孤独之深沉；只有从孤独走向分享，才能由衷感到分享之美好。一个从来不知分享的人，永远体会不到孤独的真正内涵；而一个不知孤独的人，也必不懂分享的乐趣。作为家长，你不但要学会分享孩子的心情，还要帮助孩子学会分享别人的心情，进而在孤独与分享间快乐着他的快乐。

孩子嫉妒别人，你该怎么办

小瑞翻阅日记时发现，近来丝丝这个名字频繁地出现在她的日记本中。这个名字出现的次数竟然高达13次之多，远远多于小瑞在日记中提及的其他人。丝丝这个名字从丝丝本人第一次到小瑞班级时就开始出现在小瑞的日记中。"她脚上居然穿着一双及膝的靴子。我第一个感觉就是强烈地渴望那双靴子是穿在自己脚上的。那一整天，我的眼睛始终没有离开过那双靴子。"

小瑞在日记中如此描述。

更为糟糕的是，那双靴子只不过是一个开始。丝丝买的衣服全都是从市里最好的商场里买的；而小瑞，从来只是在那里打折的时候才能去淘衣服。丝丝居然还有耳洞，戴着耳环。更让人受不了的是，在丝丝生日的时候，她父母居然送给她一只装在古董鸟笼里的金丝雀。虽然以前小瑞从来没有过养金丝雀的念头，但那天以后，小瑞觉得世上最值得期待的莫过于拥有一只属于自己的金丝雀了。

在表面上，小瑞和丝丝是好朋友，但事实上她却是带给小瑞伤害最多的人。在小瑞的日记里，小瑞明明白白地流露出了这一点，尽管这些文字让小瑞觉得有些脸红，但小瑞的确认为丝丝不过是一个非常自傲的人，是一个让自己受不了的人。

嫉妒，是很多人在青春期都有过的一种情结。这种强烈的想得到别人所拥有的东西的欲望折磨过大多数人，虽然这承认起来需要一点勇气，但事实上，没有人能够否认，我们的确有过想得到别人所拥有的东西的念头。别人的头发，别人的成绩，甚至别人的父母，我们无数次地在心里默念，希望一觉醒来，这些梦寐以求的东西就属于自己。

青少年常常喜欢与他人作比较，但当发现自己在才能、体貌或家庭条件等方面不如别人时，就会产生一种羡慕、崇拜和奋力追赶的心情，这是上进心的表现。但有时也会产生羞愧、消沉、怨恨等不愉快的情绪，这后者就是人的嫉妒心理。这样，当一些青少年开始顾虑到自己的专长，注意起同学的成绩以及别人对自己的评价时，嫉妒就会特别敏感地表现出来。这主要是因为青少年心理发展尚未成熟，对自己各方面能力还认识不足，遇上比自己能力强的人时就会感到不安。另外，青少年若是过于以自我为中心，常常更多关心着的是自己，待人中缺少纯朴的善意，处处想表现自己的优越，特别是当自己关注的人超过自己时就会强烈希望他在某一方面不如自己。

青少年嫉妒心理的内容主要有以下几个方面。

一是学习、工作。学业优秀、人际交往能力强、工作出色的人往往成为他人嫉妒的对象。

二是爱情。爱情是青少年开始接触的一个问题。爱情本是一种美好的情愫，然而却容易把双方烧得头脑发昏，走向嫉妒的极端。可以这样说，爱情与嫉妒是一对双胞胎。轻微的嫉妒可以促进爱情，一旦炉火过盛，则容易把爱情之花烧得枯萎，甚至导致杀人或自杀的严重后果。

三是才貌。才貌是指一个人的智慧及外貌。优秀的才能和俊美的容貌容易使人得到幸福和成功，而才貌较差者则无此殊遇，其嫉妒心理便由此而生了。

亲子正面沟通秘诀

当你的孩子嫉妒别人时，你该怎么办？

1.保持坚定沉着，不断地给孩子打气

当孩子在嫉妒别人有一头秀发时，你可以不停地对孩子说："是的，她的头发的确很美，可是你的眼睛也不错呀。"然后孩子就有了忽视和忘记的理由，换句话说，让孩子学会自我满足和陶醉，但切记不是自欺欺人，否则只会令其在以后更沮丧。当嫉妒快要将你的孩子击垮的时候，一定要沉着地将孩子的所有优点列成一张清单，你和孩子都会发现，原来他是如此的优秀。

2.杜绝孩子造谣生事、恶意攻击的言行

炉火攻心，气急败坏，急欲给对方点颜色瞧瞧，以为会破坏对方的优势。但是往往这类谣言、恶语最终都会真相大白，随之而来的是自己人格形象的"蹦极跳"。当你的孩子知道这种行为的严重后果时，恐怕他就不会继续其行动了。

3.培养孩子惺惺相惜的情操

武侠小说中常常有这样的情节：隐居世外的高人，若干年后遇到一青年才俊，竟然能与自己抗衡，于是将自己一身绝技倾囊相授。这种人做事的出发点并非来自嫉妒，他们由衷地欣赏对方，在相互切磋中体验高峰的感觉，在美好的感觉中实现了自身的目标，因此惺惺相惜者之间多半不会心存嫉妒。

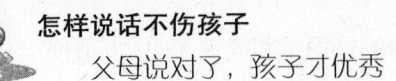

4.列出对孩子最重要的东西

嫉妒是因为别人拥有了我们想拥有的东西。而人们总是不清楚自己真正想拥有什么，总是为一些小事而伤神。如果我们每个人都能想得更长远一些，身边有些事就不再会牵动我们的情绪，因为我们知道自己想要什么，也知道自己拥有什么。这样我们就能成为一个从容而豁达的人，而嫉妒通常对这种人是无可奈何的。所以，一定要告诉你的孩子：我们嫉妒的别人拥有的东西，有时候并不是我们真正想拥有的。一个人必须知道什么才是对自己最重要的。

孩子热衷攀比，你该怎么办

下面是一个母亲的自述：

在与女儿谈话中，我发现她的攀比心越来越严重，比谁家里有钱，比谁的父母职位高，比谁零花钱多，比谁身材好，比谁的电脑玩技高，比谁网友多，等等。为了改变孩子的攀比心，我采取以下几个方法。

首先，我试图采用"反攀比"的方法。孩子们在攀比的时候，最典型的理论就是"别人都有，所以我也应该有。"因此，别人买了新书包，他也应该有；别人买了名牌服装，他也应该有；别人有了新式玩具，他更应该有。这时，无论父母如何解释，因为孩子的心理和行为往往受情绪控制，缺乏理智，不能理解人的需要的满足是受一定条件限制的。针对这种情况，比较快速有效的办法是实行反攀比。比如：用他的长处去比别人的短处，用他进步的一面比别人退步的一面，用他有的东西比别人没有的东西，等等。

其次，就是改变"攀比兴奋点"。孩子有攀比的心理，说明孩子的内心有竞争的倾向或意识，想达到别人同样的水平或超越别人。父母就要抓住孩子这种上进心理，改变孩子攀比吃穿、消费的倾向，引导孩子在学习、才能、毅力、良好习惯方面进行攀比。比如：当孩子埋怨老师经常表扬某同学时，父母可以和孩子一起研究，列出这个同学的优点，让孩子暗中努力和同学比一比，看能否超过他。比如孩子和同学比穿着时，父母可以从穿着整洁美、颜色的搭配美等方面去改变攀比兴奋点。

最后，引导孩子"纵向攀比"。不妨多鼓励孩子自己和自己比。例如，让孩子今天和昨天比，这个月和上个月比，本学期和上一学期比。在特殊的攀比中，孩子会经常看到自己的进步，原来不会的拼音现在都会了，原来不认识的字现在都认识了，原来不懂的道理渐渐地懂了。这些比较都可以让孩子获得进步，其自信心也会增强，并在欣赏自己的过程中努力超越他人。

攀比是一种社会心理现象，是每个人都会有的心理状态，在任何时代、任何社会都有攀比心理存在。对于孩子来说，攀比不一定都是坏事，问题在于父母向哪个方向引导。

任何事情都是有度的，如果超过了一定的度，事情就会向反面发展。攀比如果超过一定的度，就会影响孩子的身心健康，过度攀比对孩子的健康成长有很大的危害。

一是攀比易分散孩子注意力，使孩子把兴趣点集中在自己正在攀比的东西或事物上，这样势必会影响孩子的学习。

二是盲目攀比容易导致嫉妒心理，在和别人比较时，比不过他人就会心里不高兴、羡慕别人，甚至产生嫉妒心理。

三是虚荣心会更加严重。盲目攀比往往来自于虚荣心，虚荣心是自尊心过度的表现，过分自尊的孩子容易产生虚荣心。在过分的自尊心理的支配下，孩子对面子更在乎，虚荣心也更严重。

四是有的孩子在攀比心理支配下，为了获得某种自己需要的玩具、物品等，甚至去偷窃。

亲子正面沟通秘诀

孩子爱攀比、比什么和家长的引导有很大的关系，一些父母一方面反对自己的孩子攀比，一方面自己却攀来比去，这会给孩子带来不良影响。身为家长，怎么办呢？

1.在生活中积极引导

父母应积极、适时地介入孩子的欣赏过程，在与孩子共同欣赏过程中进行引导和点拨。例如，孩子欣赏影视中的武打镜头，家长不妨抽时间与孩子一起观看几部武打片，当你和孩子坐在一起的时候，孩子便感到你的心与他的心的距离一下子缩短了。有了这种情感的基础，你的引导、点拨、教诲更容易进入孩子的心灵。这时，可以运用插话、议论、回忆等方式，强化武打片的积极内容；也可以在观看之后的空闲时间（吃饭时、散步时、共同游戏时、共同做家务时），与孩子一起回忆有积极意义的影视片断，以求在加深孩子积极记忆的同时，抑制其对消极内容的记忆。

2.转移不合理的攀比兴奋点

孩子表现欲强，具有与他人"比"的欲望。然而许多孩子不知道比的内涵，使得竞争比较的兴奋点发生了倾斜，热衷于物质的、浅层的、暂时的攀比。同时还应看到，孩子有攀比心理，说明他们的内心有竞争的倾向或意识，想达到别人同样的水平或超越别人。因此，要抓住孩子这种上进的心理，改变他们攀比吃穿、消费的倾向，引导孩子在学习、才能、毅力、良好习惯等方面进行攀比。

另外，随着孩子认知能力的发展，随着品德修养的逐步提高，还要引导孩子的攀比内容向内在的、深层的、精神的、长久的方向发展。如比知识、比品格、比智慧、比奉献等。这类的比较是能够促进孩子健康成长的。

3.引导孩子保持一颗"平凡心"

培养孩子的平凡心，对遏制孩子的攀比心理有着极其深刻的价值。在引导孩子保持一颗平凡心的过程中，作为家长树立好形象是关键。首先，家长必须对孩子现在的成绩、未来从事的职业等问题上保持一颗平凡心，降低对孩子的预期，实事求是地帮助孩子确定自己的人生目标。其次，让孩子学会爱和理解，教育和引导孩子爱同学、爱自然、爱劳动，提高他们爱与感受爱的意识和能力，在爱中体会生命的价值和意义。再次，要求孩子理解他人、欣赏别人，学会沟通、谦让和合作，改善同学之间的人际关系，提高他们团结协作的能力。孩子有了一颗平凡心，减轻了孩子的心理负担和学习任务，

他们就容易从平凡的生活中、从点滴的小事中发现快乐、感受快乐、创造快乐，从而走出攀比心理的阴影。

4.将攀比变为动力

孩子有攀比心理，说明孩子的内心有竞争的倾向或意识，想达到别人同样的水平或超越别人。父母要抓住孩子这种上进的心理，改变孩子攀比吃穿、消费的倾向，引导孩子在学习、毅力、良好习惯等方面进行攀比。同时，父母也可以引导孩子将攀比变成动力，告诉孩子要通过自己的努力，去实现攀比的条件。

将攀比变为动力，父母不妨多鼓励孩子自己和自己比。让孩子把今天和昨天比，把本学期和上学期比。让孩子看到自己的进步，孩子的自信心就会有所增强，并在欣赏自己的过程中努力超越别人。

面对孩子的不良情绪，你该怎么办

心理学上有一个著名的实验，叫做情绪实验。

实验是这样的。一位11世纪的古代学者曾把一胎所生的两只羊羔置于不同的外界环境中生活：一只小羊羔随羊群在水草地快乐地生活；而在另一只羊羔旁拴了一只狼，它总是看到自己面前那只野兽的威胁，在极度惊恐的状态下，根本吃不下东西，不久就因恐慌而死去。

医学心理学家还用狗做嫉妒情绪实验：把一只饥饿的狗关在一个铁笼子里，让笼子外面的另一只狗当着它的面吃肉骨头，笼内的狗在急躁、气愤和嫉妒的负性情绪状态下，产生了病态反应。

实验告诉我们：恐惧、焦虑、抑郁、嫉妒、敌意、冲动等负性情绪，是一种破坏性的情感。

情绪是心理活动的核心，对身心健康有着重大的影响。因此，学会自觉地调节和控制情绪，是心理保健的重要内容。我们在日常生活和学习过程

中，无论做什么事都带有情感色彩：当考试取得好成绩时，会感到喜悦；失去珍贵的东西时，会感到惋惜；愿望一再受妨碍而达不到时，会失望甚至愤怒；进入一个陌生的环境时，会感到局促不安甚至产生恐惧等。喜悦、悲哀、愤怒、恐惧等情绪活动，都会引起身体一系列的生理变化。

据科学研究表明，积极健康的情绪，如愉快、欢乐、适度的紧张，对人体均有好处，它们可以导致心脏输出量增加，促进血液循环，使人精神振作，大脑工作能力增强。而伤心、悲痛、愤怒、焦虑等消极情绪引起的生理变化，于人体是不利的。如肌体长期处于这些不良的情绪影响下，往往会引起多种疾病的发生，如高血压、胃溃疡，以及心理障碍等。因此，青少年应该懂得情绪在保护心理健康中所起的重要作用，并学会自我调节和控制情绪。

有的家长教育孩子时，常常为自己的情绪所左右。家长高兴时，教育孩子能注意方式方法，不高兴时就简单粗暴，甚至无事找事，把孩子当做出气筒，动不动就打骂训斥、讽刺挖苦，等等。这种因家长情绪的好坏而出现的教子尺度不一，其祸害是无穷的。

一是这会在孩子的行为标准上造成混乱。就是说，这往往会使孩子不知自己到底应该怎样做，既不利于孩子不良行为的及时纠正，又不利于孩子良好行为习惯的养成。

二是这容易使孩子养成看家长脸色行事的坏毛病，并且不利于家长及时、准确地把握孩子的真实情况，不利于家长教育的针对性、实效性。

三是家长的不良情绪直接影响着孩子的心境，特别是因不良情绪而导致的家长教育孩子方式方法上的简单粗暴，往往会使孩子同时遭到"体罚"与"心罚"的双重伤害，这不仅严重地影响着孩子身心的健康发展，甚至会对孩子的一生带来重大伤害。

四是这往往还会使家长在孩子心目中的威信大大降低，这种威信的"降低"，往往又会对以后的家庭教育人为地制造出种种障碍。比如，有些家长所说的"孩子大了，反而越来越不听话"，就与这种"障碍"有关。

亲子正面沟通秘诀

要培养教育好孩子，家长应学会调节自己的情绪，别让不良情绪影响自己对孩子的教育。

1.培养自己具有乐观的生活态度

无论遇到什么困难和挫折，都要以乐观、积极的态度去面对，相信问题总会有办法解决的，从而勇敢地面对现实，努力进取，永不悲观失望，对前途充满信心和希望。持这样的乐观态度往往会产生积极情绪。

2.适当地发泄积存在心中的不良情绪

比如，可以向知己倾诉自己的苦恼和忧伤等。这样做，有助于消除心中的烦恼、压抑，从而达到心平气和的状态。这种发泄对人的心理健康是有益的。

3.保持适当的紧张和热情

紧张是一种情绪，它能维持和提高学习、工作效率。如考试时产生的紧张情绪，能使大脑功能达到最高效率的状态。平时工作或做某件事，也需要保持适当的紧张。张弛调节适度，就会使生活更有节奏和情趣。

4.善于理智地控制自己

种种要求和愿望，都应符合社会道德和规范，否则就要用理智打消这种念头，不能苛求社会与他人满足自己的一切愿望。这样做对维持心理平衡、培养健康情绪很有好处。

通过不断加强心理品质的修养，不但做父母者能使自己保持良好的情绪，同时，父母的方式方法和情绪态度将带给孩子潜移默化的影响。

第9章

聪明父母这样跟孩子谈学习

兴趣是火苗，帮助其燃烧

小刚的家里管他很严，从小就强迫他学钢琴、背唐诗。最开始，他还有兴趣，可是父亲的要求太严厉了，弹错一个音符、背错一个字，都要受惩罚，这让他越来越怕，只要是学习，无论学什么，他的心里都怕得要命。家里一来客人，爸爸就让他表演弹琴或背诗，他觉得自己就像是马戏团里的动物，每天受苦受累，只是为了表演给客人看，让客人取乐，让爸爸有面子。从很小的时候，他就恨死了来家里的那些客人，因为他们只喜欢看自己装出来的听话样，他们和爸爸妈妈一样，从来就不在乎自己的真实想法。

上中学后，他在报纸上看到一个故事，说有一个小孩，因为妈妈逼她学钢琴，就用锥子扎自己的手。他觉得，那把锥子扎进了自己的心里，自己和那个小女孩一样，都是太苦命了，还不如街头那些要饭的小孩。他对学校的课程一点兴趣都没有，只是习惯了接受训练，脑子里已经习惯性地认为，人活着就必须要受苦，每一门课都是一个折磨人的魔鬼。

他的父母丝毫也没有注意到他的情绪变化。实际上，他们什么时候都没有在乎过小刚的情绪，只知道每天早上6点钟叫他起床，晚上监督他写作业，就像警察看管犯人一样。只要作业或考试时做错了题，家里就一定会有惩罚，或者是免除1个月的零花钱，或者是没收3天的零食。

有一次压力太大了，小刚实在受不了，便对父母大喊——再逼我，会逼出人命来的！那以后，小刚成绩就越来越差，他是彻底不想学了，还经常离家出走，一走就是好几天。爸爸再怎么打他，他也不在乎，反正已经打皮了。老师再怎么劝，他也不好好学了，还经常扰乱课堂秩序。最后，他被学校劝退，连中学也没有念完。

案例中小刚的经历告诉我们，长期强制性的要求，枯燥单调的学习生活，无计划、无目标的努力，以及频繁的不满与批评，所有这些使孩子的好奇感与学习热情一点点被侵蚀。

兴趣是学习的强大动力，有意识地培养孩子的兴趣，让孩子在自发状态下，自觉地完成学习任务，这种积极的表现，是老师和家长都希望看到的。在这种情况下，孩子会对学习压力有相当强的承受能力，甚至一点都不觉得学习是件"苦差事"，而且学习效果好，记忆力也相对加强。从长远来看，这对孩子的身心健康也十分有利。

事实上，几乎所有的人都知道，学习要有兴趣，兴趣是学生最好的老师。要注意培养孩子的学习兴趣，老师在讲，家长在讲，许多书本也在讲，但真正领会这一点、运用这一点的家长并不是很多。

当您指责孩子、埋怨孩子、督促孩子学习的时候，您只是想要一个结果。这时的您是一位粗暴的家长，因为您根本不知道孩子的兴趣是什么样的。

中国的家长要认识到，兴趣可以帮助孩子节省大量学习时间，大幅提高学习效率，让孩子用更少的时间，换来更好的名次和更多的成功机会。

实际上，一切保持兴趣的办法，都有两个必要的前提——更多自由支配的时间和更大的学习自主性。有的家长会说，我管得这么严，孩子还老是偷懒，如果放手，他就该更不知道学了。这种问题确实存在，所以家长要给孩子以适当地引导，让孩子对学习的兴趣越来越浓。

亲子正面沟通秘诀

家长如何培养孩子学习的兴趣呢？

1. 善于发掘孩子的兴趣所在

现在的家长从孩子一入学开始，就千方百计想让孩子学得好、懂得多，所以连孩子的双休日、节假日都安排得满满的。但自己的孩子是否喜欢学呢？实际上，不顾及孩子的感受，只会使孩子学得非常辛苦、吃力。孩子一旦产生厌倦的情绪，后果可能是极其严重的，甚至会危及孩子对正常学业的兴趣。

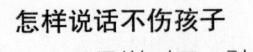

2. 家长要充满热情地鼓励孩子的学习兴趣

曾有一位家长让自己两岁半的孩子学绘画，原意是培养孩子的兴趣，可当家长看到孩子把小鸟画成了个大黑疙瘩时，就忍不住说孩子"太笨了！画的是什么呀！"。家长这样的态度对孩子学习的积极性是很大的打击，因为家长是孩子心目中第一个权威的评价者，他们特别渴望得到家长的肯定，可是家长们往往没有意识到这一点，经常毫不负责任地、轻而易举地摧毁了孩子的求知欲。当孩子做得好时，应适时表扬，可当孩子做得不好或者失败时，要先发现孩子有创造性的一面，然后再鼓励他们。

3. 与孩子分享学习的乐趣

要想让孩子对学习有兴趣，父母要先有兴趣，带领孩子一起去寻找学习的快乐。父母开心的笑容是孩子最大的安慰，是支持孩子完成艰苦学业的无穷动力。大多数孩子努力学习，是为了换取父母的高兴，以成绩作为对父母养育之恩的报答。

4. 陪孩子一道克服困难

当孩子出现厌学倾向时，父母不该指责孩子，应该耐心引导，先表扬孩子付出的巨大努力，再告诉孩子在我军的强大攻势下，学习上的敌人已经快要投降了，只要一鼓作气，就可以"打过长江去，解放全中国"。孩子的学习就是一次长征，父母一定要成为孩子长征旅途上的战友，面对学习上的挫折，一定要与孩子一起分担痛苦，并肩奋战。当孩子用自己的努力战胜困难，解出了难题，找到了自己错误的根源时，父母一定要把它看成是大喜事而对孩子多加表扬。

5. 设立学习成就奖

只要孩子能从学习中找到成就感，就给予适当奖励。要让孩子讲清楚，成就感是怎么来的，付出了多少努力，克服了多少挫折。这样可以帮孩子看清楚自己取得的成绩，引导孩子获得更多的成就感，产生更大兴趣。

6. 保持优秀

家长应该给孩子的各个科目都打一个"优秀"，要求孩子努力保持自己得到的"优秀"。只要付出努力、取得进步，优秀就可以保持。不用和别

人比，只要和自己比就可以了。这样可以帮孩子减轻心理压力，从容面对学习。

7. 让孩子学会"找快乐"

给孩子布置任务，要求孩子每周都要从各个科目中找到快乐。这可以让孩子留心去寻找学习中值得快乐的事，从而使其保持乐观的情绪，产生学习兴趣。

8. 别人的兴趣从哪里来

让孩子向同学请教，他们的学习兴趣都是怎么来的，吸收一切可以借鉴的方法。要告诉孩子：别人帮你解一道题，只能解决一时的问题，而如果能帮你找到学习的兴趣，就可以解决很多问题。

寓教于乐，和孩子一起在学习中互动

敏敏一家三口吃过晚饭后，在客厅里举行了一次智力竞赛，竞赛主持人是敏敏，爸爸是一号选手，妈妈是二号选手。他们脸上的表情都很严肃，好像临上战场的将军似的。

8点钟，智力竞赛正式开始了。敏敏把题分别放到了10分、20分、30分的盘子里。首先由爸爸来选题。只见爸爸看了三组题，犹豫了一下，抽出一道20分的递给敏敏。敏敏清了清嗓子，大声念了起来："一只蜗牛用了1天时间就从北京到了杭州，为什么"？爸爸听了毫不犹豫地说："它是从世界地图上爬的。""完全正确！"敏敏对爸爸说。爸爸这回可得意了，哼着小曲坐到沙发上，还跷起了二郎腿。

妈妈可急了，她先把手伸向30分题，但又缩了回来。敏敏赶紧说："您快点儿。"妈妈为了超过过爸爸的分数，还是鼓起勇气选了一道30分的题目递给敏敏。于是敏敏开始念题了："一头大象向前走了30米，向右走了10米，向左拐又向右拐。请问这头大象的尾巴尖是指向哪一个方向的？"这道

题可难了，妈妈托着下巴，想了好一会儿。忽然，她眼睛一亮，高兴地说："大象的尾巴是向下的。""妈妈答对了，妈妈好棒！"敏敏高兴地欢呼起来。而爸爸呢，刚才骄傲的神情不知跑哪儿去了，由胜利在望的"将军"变成一个打了败仗的"小兵。"

敏敏一家经常开展这种智力竞赛，它让敏敏的家庭充满了欢乐，同时也活跃了敏敏的思维。

和孩子一起学习是快乐的，现在的孩子大部分是独生子女，希望有一个伙伴。如果家长和孩子做伙伴，不但孩子开心，家长也会找回童年的记忆。家长是孩子的第一任教师，孩子的言行和爱好是在家长的熏陶下形成自己的特点的。和孩子一起学习，让其置身于一个书的环境里，在知识海洋中，孩子会感到世界真的很美好。

现在的一些家长，往往抱怨孩子不理解自己养家糊口的辛苦，指责孩子泡网吧不学习，一股脑儿地把责任推给社会。而家长自己沉醉在无聊的应酬和消遣里，把学习丢了，缺失了再学习的能力。

学习不光是学生的事，也不局限于家长的专业领域。为父母者，更应该善于和孩子一起学习。

那么，家长应该和孩子一起学习什么呢？可一起学的东西很多，如了解国内外大事，跟得上时代步伐，家长和孩子一起进步。

实际上，这不是一个很高的要求，很多家长却不能够持之以恒。十年树木，百年树人。我国自古就崇尚教育，中国人以重视下一代的教育而闻名世界，但我们却不得不承认，现实中许多家长走偏了路。一些人以为给孩子找个名校，或是一掷千金，让孩子少小离家远赴海外当小留学生，就是对他们教育的大投入，就可以一劳永逸了。殊不知，这种把教育的责任推出去的做法却铸成了很多的错误和悲剧。

怎么学习？孩子也给出了答案：和他们一起学习。我们发现，这个调查结果令人惊异。其实，很多孩子并不是很在意家长的收入，而是更看重知识的力量，这无疑是我们这个社会和这个民族的希望。面对这些充满希望的下一代，家长们应该警醒，应该在浮躁和迷失中静下心来，关上电视、撤掉麻

将，在温暖的灯光下，和孩子们一起阅读和讨论，把父母的爱镶上知识的金边，融入孩子纯洁的心灵，呵护他们健康地成长。

许多父母经常教育孩子"多动脑子""好好用功"，而忽略了"以智能育智能"这一重要规律。调查发现，孩子能够思维活跃、分析问题条理清楚跟他们的父母有直接关系，这些父母在谈话间明显地表现出思维的准确性和逻辑性，善于动脑筋。因此，促进孩子智力的发展，父母首先应加强自我学习，并与孩子一同积极投入到智力活动中去。

亲子正面沟通秘诀

具体说来，家长可以通过哪些途径和孩子一起学习呢？

1.读书、看报

读书、看报能使人获得更多更新的信息。在家庭中传递信息时，父母还要谈谈自己的认识。读书过程中养成划出重点、剪贴感兴趣的文章和记读书笔记等阅读习惯，在潜移默化的教育中，孩子自然也会喜欢上读书、看报。

2.小型家庭智力竞赛

进行竞赛的方法多种多样：必答、选答、抢答；口述、手写、动作；记分、淘汰、小奖品。这类活动还可以针对孩子在学习中的弱点进行，以激发其学习兴趣，扩大其知识面。

3.家庭辩论活动

生活中有许多现象、问题是父母和孩子都感兴趣的，但看法未必一样，就此开展辩论活动，各抒己见，也是项不错的活动。如果在家庭中形成讨论、辩论的风气，每个家庭成员的水平都会提高，还能矫正有些父母一人说了算的不民主作风。

4.智力型家务劳动

所有的劳动都有明显的智力因素，如：饭，怎样做才能节约时间；菜，怎样做才好吃、好看；大扫除，先干什么、后干什么；拖地板，怎样才能擦干净，等等。在家务劳动中引导孩子开动脑筋，其大脑必然得到锻炼。

如何激发孩子的上进心·

王献之是王羲之的第七个儿子，自幼聪明好学，在书法上兼精诸体，尤擅行草，也善于画画。他七八岁时始学书法，师承父亲。有一次，王羲之看献之正聚精会神地练习书法，便悄悄走到背后，突然伸手去抽献之手中的毛笔，献之握笔很牢，没被抽掉。父亲很高兴，夸赞道："此儿后当复有大名。"小献之听后心中沾沾自喜。还有一次，羲之的一位朋友让献之在扇子上写字，献之挥笔便写，突然笔落扇上，把字污染了，小献之灵机一动，一只小牛栩栩如生于扇面上。众人对小献之书法、绘画的技艺赞不绝口，使其滋长了骄傲情绪。献之的父母看此情景，若有所思……

一天，小献之问母亲郗氏："我只要再写上3年就行了吧？"妈妈摇摇头。"5年总行了吧？"妈妈又摇摇头。

献之急了，冲着妈妈说："那您说究竟要多长时间？""你要记住，写完院里这18缸水，你的字才会有筋有骨、有血有肉，才会站得直、立得稳。"献之一回头，原来父亲站在了他的背后。王献之心中不服，啥都没说，一咬牙又练了5年，把一大堆写好的字给父亲看，希望听到几句表扬的话。谁知，王羲之一张张掀过，一个劲地摇头。掀到一个"大"字时，父亲现出了较满意的表情，随手在"大"字下填了一个点，然后把字稿全部退还给献之。

小献之心中仍然不服，又将全部习字抱给母亲看，并说："我又练了5年，并且是完全按照父亲的字样练的。您仔细看看，我和父亲的字还有什么不同？"母亲果然认真地看了3天，最后指着王羲之在"大"字下加的那个点儿，叹了口气说："吾儿磨尽3缸水，唯有一点似羲之。"

献之听后泄气了，有气无力地说："难啊！这样下去，啥时候才能有好结果呢？"母亲见他的娇气已经消尽了，就鼓励他说："孩子，只要工夫

深，就没有过不去的河、翻不过的山。你只要像这几年一样坚持不懈地练下去，就一定会达到目的的！"献之听完后深受感动，又锲而不舍地练下去。功夫不负有心人，献之练字用尽了18大缸水，在书法上突飞猛进。后来，王献之的字也到了力透纸背、炉火纯青的程度，他与其父王羲之被人们并称为"二王"。

上进心，就是努力向前、立志有所作为的一种心理品质。孩子的上进心，实际上就是一种积极进取的动机。有的孩子就缺乏这种动机，究其原因，大致有如下几种。

（1）爸爸妈妈的挫伤。孩子原来有上进心，但是父母对他的上进心不屑一顾，甚至言辞中常露出讽刺、挖苦之意。孩子的积极性被打击，有的干脆就放弃了努力。

（2）家庭环境的影响。有些家庭中，爸爸妈妈本身缺乏上进心，工作上不思进取，生活上平平庸庸，更忽视孩子情感与智力方面的需要。对孩子没有明确的行为指导和要求，极少和孩子谈话、游戏、讲故事，压抑了孩子的上进心。

（3）孩子自身不能对自己作出正确评价，不能自我调节、自我监督，因此不能自我教育、自我激励。

亲子正面沟通秘诀

激发孩子做事的积极性，必须以孩子的兴趣为出发点。孩子感兴趣的事，做起来必然有积极性，反之则会影响其积极性的发挥。在日常生活中，父母激发孩子做事的积极性通常可以采用以下几种方法。

1.以亲切、活泼、愉快的言语激发孩子

要注意的是，父母的态度极其重要，要站在孩子的角度，以理解孩子的语气，肯定孩子的成绩，继而提出新的要求，这样便会很自然地激发出孩子做事的积极性来。

2.引导孩子积极活动

孩子在活动或游戏时，父母积极参与，同样也能激发孩子做事的积极

性。通过父母的参与，可以使孩子从中得到快乐、获得满足，从而为"下一次"打好基础。

3.尊重孩子的自尊心

家长必须鼓励孩子做事，即使事情做得不令人满意，也应以鼓励的话语肯定孩子的成绩。父母的激励，不仅会使孩子受到鼓励，还能使孩子产生一种"连锁反应"——对新知识的学习欲望，或对旧知识继续努力巩固的愿望。如果父母用讽刺或训斥的语气教训孩子，只能挫伤孩子的自尊心和自信心，甚至会扼杀孩子的积极性，使其滋生畏惧、逃避的心理，更甚者会影响其一生的进取心。

亲子共读拉近沟通心·间距

美国有一个名叫德罗瑞斯达的博士，曾在加利福尼亚州的奥克兰小学调查5 103名一年级的新生，其中有49个人在入小学以前已经在家里学过阅读。德罗瑞斯达对这49个孩子作了5年的追踪调查，发现与其他孩子相比较，他们的学习成绩一直保持领先的状态。然而，这些提早学习阅读的孩子在智力上和个性上与其他的孩子并没有明显的差异。因此，他们在学习上处于领先地位并不是因为阅读以外的其他原因所造成的。

与此相似，德罗瑞斯达在美国纽约市也作了这样的追踪调查。他把孩子分成两组，这两组孩子的智力相当，但是一组孩子在入学以前学过阅读，另一组孩子在入学前则没有学过阅读。这个调查追踪了3年，德罗瑞斯达同样发现提早学习阅读的那一组孩子的学习成绩始终领先于没有提早学习阅读的孩子。

培根说："知识就是力量。"那么，怎样才能获得知识呢？获得知识的途径之一就是阅读。

对孩子的阅读应该从咿呀学语时抓起。开始时可以给孩子口授简单的儿

歌或讲故事，养成孩子对阅读的爱好，培养孩子的阅读兴趣。以后可逐步扩大阅读量，使孩子博闻强记、开拓知识面、提高理解能力。有位成功的家长这样回顾孩子的"阅读成长历程"：

孩子之所以能比同龄人提前进入大学深造，成功的经验之一就是他能博览群书，知识面广，有较强的理解能力。

培养孩子阅读的兴趣首先是要给他们创造良好的读书环境。我们常在充满父子、母子亲情的氛围中，和孩子一起陶醉在书的世界里。在孩子咿呀学语时，对他来说，父母同他一起读图画书是一种最快乐的事情。每当在他身旁为他读书时，他就会感到亲切、愉快。这时，他会感到，父母就是这个世界上最亲爱的人，父母的声音就是这个世界上最动听的声音。在共同读图画书时，父母对故事的理解和感情的变化必然通过声音表现出来，以此唤起孩子的共鸣，引发孩子对阅读图画书的兴趣。如果做父母的不读书、不看报，那么孩子的阅读兴趣是很难培养起来的。

孩子上学后，我们就要求他背诵所学的大部分课文，而且有些课文必须背得十分准确。还让他利用课余时间背诵一些名家名篇，学过的古文也必须背得滚瓜烂熟。我们常看着书让他背，背得不准确的地方及时给予纠正。上高中后，他涉猎了《古文观止》《古文观止新编》《史记》《资治通鉴》《汉书》《后汉书》《战国策》等，有些名篇他都能背上来。背诵是学习语文的基本功之一，背诵积累到了一定的量，对孩子的理解、分析、评价能力自然会有好处。一般语文基本功较好的学生，大多文理兼优。孩子考入大学后深有体会地说："语文是百科之源，学好语文，学习其他学科就会省许多工夫。"

我们要求孩子读书时要用心阅读，善于质疑发问。孩子读作品时，对作者的生平、为人，书中主要人物、主要情节、特色以及自己对作品的评价都能说得头头是道。另外，在阅读过程中，让孩子沉下心来去品味、去体会、去感受，他们就会从书中获取精神营养，对培养自己的健全人格有十分重要的作用。

当前，语文教学提倡大语文观念，就是要引导孩子内外结合，拓宽视

野。孩子阅读能力的提高，要立足于学校、课堂、书本，但不能拘于书本，要放眼于课外、书外，善于观察分析周围发生的事情。从许多优秀学生的成长过程看，他们都广泛涉猎了古今中外各种门类的书籍。他们都把看报刊、看电视、假期旅游、社会实践当做语文学习的大课堂。

引导孩子多动手、多动口也是培养孩子阅读能力的重要途径。要把读书得到的精彩描写、名言警句、心得体会及时写下来，有的孩子在这方面就做得很好，一直未间断写读书笔记和日记的习惯。

培养孩子的阅读能力，对孩子的各科学习是至关重要的，各位家长一定要重视孩子的阅读能力的培养。

在人类的知识传递过程中，书籍总是起着巨大的作用，这一点对于孩子来说，也不例外。

有藏书的家庭和几乎没有什么书的家庭相比，孩子的最初环境就有了好坏之分。除此之外，更重要的是要培养孩子读书的兴趣。

许多父母认为，婴幼儿期的孩子理解能力差，给他读书也是浪费时间，其实不是这样。当婴幼儿瞪大眼睛听父母念书时，看起来也许他不完全懂，但只要他不哭闹，就证明他的语言和理解能力在悄悄发生变化。就像你在给一棵幼树浇水时，它不会马上长出叶子、开出花朵，但它的根在静静地吸收，机体内的纤维组织也在发生变化。

孩子总是喜欢模仿，看见父母津津有味地读书，自己也会去看看究竟有什么吸引人的，看不懂也没有关系，父母可以念给他听。

对于开阔孩子视野来说，书多一些当然好，但对于一些重要的、需要长期培养的方面，书并不是越多越好，多了就会杂乱，内容也会良莠不齐。因此在每一个方面选好一本书，都像选好一位老师一样重要。有的孩子读了5本书，可能不如一个孩子只读1本书。就像你去听别人讲话，碰上一个智慧的人，你会停下来，久久聆听；而碰上一个唠唠叨叨又没有多少见识的人，则只会败坏你的兴致。

亲子正面沟通秘诀

阅读是一种终生教育的好方法。热爱阅读可以改变孩子的一切，使孩子受益终生。

1.根据孩子的心理特点选择书

顺应孩子的心理特点，选好孩子"爱看"的第一批书，使孩子对书产生好感。孩子爱不爱看书，与父母的培养技巧很有关系。在孩子学习阅读的初期，父母一定要对提供给孩子的书刊进行精心的挑选，尽量给孩子提供一些印刷美观漂亮、内容丰富有趣、情节发展符合儿童想象和思维特点的图画书，如动物画册、彩图科幻故事，等等。

2.不宜对孩子的阅读过程管得太死

好奇、好动、缺乏耐心和持久力是孩子普遍的心理特点。他们喜欢的阅读方式是一会儿翻翻这本书，一会儿翻翻那本书。对此，家长不必过多地去管他。通常，在这一阶段，只要是孩子愿意把一本书拿在手上津津有味地翻看，家长就应该感到心满意足了。因为，这类表现完全符合孩子的早期阅读心理，是孩子在阅读求知的道路上迈开重要一步的标志。

3.把阅读选择的权利交给孩子

家长应该尽可能为孩子提供轻松自由的阅读环境。阅读是一种求知行为，也是一种享受。因此，家长除了需要对真正有害于孩子的书刊进行控制外，不应对孩子所读书刊的内容、类型和范围进行人为的约束和控制。通常，孩子所读书刊的内容范围越广越好。

一般说来，从上小学开始，大部分孩子在阅读内容的选择方面已逐渐形成自己的爱好和兴趣。对此，家长应注意观察、了解和引导，不宜过多地干涉。如果你想要孩子完全按照你的计划阅读，那注定不会长久。

4.尽量陪孩子一起阅读

在家里，父母应尽可能多地和孩子在一起看书，做孩子的阅读榜样。同时，还可以经常与孩子在一起交流读书的方法和心得，鼓励孩子把书中的故事情节或具体内容复述出来，把他自己的看法和观点讲出来，然后大家一起分析、讨论。如果经常这样做，孩子的阅读兴趣就可能变得更加浓厚，同时孩子的阅读水平也将逐步提高。

有效激励让孩子在快乐中学习

孟子小的时候，有一天放学回家，正在织布的孟母见他回来便问道："学习怎么样了？"孟子回答说："当然学完了。"孟母非常生气，因为她知道孟子没放学就跑去玩了，于是拿起一把剪刀，就把织布机上的布匹剪断了。孟子看了很惶恐，跪在地上请问原因。孟母责备他说："你读书就像我织布一样。织布要一线一线地连成一寸，再连成一尺，再连成一丈、一匹，织完后才是有用的东西。学问也必须靠日积月累，不分昼夜勤求而来。你如果偷懒，不好好读书，半途而废，就像这段被割断的布匹一样变成了没有用的东西。"

学习难不难？有人说不难，有人说难。可是说不难的人却未必有成就，说难的人也未必都知难而退。18世纪清朝的学者彭端淑曾经就这个问题写了一封信给他的子侄们，译为白话文大意如下：

天下事有难易的区别吗？去做，难的事情也会变得容易；不做，容易的事也会变得很难。学习有没有难和容易的区别呢？去学，难的也会变得容易；不学，容易的也会变得很难。

即使我的天资愚钝，才能平庸，不如别人，但是我每天坚持学习，毫不懈怠，总会有成功的一天，到那时候，也就不觉得愚钝和平庸了。即使我的天资聪明，才能敏捷，加倍地高于别人，但是我把这些天资和才能都丢弃不用，那么，我和那愚钝平庸的人也就没有什么区别了。孔子的学生当中，曾参是以钝拙出名的。可是孔子的学业，最后却靠曾参传了下来。这样说来，聪明和愚钝的作用，哪里是一成不变的呢！

四川有个偏僻的地方，有两个和尚：一个穷，一个富。有一天，穷和

尚对富和尚说："我想到南海去，你看怎样？"富和尚问："你凭什么去呢？"穷和尚说："我就靠一个水瓶、一个饭钵。"富和尚说："我几年来都想雇船去都一直没有办成。你凭什么能去得了？"过了1年，穷和尚从南海回来，告诉富和尚，富和尚感到很惭愧。

南海就是浙江的普陀山，是佛教的圣地。从四川到南海，不知道有几千里远。富和尚去不了，穷和尚却去成了。人的立志，难道可以不如四川这个穷和尚吗？

所以，聪明和敏捷，是又可靠又不可靠的东西，自以为聪明和敏捷而不认真学习，那就会自取失败。愚钝和平庸，对人的发展有限制作用，但是又不能完全把人的发展限制住。不为天生的才能所限制而孜孜不倦地学习，才是真正求上进的人。

彭端淑的这封信是很有名的。它不但鼓舞和激励了彭家的子侄，而且也鼓舞和激励了后来的许多青年人。

亲子正面沟通秘诀

毅力也称意志力或坚持力，是成才者必须具备的最重要品质之一。所以，要做好下面的事情。

1.说反话，故意激励孩子

在生活中，有时候父母让孩子做一些他力所能及的家务活，可孩子却做了一会儿就不想做了。这种情况下，父母可以故意激激他，比如对孩子说："我不相信你能将地扫干净""我不信你能把碗都洗干净"，等等，孩子听后肯定会表示不服气，然后鼓起劲来做好原本该做的事情。这种方法比劝说的效果更好，该注意的是，等孩子完成工作后，父母应立即鼓励他。

2.及时督促、启发孩子

有时，孩子在遇到难题时往往会懒得动脑筋。如果父母在边上督促他再仔细反复琢磨一会儿，并从中给予一定的启发，当孩子解决难题的时候，他便会享受到最大的满足和喜悦，久而久之，他就会养成钻研的习惯。

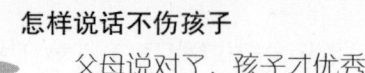

3.要发挥榜样的力量

为了培养孩子的毅力，不管做任何事情，父母都应体现出榜样的力量。这对孩子来说是种无形的有效教育。

4.讲一些励志故事

孩子喜欢听故事，因此，父母可以经常有意识地给他讲一些古今中外的名人故事，让故事内容感染他。

5.和孩子进行比赛

想让孩子把一件事情干好，最好的方法就是和孩子进行比赛，这样做不仅可以提高孩子做事的积极性，还能让孩子最大限度地体会胜利的喜悦。当然，孩子其实很难战胜父母，可是，为了培养孩子的吃苦耐劳的精神，父母可以故意让着他点，并在干完事情后对孩子予以表扬。

在物质条件过分优裕环境中长大的孩子大多缺乏毅力，因此父母可有意让孩子吃点苦，如上学挤公交车，在烈日炎炎下赶路，或裸身冬炼，等等。

合理指令法让孩子集中注意力

古今中外一些杰出人物的成功实例证明了注意力在一个人的成功过程中的重要作用：王羲之写字入了迷，竟把墨汁当蒜泥，用馒头蘸着吃；牛顿作实验时，把手表当鸡蛋煮；居里夫人课间演算习题时，身旁被恶作剧的同学堆满了凳子，竟丝毫没有察觉；爱因斯坦在思考问题时，竟把和他一起乘车的小女儿忘记了；比尔·盖茨童年曾痴迷计算机；数学家陈景润童年痴迷看书、做题；昆虫学家法布尔在童年观察昆虫习性，从早到晚伏在大石头旁看蚂蚁搬家。

家长时常担心、抱怨的孩子注意力不集中，不外乎这样两种情况：一是孩子往往无法将注意力集中于他所不感兴趣或有压力的事情上，显得心不在焉；二是粗心大意，忘性大，重复出错，多次叮咛不见效果。

作为家长，需要了解，注意力是人的心理现象，分为无意注意和有意注意。一个人从无意注意到有意注意的形成需要有一个发展过程：人在出生后的最初一段时期，只有无意注意；在教育培养下，随着生活经验的增长和语言的发展，有意注意才逐渐形成和发展起来。学龄前和学龄初期孩子的无意注意占优势，注意力容易随外界事物的变化而转移。有些家长不了解孩子无意注意占优势的心理特点，要求孩子"老老实实"地坐着，让其做些枯燥的计算题或提笔练字等，孩子总是很难做到。应该说绝大部分孩子的注意力发展是正常的，家长大可不必过于担心。但是要遵循孩子心理发展规律，关心并培养孩子的有意注意，为今后健康地成长和有效地学习打好基础。

学习成绩好与成绩差的学生之间最明显的区别之一就是注意力能否集中，可以说，注意力是保证学生顺利学习的前提条件。虽然说注意力是智力的组成部分，但它又是受后天因素影响而形成的，经过系统地培养和矫正是可以改善的，所以在教育学上，关注和培养学生的学习注意力往往是面向全体学生大面积提高教学效果的有效途径。

很多孩子，上了中学后，依然存在注意力不集中的问题，不仅上课不能专心听讲、下课无法有效完成作业，而且还产生了厌学情绪甚至逃学行为。其实，这些孩子在小学时就在注意力和自觉性方面存在问题，只不过当时学习成绩还过得去就未特别表现出来，但到了中学阶段，问题日渐严重，尤其是初二，学习成绩急剧下降。中学生的注意力问题主要表现在以下两个方面。

（1）从小就不爱运动，体育不好，协调性差，动作磨蹭，效率很低，动手能力很差，喜欢坐在家里看书，很少下楼，很少干家务事。这样的孩子虽然也坐得住，但是学习并不专心，在数学、物理成绩方面影响比较大。因为心理学家早就研究发现，动手能力、运动协调性的发展与抽象逻辑思维的发展密切相关，在上述方面能力欠缺的孩子很容易影响理科成绩，尤其是擅长语文、英语，体态较胖且协调性较差的女同学，更要注意这个问题。

（2）中学生的情绪很容易波动，如果不喜欢某个老师，就不喜欢这门课。如果喜欢某个异性同学，就忍不住上课也胡思乱想。如果家长闹矛盾，

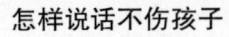

孩子也焦虑不安，萎靡不振，无心学习。同学间的关系、老师的态度都极易影响中学生的情绪，进而影响其学习的效率和效果。

在美国，10岁以下的儿童中有6%~10%患有"多动症"。这是指一种过量的、无法自控的活动，症状常常表现为精力分散、多动、注意集中时间短。一个患有"多动症"的儿童不能安静地坐在椅子上或放慢动作的节奏。而真正的多动症是大脑神经的紊乱，可以由儿科医生来治疗。过度的紧张可以引发或增强孩子的"多动症"。

有"多动症"的孩子还会伴有其他问题。首先，由于受到同龄人的排斥，他们会产生一些心理方面的问题。他们的过分紧张和过剩的能量不但会惹恼成年人，而且也会使同龄朋友离开自己。他们很快会觉得自己不如别人，很快就会失去自尊。其次，在校期间他们很可能在学习方面存在问题。他们的注意力集中时间非常短，很难坐在座位上集中精力听课，这样他们就会影响和干扰他人，甚至会给别的孩子带来伤害。

亲子正面沟通秘诀

增强孩子的注意力，家长要做好以下几点。

1.合理安排孩子的学习和活动时间

安排孩子学习和活动的时间不要超过20分钟，以免他产生疲劳而把注意力转向其他事物。

2.给孩子发出清晰的指令

家长指导孩子学习或从事其他活动时，应该给孩子清晰的语气指令，以激发其集中注意力。而家长的过分唠叨，往往会适得其反，助长了孩子注意力分散。

3.认真倾听孩子的讲述

家长倾听孩子讲述事情，以及和孩子共同活动时，要聚精会神地听、参与，避免敷衍和漫不经心。

4.孩子有进步就要表扬

只要孩子有一点进步，立即给予赞美鼓励，不要对他心灰意冷或怒加斥

责，孩子在轻松的学习气氛下易集中注意力，学习效果会更好。

5.给孩子营造好的学习环境

注意孩子的学习环境是否有让他分心的事物。例如：客厅的电视机声太大，窗外有孩子在玩，桌上有漫画等。

用引导法拓宽孩子的想象力

歌德是个独生子，父母很疼爱他，对他的教育也十分用心。父亲经常拉着小歌德到公园里游玩，或者到田野里散步。这些时候，父亲总要教他唱些通俗易懂的歌谣，父亲的用意是想在游戏中向儿子灌输一些知识。

歌德母亲的教育艺术不亚于他的父亲。在歌德刚刚两岁的时候，妈妈每天像上课一样给儿子讲故事，先从讲小故事做起，并且形成习惯。渐渐地，她再给儿子讲一些"长篇"故事。妈妈讲故事的方式也和一般人不同，她是用一种教学形式来"实施"的。每当她讲故事的时候，她的"故事教学"不是一个劲地"满堂灌"，而采用像中国的章回体小说形式一样，每次讲到一定阶段，或是讲到重要转折关头时，就突然停止，宣称"休息"，然后让歌德自己去联想下面的情节发展，甚至让他推想故事的结局。

小歌德总是为此作出各种猜想，有时还跑到奶奶跟前认真商量。第二天，当母亲继续讲故事之前，小歌德会说出自己设想的情节。他的母亲常常会高兴得叫起来。

父母出色的家庭教育，使歌德在文学、音乐、绘画多方面受到了良好的熏陶。歌德8岁时便能精通4国语言，成年后写下了许多名著，如《浮士德》等，一直流传至今。

我们常常惊叹：美国在科技创新方面总走在世界前列。然而许多人却不知道或不愿意接受美国的《公民权法》中的两项规定：幼儿在学校拥有两项权利：玩的权利；问为什么的权利。

据说，这一规定与美国历史上的一个精神赔偿案有关。

1968年的一天，美国一位3岁女孩指着一个礼品盒上的"OPEN"对她妈妈说，她认识第一个字母"O"。这位妈妈非常吃惊，问她是怎么认识的。女孩说是幼儿园的老师教的。这位妈妈在表扬了女儿之后，一纸诉状把幼儿园告上了法庭，理由是该幼儿园剥夺了孩子的想象力。因为她女儿在认识"O"之前，能把"O"说成是苹果、太阳、足球、鸟蛋等圆形的东西。但是，自从幼儿园教她认识了字母之后，孩子就失去了这种想象的能力。她要求幼儿园对此负责，并进行精神赔偿。

此案在法院开庭时，这位妈妈作了如下辩护："我曾到东方某个国家旅行，在一个公园里见到两只天鹅，一只被剪去了左边的翅膀，放在较大的水塘里；另一只完好无损，放在很小的水塘里。管理人员说，这样能防止它们逃跑，剪去左边翅膀的因无法保持身体平衡而无法飞行；在小水塘里的因没有足够的滑翔路程，也只能待在水里。现在，我女儿就犹如一只幼儿园的天鹅，他们剪掉了她一只想象的翅膀，过早地把她投进了那片只有ABC的小水塘。"

陪审团的全体成员都被感动了。幼儿园败诉。

父母是孩子的第一任老师。然而许多的父母望子成龙心切，过早地用成人的观点教育孩子，常常否认甚至耻笑孩子的想象力。孩子进入幼儿园后，幼儿园为满足家长的心理，开始教孩子许多所谓规范的知识。进入中小学之后，更是把孩子"好玩"的天性视为"洪水猛兽"，进行严厉地教育。在教学中，教师常常把自己的观点强加给学生，总是强调答案规范统一。这样就扼杀了学生的想象力，不利于学生创造能力的培养。

想象力是人在头脑里对未知事物的一种虚幻的解释，正因为有了想象力，才会促使人想尽办法去实现想象中的事务。想象力是人的动力的源泉，在实现理想的过程中，不断探索，不断失败，继而不断总结，又不断进步，周而复始，形成了宝贵的经验，就是我们今天学习的知识。

知识来源于生活实践，随着知识掌握程度的不断提高，人们越来越看清了自然界的发展规律，反过来又促使人产生更多的联想，目的只有一个，即充分认识这个世界，认识自己。

当今世界的许多事务，在上个世纪或者更早的时候，都存在于人们的想象中，通过科技的进步和生产力水平的提高，才逐一被实现。比如，电话、电视、飞机、火箭等，不都是人们受到某种启发或看到某种现象，从而产生想象，在大脑里构建蓝图，然后通过艰苦的努力和尝试而实现的吗？

所以，想象力是创造力的源泉，是知识的萌芽阶段，是人类走向自我解放的启蒙老师。

亲子正面沟通秘诀

想象是创造的基本要素。人类思想的进步、科学事业的发展以及丰富多彩的现代文明和社会文化等，这一切都离不开人类的想象。为提高孩子的想象力，家长要做好以下工作。

1.指导孩子丰富头脑中表象的储存

表象是想象的基础材料，谁头脑中的表象积累得多，谁就有更多的进行想象的资源。在日常生活中，要启发孩子多观察、多记忆形象具体的东西。去博物馆参观，到郊区游览，参加各种公益活动，走亲访友等，都可以记住许许多多的表象。为了记得多、记得准、记得牢，可以请孩子用语言描述，或者家长与孩子相互描述，还可以通过写日记，把头脑中的表象再现出来。

文学作品、艺术品、电影、电视中形象化的东西特别多，让孩子有意识地留心各种各样的人物形象和景物形象，有利于增加表象的积累。

2.指导孩子增加语言文字的积累

想象以形象形式为主，但离不开语言材料，特别是当需要用口头语言或书面语言将想象的内容表述出来时，语言材料将会起到重要作用。因此，要让孩子增加语言文字的积累。比如，背诵的课文要记牢，要有一个文学名句、名段摘记本，随时把阅读中遇到的名句、名段摘抄下来，并利用休闲时间翻阅。这样在想象时，可以拓宽想象的天地，增加想象的细密程度和丰富程度，从而促进想象力的发展。

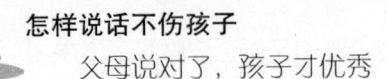
3.支持孩子参加课外兴趣小组活动

课外兴趣小组活动是驰骋想象的广阔天地。不论是音乐、舞蹈、美术、体育、书法，还是天文、地理、生物、化学、航模、舰模、电脑，每一种兴趣小组活动都有大量的形象化的事物进入脑海，而且需要进行创造性的想象才能完成活动任务。这对于提高孩子的想象力十分有益。当孩子们的兴趣小组成果得到展示或者获得表彰奖励时，他们的积极性会更高，想象力会突飞猛进地发展。

4.鼓励孩子编故事、讲故事

孩子在小时候，喜欢编故事、讲故事，有时讲给小朋友听，有时讲给爸爸妈妈听，有时还自言自语。家长应该看到这既是锻炼表达能力的好机会，也是发展想象力的好机会。要积极鼓励孩子，不要冷言冷语，更不能随便阻止。

家长可以引导孩子按照某个主题去编讲故事，适时地给以赞扬，指出不足。好的故事，让孩子用笔记录下来，不断修改。天长日久，孩子的想象能力会越来越强。

家长应该怎样向孩子提问

在一个有雾的早晨，妈妈指着外面问4岁大的儿子："咦，今天我们家门前的房子上怎么披上了一层美丽的白纱呀？"孩子赶紧也往外面看，他想探索"雾"是个什么东西。妈妈又问："你知道'雾'是怎么来的吗？"孩子迷惑地摇摇头。

妈妈摸摸孩子的脑袋，慢悠悠地说："'雾'是空气中凝结的水汽。不过它与天上和地面的温度、湿度都有着密切的关系哦。"

过了一会，太阳出来了，雾气不见了，妈妈问孩子："太阳出来后，雾怎么不见了？"她进一步引导孩子追寻雾形成的原因，逐步激活孩子的想象思维，激出孩子智慧的火花。

现在，一些学校经常办学术讲座，邀请最有名的教授和学生面对面交流，提问时间到了，没有学生敢问，甚至还有一些学生离开会场。其实，不提问是因为学生没有思考，学生不会提问。

当专家教授在演讲时，中国的学生习惯"听"，全部接纳专家教授的发言内容，很少有学生掌握"边听边思考""边听边质疑"的学习方法。

著名物理学家李政道教授曾经说："什么是学问？就是要学怎么问，就是学会思考问题。"这就告诉我们学问来自于发问，要获得多一些知识，就是要善于学习，善于发问。可是，目前许多孩子都不愿意提问题，究其原因，不外乎以下几点。一是学习不动脑筋，糊里糊涂，学了点什么也没搞清楚，当然提不出问题。二是学习并不是没有问题可问，而是有问题而不敢问或不愿问：或者觉得一点儿小问题，不愿意麻烦别人；或者是因为害怕提出问题后老师会责怪自己上课没认真听讲；或者是害怕同学笑话自己这么简单的问题也要问；或者是自己当时懒得去问别人，过后自己也忘记该问些什么。三是去问了老师、同学或家长后，问题还没搞清楚就半途而废，没有追根究底把所有问题都搞清楚的习惯。

父母是孩子的第一任老师，父母的每一次教育活动都必须小心谨慎。父母在和孩子的相处中，很多时候需要进行交流，而提问是交流的一个重要方式。

亲子正面沟通秘诀

家长应该怎样向孩子提问，才能保护好孩子的自尊心并激发孩子对知识产生兴趣呢？

1.探索性提问

要问，就问到点子上。要做到这一点，家长可把要求孩子掌握的重点和难点作为发问点。

2.启发性提问

家长的提问是为了引起孩子的思考，因此，家长的提问必须具有启发性。只有具有启发性的问题，才能唤起孩子对学习的兴趣和积极性，以激发孩子的求知欲望。

3.趣味性提问

七八岁孩子的注意力易转移、易激发，家长在提问的时候，要注意问题的趣味性，以激发孩子想知道更多知识的欲望。例如"鱼在睡觉的时候闭眼睛吗？""人用鼻子呼吸，小鱼是用什么呼吸？""小鸡有耳朵吗？""为什么骆驼能在沙漠里行走和生活呢？""企鹅为什么能在冰天雪地的南极生活？"一个个关于动物的问题深深地吸引着孩子，既能满足孩子的好奇心、求知欲，又能激起孩子对探索动物秘密的好奇心。

4.概括性提问

在亲子活动中，家长要让孩子积极参与、乐于探索，就要逐渐提高提问题的质量。也就是说，提问题要有概括性，从而让孩子从小养成一个学会概括的好习惯。例如在"影子是怎样形成的"这个提问中，孩子通过思考与回答以后，就能逐步概括出人、树、房子、动物等不透明的物体在太阳、电灯、手电、蜡烛等发光物的照射下，都会留下阴影，这就是影子。这样，孩子既可以认识光和影子的关系，又能使其具体直观思维逐步向抽象概括思维发展。

5.提问要有层次性

提问要由浅入深，使孩子系统掌握科学知识。如，在野外游玩的时候，家长要让孩子认识"奇妙的根"时，可以这样提问："这些植物的根在哪里呀？""它们是什么样子的呀？""每种植物的根是否是相同的呀？为什么？""根有什么用？"通过提问的环环相扣，孩子就能对根的知识有较系统、全面的了解，同时也培养了孩子在日常生活中良好的观察与思考习惯。

6.提问要有开放性

开放性提问，能使孩子没有拘束，较积极、大胆地探索，毫无保留地表达自己的看法。如"认识空气"，家长可以这样提问："哪里有空气""空气有什么用处"。如"认识沙"，家长可以这样问："沙是什么样子的""用手捏沙有什么感觉"，等等。这些问题没有限定的答案，孩子有充分的空间展开想象，培养了孩子多元化的思维。

孩子学习偏科怎么办

　　李雯从小就对数学的加加减减很头痛，上了初中，面对复杂的公式、概念，更是感觉到没有头绪。在小学时就曾在报纸、杂志上发表文章的她，却从小就因为偏科而被归入差生的行列。面临中考，李雯的父母对她的希望很大。尽管她每天都花费大量的时间在并不感兴趣的理科上，但一次次不理想的考试成绩，却好像在嘲弄她的决心。母亲沉甸甸的期望和常常不经意间的责备，都使李雯的压力越来越大。为了让李雯的理科成绩有所提高，妈妈请过家教，辅导书更是买了无数，可就是效果不大。

　　偏科是个老生常谈的问题，似乎没有什么智能和德行上的大问题，但是却有很大的杀伤力，使人无可奈何地输在水平线下。个人的能力结构有其特点，这是常见的现象，但是现行的考试却要求我们是各科都优秀的全才，这样才相对出现了"偏科"这个说法。

　　随着年龄的增长，中学生的自主性和自我意识逐渐凸现出来，他们渴望能按照自己的想法去学习、了解这个世界。所以，对于喜欢的课程，他们会表现出较强的求知欲；而对不喜欢的课程，则会表现出较大的反感。他们对部分课程从没兴趣到不喜欢，再到反感……最终成为知识上的"跛脚者"。

　　偏科有能力结构的问题，但更主要的是被心理因素所强化。一开始，学生出于本能对熟悉的知识是感兴趣的，而疏远那些不怎么喜欢的知识，但是到了考试时这种疏远便会还你颜色，成绩显然会比较差。于是父母就会来检查、指责甚至辱骂，而孩子就讨厌、生气或者自责。这样的事情发生多了，孩子就对不喜欢、没有感觉的课程产生了心理阻抗。

　　这种阻抗既有能力上的，自己确实不喜欢、不投入、回避它，但是更多却是心理上的。孩子自己会觉得这是麻烦，父母和老师因此而批评自己，自己也找不到好感觉，心理上也因为焦虑产生负面的暗示：自己是学不好这

门课了。或者，孩子对父母和某位任课老师不满，以此作为对抗的手段；或者，孩子希望以此作为引起师长关注的事件，因为自己很寂寞。

一般说来，有缺必有满，有特别的弱点就会有超人的强项。人的能力也呈现舍小处集大成的特点。父母要告诉孩子，面对弱点在心理上应不回避、不害怕，要正视它们并自我鼓励，从而战胜它们。父母要让孩子明白，短处和弱点正是自我挑战的机会。

父母应鼓励孩子对不平衡的能力结构"扬长不避短"，保持优势并集中精力攻克短处。假如孩子难以把短处变成长处，但能够做到把特点和优势强化，把弱点上升到一般，也是成长的好谋略。

有个关于木桶原理的故事。一个木桶能装下多少水，关键的不是那块最长的木板，而取决于那块最短的木板。尽管说"术业有专攻""条条大路通罗马"，有一技之长，就可以努力在社会上生活得很好。但是，在目前这个应试教育盛行的年代，没有一个孩子可以只凭擅长的一两门功课，就能在社会中立足。偏科会给自己将来的生存和发展带来很大的障碍。毕竟，天才型的孩子还是少数。

目前中小学生学习过程中的偏科现象，可能出于两个方面的原因：

（1）兴趣使然。此种兴趣与家庭、学校、社会环境的关系很大。拿家庭环境来说，"体育世家"的孩子喜欢体育，"音乐世家"的孩子偏好音乐等；在学校中，教师的教学艺术及人格魅力也可能使学生偏科。在现实生活中，有些学生喜欢数理化，而对语文、历史、地理等学科一筹莫展，这与此类学生抽象思维能力较强而具体形象思维能力较弱有关系，而有些学生则恰恰相反。

（2）在中学阶段，一些孩子将中学所学科目分为所谓的"主科"和"副科"，凡升学考试和高考的必考科目为"主科"，其余则统统为"副科"，重视"主科"，轻视甚至忽视"副科"。更为严重的是一些家长还积极支持孩子这种偏科学习。

亲子正面沟通秘诀

孩子学习偏科不利于孩子的发展。那么，家长应该怎样帮助孩子纠正学习偏科的问题呢？

1.要向孩子阐明学习偏科的危害，培养正确的学习动机

中小学阶段，属于基础教育阶段，是为孩子日后成才打下坚实基础的阶段。各年级开设的各门学科都是为了孩子的全面发展，是经过科学论证和实践检验而设立的，偏废任何一门课程，都犹如修建高楼大厦时地基缺了几样关键的东西，其后果是很严重的。从未来的工作需要看，日后每个人的工作都将是综合性的，且工作变动很大、很快。

一项工作、一个问题的解决，往往要用到许多领域的知识。培养复合型人才已成为国内外教育界一个公认的目标。要让孩子认识到，要学好数理化，没有坚实的语文功底是不行的，没有结实的身体是不行的，没有艺术细胞和丰富的想象力也是不行的。各学科之间是相互联系、相互渗透的。由于中小学生偏科现象的存在，导致了眼下许多大学生"会说ABC"（英语好），"会解XYZ"（理科强），但却写不出一篇像样的文章来，甚至给导师写假条都有错别字，用错标点符号，不懂规范格式，这些人不得不回头再学中学语文。事实证明，许多优秀的科学家，除了具有广博的专业知识以外，还有相当高的文学修养、艺术修养。

2.激发孩子对"非优势学科"的兴趣

如孩子在理科学习方面取得了成绩，而文科不足，此时可鼓励孩子："你数学学得这么好，语文能不能也学得这么好呢？试试看。"家长平时也可和孩子分析某一篇课文的写作特点，甚至也可"请教"孩子一些语文方面的问题。许多孩子语文不好主要表现为写作不好，此时家长可鼓励孩子写日记，模仿一些名家文章的布局、结构，或购买一些文学名著，订阅一定数量的文学报刊，鼓励孩子向报社、杂志社投稿，参加一些写作比赛，逐渐提高孩子学习语文的兴趣。

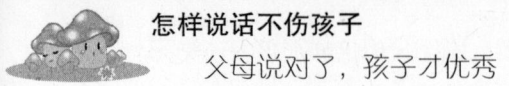
3.家长要有耐心，纠正学习偏科不会一蹴而就

家长要热情地辅导孩子的"非优势学科"，善于发现孩子的点滴进步，及时予以肯定和鼓励，激发孩子对该学科的兴趣，增强其信心。长期坚持下去，孩子学习偏科的问题就会逐渐得到解决。

4.克服孩子学习上的偏科倾向，但千万不能矫枉过正

在抓孩子其他基础课的学习时，不仅不应限制他们对所擅长科目的学习，还应帮助他们充分发挥自己的优势。俗话说，不怕千门会，就怕一门灵。孩子学有所长相比平而不尖会更有出息。

让孩子远离开学焦虑症

"马上开学了，还老是往外跑，给我乖乖待在家里。"开学前，初三学生小陈趁着还未开学疯狂地和同学在外玩耍，为此与妈妈发生了多次争吵，每次提到开学，原本还高兴的他，一下子就好像没有了热情，对家人亲朋爱理不理的。原来，要开学的事实让他有些莫名其妙地恐惧，特别是晚上，就会想很多。小陈会想还有一年多，要是中考不理想或是没考上该怎么办？开学了，又有做不完的功课、上不完的课，还不能看电视、玩游戏，考试又得名列前茅……

感到不被理解的小陈带着情绪、拖着疲惫的身躯进入了新学期的课堂。可是开学已经10余天，小陈依然情绪低落、不想上学，上课犯困、疲倦，甚至与父母发生争吵。

像小陈这类情况在中小学校开学之初普遍存在，是典型的"假期后遗症"，他们轻则迟到，上课犯困；重则厌学、逃课；更有严重者情绪低落，甚至异常焦虑。这种现象会持续将近1个月时间，成了学校、家长、学生共同的难题。

"开学恐惧症"是一种情绪障碍，主要特点是对学校产生恐惧。它的

主要症状是情绪低落、心慌意乱、无缘无故发脾气、浑身疲劳、注意力不集中、记忆力减退、失眠等，有的还有头痛、胃痛等躯体不适症状。

开学焦虑症的主要诱因是"开学"，它会导致学生对学校生活产生焦虑和恐惧，或"唤醒"分离性焦虑、学习适应不良、人际交往困难等不良情绪和行为。前者是由于自己的人格缺陷或对学校和学习过于紧张所致；后者往往是在学校学习或在其他活动上有过挫折和遭受委屈、羞辱的经历。升学压力、人际交往不适应等方面是导致开学焦虑症的重要原因。

学生的开学焦虑症原因不尽相同，表现也各异，主要诱因有分离性焦虑、改换学校重新适应新环境、人际交往困难等。在这其中，相当一部分是因为放假期间作息生活极不规律，每天看电视、上网、晚睡，开学后又要恢复早睡早起，担心自己能否重新调整生物钟；有的在假期里过惯了被照顾的生活，对开学后的独立生活有些不适；还有的学生担心新学期功课太重，担忧学校人际关系等。不仅是中小学生，现在连一些大学生也同样会产生这样的情绪，有的大学生在假期里"疯狂享受"，不喜欢开学，希望能再多放几天假。

据专家介绍，开学焦虑症是一种心理障碍，有关调查显示，有这种情况的孩子大部分曾在学习或其他活动中有过挫折经历。

开学焦虑症有五种易发学生群，即心理素质和适应能力较差的学生、在学校经常受到老师批评的学生、学习成绩不好的学生、对新环境不能很快适应的学生以及一些过于追求完美学业的优秀生。

亲子正面沟通秘诀

家长如何帮孩子远离假期焦虑症呢？

1.帮助孩子进行积极的心理暗示

意识到并接受假期已经结束的现实，想到可以与同学一同分享假期中的有趣事情；觉得自己已经长大了一些，又能学到更多更好的东西；认为自己将有更成功的一年，等等，都有助于其树立信心、放松心情，以接受的心态去迎接新的学期。

2.开学一周前开始恢复规律的作息时间

让孩子自觉按时间表睡觉、起床，不睡懒觉，1周左右，生物钟自然就准了。还可以让孩子对假期做个小结，与同学分享假期的趣事，预习新的课程。

3.可用参加社会实践活动、去图书馆等方式来充实孩子的生活

平时让孩子注意克制自己，学会容忍和接纳别人，加强相互沟通和交流，增强适应环境的能力。

4.加强孩子的身体保养

首先，调整孩子的饮食，让其多吃一些蔬菜、水果和杂粮，适当摄取蛋白质类的食物，避免营养不良或营养过剩。其次，督促孩子适当锻炼身体，让孩子的生理、心理尽快回归到正常的轨道上来。

家长不要对孩子表现出过度的关注、给予过大的压力，应注意营造温馨轻松的氛围，应该帮助孩子及时收心，及时排解孩子的心理焦虑，使孩子在理解、鼓励和支持下积极地迎接新学期的到来。

让孩子远离学习焦虑症

场景一：林无眠，初三学生，性格内向，大缺点没有，就是有时性子急躁，爱发脾气，学习成绩还过得去，但老师反映他比较孤僻，不合群，做事缺乏耐心。眼看到了升高中的节骨眼上，他却向家长提出了一个令人不能接受的要求——在家自学。

场景二：泰叶琳，高三学生，一直是班上的好学生，从小学到初中，从初中到高中，一直是老师心目中的"骄子"，让父母很是欣慰。然而，麻烦来自高二的暑假，作为奖励，泰叶琳拥有了一台属于自己的电脑，迷上了电脑游戏，开始是玩一会再学习，后来是有空就玩，接着是挤时间玩，最后是不玩就难过。对于学习，他却越来越厌烦，看见书本就头疼，一玩游戏就精神，学习成绩不断下降。

现在许多孩子只要一提学习，马上变成苦瓜脸，非常痛苦。而很多家长就是弄不懂学习这么重要，为什么孩子却会痛苦？不学习能有前途吗？不学习能有以后的发展吗？于是，在家长眼中，孩子厌学就成了个性上的胸无大志、没出息，成了品质上的懦弱、无能和愚蠢的表现，所以他们更多的是用榜样来鼓励、用物质来刺激，实在不行就指责和棒打。但是目前很多事实说明，这种"黄油加大棒"的做法收效甚微。

心理学家认为，厌学的孩子对待学习有一个痛苦的神经链，他们一想到学习就会感到痛苦。这是一个心理学现象，而孩子的心理为什么会有这条神经链呢？

比如一个孩子刚刚开始学习写字，写错了，或者是算算术题出错了，成年人就会轻则指责，重则呵斥、棒打，恨铁不成钢。孩子在学习方面能犯多大的错呢？不过是做错一道题，写错一个字，一次考试没考好。但是，家长因此而生的愤怒和指责却是多么严重，由于孩子一次写错字、一次做错题、一次考了70分，就指责孩子没出息、丢人现眼，直接导致其自信心扫地。有的家长不仅仅指责，还有一个鲜明的态度就是："你不许哭，憋着！"……

慢慢地孩子一想到学习，就想起父母的狰狞面目，就想到自己毫无价值、丢人现眼，所以就出现了痛苦的感觉。家长在很多地方为孩子"建立"了一条又一条痛苦的神经链，孩子越来越无法忍受，小的时候隐忍，大了之后就会逃避。人的一个主要的心理特点是，追求快乐、逃离痛苦，成年人和孩子都是如此。不是所有孩子都厌学，爱学习的孩子肯定是从学习中感觉到快乐，厌学的孩子肯定是感到学习痛苦。如何让孩子快乐学习、享受学习，做阳光男孩、阳光女孩，这才是值得每位家长探索的问题。

厌学问题一直是一个令人头疼的问题，最多见的原因是学习压力太大，孩子承受不了，选择逃避。有些孩子在小学或初中学习成绩一直很好，但升入初中或高中后，学习内容、方法、环境等都变了，自己在班上不是名列前茅了，心理上不能承受挫折。这些孩子往往是从小一帆风顺，在家里、学校

一直受到家人和老师的喜爱和呵护，没有经历过任何挫折，所以一遇到困难就受不了了。

还有一些压力则来自父母。父母的期望值过高，孩子的心理、身体上的压力大大增加。父母陪读，造成孩子缺乏学习的自觉性，难以领悟学习的方法，难以独立地解决遇到的新问题，他们体验不到独立解决问题后的成功的快乐。

孩子学习目的不明确也会厌学，青春期的孩子开始关心的人生命题是："我为什么学习？我将来成为什么样的人？"由于许多家庭给孩子提供了过于富足的物质条件，孩子在家里从不做家务，从不担心经济上的困难，孩子当然没有要通过学习而改变现状的愿望，现在家里的钱好像都花不完，为什么要学习？而那些家庭生活条件艰苦的孩子，反而学习目的很明确。同时，由于现在家长的功利性过于强烈，从而使得孩子体验不到获取知识本身的快乐，而只注重别人对自己学习成绩的评价。孩子对知识本身不感兴趣，自然将学习看做是件苦差事。

有些孩子则是由于生病或某种原因在家休息了一段时间，受到了家长周到的照顾，再去学校的时候学业有些跟不上，又不愿意付出艰苦的努力，更愿意在家什么事也不做。家长一方面给孩子提供安乐窝，一方面在精神上一味地要求孩子学习，而学习生活又是那么单调乏味，孩子当然不会选择学习了。如果家长让孩子选择的是学习还是体力劳动，像农村孩子一样，那孩子就会选择学习了。

此外，还有一种原因是孩子自己不会学习。不会学习的孩子，学得苦，学得累，学得烦，效果还差。这些孩子往往在学习时不能集中注意力，不能把新旧知识联系起来进行学习，不能选择重要的内容而抛开不重要的内容，无法将学到的知识正确、合理地表达出来。由于孩子不会学习，面对日益繁重的课业内容，自然产生厌学情绪。

亲子正面沟通秘诀

家长不要把自己未实现的愿望，都寄托在自己的孩子身上来实现。这种做法往往不考虑孩子的具体情况，令孩子产生逆反心理，不利于因材施教。

1.让孩子健康成长

父母和老师要正确对待孩子，注意循循善诱。对孩子提出学习方面的要求，应注意到孩子的年龄、智能水平，不能马虎，也不能苛求，不能溺爱，也不能放纵，使正在长知识长身体的儿童，从小得到健康的成长。

2.别使孩子的学习负担太重

要讲究教育方法，想方设法使孩子提高课堂学习效率。课外作业不宜布置得过多，要保证孩子有足够的睡眠时间和一定的娱乐时间。

3.要帮孩子树立学习信心

要帮助孩子树立克服困难、搞好学习的信心，培养其具有坚强的意志和开朗的性格，这对于防止焦虑症的出现具有十分重要的意义。

4.有病及时求医

对于已经出现焦虑症状的孩子，若是严重的病例，要进行心理治疗，如支持性心理治疗、行为治疗等。有的孩子还要配合药物治疗，如服用抗焦虑药物等，但这类药物要在医生的指导下使用，不可随便服用。

让孩子远离考试焦虑症

场景一：每次考试，爸爸都会拿着试卷，指点着周周犯错误的地方，训斥他："这里根本不应该错，只要你认真检查，就可以改过来！"批评之后，爸爸就会以各种理由，要求他增加学习量。周周把自己关到房间里，看着书桌上堆着的各种趣味数学啊，概念语文啊，有种要呕吐出来的感觉。

考试的问题，虽然严重，但周周还算能忍受得住，毕竟考试不是每天都进行的，最重要的考试一年只有两次。

周周最受不了的，是爸爸竟然会到学校，到班级的窗口下，看他是否在认真听讲。

有一天，他正在上课，忽然一扭头，看到爸爸的身影在教室窗外一闪而过。而这个时候，周周手里正握着一个他最喜欢的玩具公仔。周周手足无措地把玩具公仔放回到书包里，脑门上冒出了细细的汗珠。

周周觉得自己病了。一坐进教室，就心慌气短，老师说什么也听不清，总是想往窗外看——他想把学习成绩提高上去，可是几经努力，却力不从心……

场景二：广州某中学的一名高三毕业班女生说，随着开学日期的逼近，她开始觉得梦想遥不可及，一想到如果高考失败，就会很心慌。她的乐观和自信发生了动摇，取而代之的是一种恐慌感和窒息感，想起要去学校就很烦。"我告诫自己尽量让心境保持平静，但根本做不到，自己脖子上就像有一个绳套，自己逐渐用手收紧，已经喘不过气来。"

她说自己经常做梦梦见考试，也经常梦见自己拿着一大堆书等车去学校，可是等了一天车也不来。

考试焦虑是当前中学生中存在的较为普遍的心理问题之一。据调查，大约有10%~15%的学生对考试存在着不同程度的焦虑，特别是学习基础比较差、性格比较内向、学习方法不够灵活的学生最容易产生考试焦虑症状，甚至会失眠或神经衰弱。

考试焦虑是指学生在应试情境下，通过不同程度的情绪性反应，表现出来的一种心理状态。如果焦虑情绪达到比较严重的程度，就可能发展为考试焦虑症。考试焦虑情绪是一种常见的、基本的心理体验。有考试焦虑情绪的学生大部分会感到不同程度的学习困难，记忆力下降，精神难以集中，注意力易于分散，思维似乎停滞。记得很熟的单词怎么也想不起来，对题目看了多遍，却不知是什么意思。生理上则容易疲倦、失眠、多汗、厌食、心跳加速、头脑混乱，甚至引起神经衰弱。

产生考试焦虑的原因一般有以下四个方面。

第一，不能正确对待考试，担心考试不及格。这类学生主要是基础比较差，学习比较吃力，学习方法不当，把考试看得过于严重，如果考不好，如何向父母、老师交代？如何面对同学？以及这次考试是否会从此

决定命运……由此，思想上产生压力，又因压力超过心理负荷而造成过度紧张。

第二，疑虑考试失败。学习好的同学在心理上总想保持住自己原有的优势，担心保不住原来的名次，在心理上出现了自责、自卑和难以服气的精神压力。于是背着思想包袱，每当考试时就会自然产生种种想法，诸如担心再次失败的焦虑情绪等。

第三，外部压力大。在考试成绩上，老师父母对学生的过高要求，也是造成心理压力的主要原因。有的学生怕考试出错，把考场纪律也视为一种精神上的"压力"。考试时，明明自己在思考着问题，却不知不觉地担心自己是否违纪了，造成心理障碍。

第四，大脑休息不足。有些学生为了考试拼命复习功课，以致睡眠不足。如果不注意营养和睡眠，身心需要的能量得不到及时补充，也同样会陷入焦虑之中。

一些患有考试焦虑症的学生，即使到了成年，也时常被考试的噩梦惊醒。首先，造成考试焦虑症的普遍原因是考前准备不足，"心里没底"造成考前紧张，甚至连自己会的题目也会张冠李戴。其次，敏感、缺乏自信的学生容易产生考试焦虑症。再次，一些学习成绩较好，但过分看重考试成绩的学生，也会产生紧张情绪。

亲子正面沟通秘诀

家长如何帮助孩子远离考试焦虑症呢？

1.帮助孩子提高自信

告诉孩子：无端的忧虑与苦恼，对当前的复习有百害而无一利。当前最重要的是按照复习计划有条不紊地进行，扎扎实实做好各种准备，这才是自己应取的态度。让孩子针对每一种担忧，自己与自己辩论，以提高其自信心。

2.帮助孩子通过控制呼吸缓解焦虑

具体做法是：保持坐姿，身体向后靠并挺直，松开束腰的皮带或衣物，

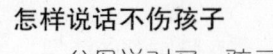
将双掌轻轻放在肚脐上，要求五指并拢，掌心向下。先用鼻子慢慢地吸足一口气，大约数四个节拍，然后慢慢吐气，也用四个节拍，每次连续做4~10分钟即可。也可以闭上眼睛做，边做深呼吸边想象一些美好的情景，效果会更好。除了在安静的环境中进行深呼吸外，也可以在看电视、走路、临考前去做。

3.让孩子学会肌肉放松

所谓放松，是指努力体会肌肉结束紧张后的舒适、松弛的感觉，比如热、酸、软等感觉。可以在早晨醒来和夜晚睡觉前各做一遍。

头部放松：用力紧皱眉头保持10秒钟，然后放松；用力闭紧双眼，保持10秒钟，然后放松；用舌头抵住上腭，使舌头前部紧张，保持10秒钟后放松。

颈部肌肉放松：将头用力下弯，努力使下巴抵达胸部，保持10秒钟，然后放松。

腹部肌肉放松：绷紧双腿，并膝伸直上抬，保持10秒钟，然后放松；将双脚向前绷紧，体会小腿部的紧张感10秒钟，然后放松……

此外，还有肩部、臀部、胸部等肌肉的放松。

4.引导孩子大胆想象

人的想象具有暗示、补充、预见功能。考试前通过对一些广阔的、宁静的、舒缓的画面或场景的想象，可达到放松身心的目的。这些画面和场景可以是田园风光、海上日出、轻舟飘荡……

5.消除给予孩子的错误暗示

一是坚决杜绝用"完了，孩子糟糕透顶了……"这类消极语言暗示自己或者孩子。二是消除孩子大脑中的错误信息，如"没有考好，老师会另眼相看""爸爸、妈妈会受不了"等。告诉孩子：不应过于顾虑失败的后果，应该用"我努力了，我问心无愧""我能成功"等话语宽慰放松自己。

让孩子正确看待考试，学会放松自己的心情，劳逸结合，不要忘了进行跳绳、踢球等一些有益的体育运动。

该不该为孩子请家庭教师

在宁夏回族自治区银川市，曾有一个家长在当地媒体上刊登了一则招聘启事，以30万元的巨额酬金寻找家教，希望能找到使孩子学习成绩突然提高的"高人"。

这则招聘启事的内容为："现有一名高三学生成绩较差，急需有真才实学的老师辅导，辅导期5个月，辅导费每天500元。高考上线，额外奖励人民币5万元；上重点线，奖励10万元；如考上名校，奖励30万元。才学平庸者勿扰……"

教育界专家表示，任何一个老师只有引导和启发学生学习的作用，如果学生自己不努力，再"天才"的老师也不可能立竿见影地让孩子的成绩突然提高。

如今，给孩子请家教已不是什么新鲜事。然而，有没有必要给孩子请家教，请家教应该注意哪些问题，很多家长把握不准。不少家长对于请家教有一种盲目的从众心理。许多家长说："人家都请，自己不请怕耽误了孩子，不能让自己的孩子落在别人后面。"那么，什么样的孩子适于请家教呢？

（1）误课较多，跟不上进度，或有偏科现象，某一学科特差，等等。这时，应当考虑为孩子请个家庭教师。

（2）学习成绩差的孩子。因为这些学生在课堂上总是羞于向老师提问，即使鼓足勇气提问，有些老师不注意方式方法，当面指责学生，会打击学生的积极性。为其请一个好的家教，不仅可以讲解其没有学会的知识，还能够帮助其树立起学习的信心。

（3）有的学生在某一学科上成绩较好，为了进一步提高，可以为孩子请家教。一位叫张扬的同学，平时喜欢英语，学习成绩也相当不错。她的妈妈为其请了一位女研究生做家教，每周一次与她进行口语对话。她对学习英语

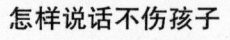

的兴趣更加浓厚，英语成绩又有了新的提高。

请家教切忌盲目，应注意以下几个方面的问题。

（1）请家教前多征求孩子在校老师的意见，请家教以后也应让家教及时与老师进行沟通，使老师和家教都能真正了解到孩子的具体状况，从而达到学校与家庭教育的统一。

（2）对所请家教不仅要了解其知识是否丰富，更要了解其是否拥有爱心和良好的品质。家教在教孩子时，不但是在教知识，同时也是在通过自己的言行影响孩子思想性格的形成。

（3）评价家教的教学质量不能单纯看孩子的成绩，更要看孩子有没有形成良好的思考习惯和学习方法。授人以鱼，不如授人以渔。

（4）大学生或研究生做家教，因为与孩子年龄接近，比较容易和孩子沟通。但有的大学生家教不了解教学规律，教学不够系统。所以，在请大学生家教时，一定要认真考察，不然会适得其反。

（5）有条件的话，家教最好请正规院校毕业、学科知识渊博、教学经验丰富的年轻在职教师。他们在年龄上与孩子差距小，在思想上比较活跃。在性别选择上，小学生请男性教师为好。在威严的男教师面前，孩子的顽皮、任性就会收敛，从而专心致志地接受辅导。

亲子正面沟通秘诀

家长要找出孩子学习不好的原因，这样在请家庭教师时，就能心中有数。鉴于每个教师的情况不同，应该把孩子的情况研究清楚，不能盲目。为了发展孩子的特长而请家庭教师，有三个问题需要注意。

1.不可忽视孩子全面素质的提高

小学、中学阶段是为孩子全面发展打好素质基础的阶段，如果为了发展特长而影响了整体素质的发展，有可能得不偿失。一些家长有为孩子做"早期职业定向"的心理，期望孩子将来从事某一种职业，往往在特长上花很多时间和精力，不重视孩子的其他素质的培养，甚至认为只要有一技之长，其他方面差点没关系。事实证明，过早为孩子进行职业定向教育，达成愿望者比例极小，更多的是专业不成气候，还影响了全面发展。

2.要重视孩子的态度

为发展孩子特长而请家庭教师的家长，千万不能忽视孩子的态度。孩子的态度决定学习的兴趣、认真程度。如果仅仅是家长一头热，只是强加给孩子，没有调动孩子的积极性，必然会费力不讨好。因此，家长应该了解孩子的态度，做好沟通与说服工作，不能"牛不喝水强按头"。

3.注意家庭教师的选择

请家庭教师，一要看专业水平，二要看教育水平。有的人专业水平较高，但不善于教育引导孩子，孩子得不到应有的激励，反而会降低兴趣。反之，教师的专业不行，也达不到目的。

请家庭教师之前，最好与孩子的班主任和任课老师商量一下，共同分析需不需要请教师、请什么样的教师。家长应重视班主任、任课教师的意见和建议。

爱孩子的天赋还是爱考试的分数

那天，数学考试成绩下来后，小强垂头丧气地回到家中，胆怯地靠着门，眼睛盯着脚尖。"妈妈，我得了58分。"

"啪！"一记耳光落在儿子的脸上，妈妈的眼睛瞪得像铜铃，额上的皱纹呈现出一个倒立的"八"字，抓起苍蝇拍，照小强的屁股上又是一下，嘴里说着："你这个不争气的东西，我辛辛苦苦送你上学，你不好好读书，才考了个58分，我看你太不成器了！"

"不争气的，还不去洗碗！"

"不争气的，还不去扫地！"

"不争气的，还不去洗衣服！"

没过几天，小强从老师手里接过语文考卷，100分！他哼着小曲像燕子似的"飞"进家门："妈妈你看，100分！"

"叭！"一个响亮的吻印在他的脸上。妈妈那大大的眼睛眯成一条缝，额上的皱纹变得温柔了，双手紧抱着儿子，嘴巴笑得合不拢。"哈哈哈……我的儿子真好，真乖。"

午饭是猪肉、鱼汤……

"别，碗不要洗了，油星子会溅到你衣服上。"

"别，地不要扫了，灰尘会迷了你的眼。"

"别，衣服别洗了，水冷冰冰的。"

小强忍不住问："妈妈，您到底爱什么？是我，还是我的分数？"

家长关心孩子的学习分数是无可厚非的，但并非每一位家长都能使自己的关心变为孩子学习的动力。调查表明，目前社会上家长对学习分数的态度以及由此引起的某些行为，确有不科学的现象存在。这些现象的存在直接影响了孩子的学习。

不能正确分析分数，则会被表面现象迷惑，最终将使家长、孩子都被误导而进入学习的误区。仅因某次分数的下降就否认孩子学习的进步，会使孩子失去学习兴趣。而仅依据某次分数的表面分析来指导孩子学习时间与精力的分配，无疑会使孩子忽视真正的困难，得不到真正的帮助，使问题长期得不到解决。久而久之，等到问题暴露时，很可能良机已失，悔之晚矣。

那么家长应如何对待分数，以充分发挥分数的功能，使分数成为促进孩子学习的催化剂呢？以下就这个问题谈几点建议。

第一，了解测试目的。测试目的不同，反映出来的问题就不同。就学科测试而言，有进度测试、摸底测试、总结性测试和诊断性测试等，也有偏重知识水平的测试与偏重于能力发展的测试等。只有弄清测试目的，才能看出测试反映的问题。比如，有的孩子在偏重于知识识记的测试中分数高，而在偏重于知识运用的考试中分数可能不高。家长就不能简单地以两次分数高低来判断孩子学习的退步或进步，而忽略孩子能力发展方面的问题。再比如，学期中的进度测试题的难度往往要小于诊断性测试和期末总结性测试。因此，期中考试的高分并不一定就预示期末考试也会"丰收"。

第二，认真分析分数的信度和效度。分数的信度和效度可以简单地理解成分数的真实性。有许多因素会对分数的真实性产生影响。因此，家长在分析分数时，有必要与孩子一起认真分析此次考试孩子本人甚至全班、全校考试分数的真实性。只有对分数的真实性有了深刻的认识，才能依据"修正"以后的分数来分析问题，得出正确的结论。

第三，善于从分数的分析中发现孩子的进步，并及时给予恰当的表扬，以充分发挥分数的激励功能。当孩子学习成绩进步时，家长的肯定与表扬能使孩子体会到成功的喜悦，产生强烈的学习动机。当孩子的学习成绩后退时，更需要家长的鼓励与帮助。从孩子的诸多不足中发现孩子的"闪光点"，最能体现家长的教育水平。比如：若总分下降，单科分有无上升的？从知识结构看，有无掌握较好、丢分不多的部分？即使孩子某次考试一团糟，帮助他的最好办法仍然是以发展的眼光看待他，鼓励他克服困难，相信他通过自己的努力，一定能迎头赶上，考出好的分数。那种否定孩子的可塑性、一棍子打死的做法，只会扑灭孩子的希望之火，使其自暴自弃。

家长科学地分析分数，并能对孩子学习分数的高低采取明智的态度，会对孩子的学习有很大的帮助。明智的家长在孩子考试成功时提醒他不要骄傲、不要轻浮，要脚踏实地、一步一个脚印地去迎接更艰巨的挑战；而在孩子考试失利时，首先要对孩子予以他最渴望得到的安慰和鼓励，然后帮助他分析失利的原因，树立不怕困难、迎头赶上的勇气，这样，孩子才可能以更优异的成绩来回报关心他、爱护他的父母。

亲子正面沟通秘诀

家长大多数爱听孩子得高分，一听低分就难受，轻则训斥，重则打骂。难怪现在有的孩子喜欢撒谎，这都是父母逼出来的。逼的结果还不止这些，最可怕的是当孩子再次得低分时，他不是考虑如何总结经验教训，而是考虑如何逃避父母的打骂，有的干脆不学了。那么，如何对待才是积极有效的呢？下面的一些方法可供参考。

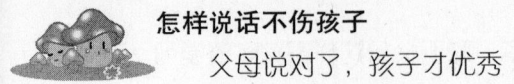
1.注意听孩子分析解释，全面考虑和评价

有的时候低分不低。比如全班数学平均成绩是40分，而孩子考了60分，可能就是班上的"尖子"了。此外，是单项差还是全差，要看孩子其他科目的考分，不要只看一门课程考试成绩差，就说孩子学习差。如果孩子因一门功课差而感到自卑、气馁，家长还要在鼓励的同时，用其他科目的好成绩来调整孩子的情绪。

2.看孩子是真差还是假差

孩子的素质不可能在某一次或几次的考分上全面反映出来。如孩子的考试成绩是靠死记硬背得来的，机械答题，这是真差;而孩子反应灵活，答题具有创造性，有时虽然考分不高，却是假差。

3.要看考试的内容

有的是单元测验，有的是全书测验，有的是单项测验，有的是综合练习。家长要看试卷，区别对待，如果是单元测验或单项测验考了低分数，有可能是孩子对某一项内容没有很好地把握，要提醒孩子注意；如果是期终或综合练习考分低，就要引起重视，寻找原因。

4.看孩子是特差还是稍差

对于稍差一点的，家长不要夸大其辞，以免伤害孩子的自尊心，打击孩子的学习积极性。对于特差的孩子，家长要与老师共同商量对策，或请教儿童心理医生。

不要一看到孩子考了低分，不问青红皂白，就把孩子臭骂一顿，更不要拳脚相加，吓得孩子以后再也不敢把低分试卷拿给家长看。

"一事无成"并非终生无成

李宁是世界体坛上一颗璀璨夺目的明星，他创造了体操史上空前的奇迹。然而有关他小时候的故事，或许知道的人并不多。

李宁的父亲是小学教师，家境贫寒，但父亲对幼小的李宁寄予了很大的希望，一心要把儿子培养成音乐家，让他常听音乐，亲自教他练声学琴，甚至经常为儿子举行家庭音乐会。

后来，父亲发现李宁学习没有长进，学琴心不在焉，放学后不知去向，很晚才回家。

一天，父亲来到儿子读书的学校，看到李宁趴在体操室的窗台上目不转睛地往里看，然后又跑到操场上翻起筋斗来。父亲看得很仔细，跑过去抱住李宁问道："宁宁，你想练体操吗？"李宁用力点了点头："是的，爸爸，让我练体操吧！"父亲看着儿子那期待的目光，陷入了沉默。

此时，父亲的心情不免有些悲哀，他一辈子幻想当音乐家却没当成，让儿子当音乐家的美梦又破灭了。但他并没有绝望，因为他已经在痛苦中醒悟——音乐乃人之心声，勉强不得，与其拉牛上树，不如放之青山。于是，他把大腿一拍，说："好，我支持宁宁学体操。"从此，李宁走向了通往世界体操巨星的道路。

在李宁获得巨大成功时，有记者问他最感谢的人是谁，他毫不犹豫地说："是我父亲，假如他没有放弃初衷，也就没有我的现在！"时至今日，全世界的人都知道，李宁的天赋在体操。而如果他的父亲执拗于己见，非让他学习音乐，其结果不但产生不了一位音乐家，而且也会埋没一位体操巨星。

当今社会，人们对子女的成长极为关注，这与社会生存竞争的需要是紧密相关的。而且，由于独生子女在家庭中的地位，也迫使孩子的家长望子成龙、望女成凤的欲望比以往任何时期都更为强烈。实际上当孩子来到世上之前，他们的家长就设想了一条成功培育之路。从孩子进托儿所到幼儿园、小学、初中，家长一步步地紧跟其后，耐心与烦恼同在、希望与挫折并行。吃了数不清的苦，受了道不完的气，同时也享受过无数次培养儿女成功后的喜悦。

望子成龙是每位家长的愿望，谁不希望自己的孩子能出人头地有出息？但每位家长又有不同的望子成龙的观念。当孩子进入名校后，家长似乎自己

也正在进行百米赛跑中的最后冲刺。他们急切地希望自己的孩子能不断进取，按照原先设想的蓝图，完成学业成为精英。且不说光宗耀祖，最起码尽了一项庄重的义务，完成了为人父母的责任。所有这些应该说都是人之常情。然而，我们身边还有一些孩子不愿意继续深造，或者愿意到自己喜欢的领域谋发展，这可能与家长的期望有一定距离。

在孩子念书阶段的教育过程中，若家长遇事、处事沉着，干事斟酌，对他们的孩子就会起着潜移默化的作用，会使他们在遇到挫折时，能正确地面对现实，从自己的实际出发，不至于茫然不知所措，更不会放任自流。如果再加上家长的引导，孩子就不会走太多的弯路，特别是在对今后的出路问题上。一定要从孩子与社会的实际情况出发，随时调整自己的期望值，把握好孩子的定位，使孩子看到希望，在希望中生活、学习。同时，自己也应该时时充满自信与乐观，为孩子作出榜样。有志者事竟成，让自己的孩子一步一个脚印地在希望中走向未来。

亲子正面沟通秘诀

兴趣是成才的基础，教育孩子要考虑他们的个性特点，因材施教，切不可以将自己的意志强加于孩子。

1.为孩子拟定一个切实可行的奋斗目标

父母和孩子一起制订目标时，也要听听家里亲戚朋友的看法，更要与学校老师交流孩子在学校中的具体情况。

让孩子看到希望，经过努力能达到目标，使他们学习起来兴趣逐渐增大，越来越有干劲。这里的目标定位很重要，定高了不切实际，使孩子感到奋斗无望，力争不及，使自己的努力付之东流。定低了也不行，因为这样会使孩子感到人来到世间太轻松了，不知生活的艰辛，尤其不知父母的辛勤养育之苦，到头来仍使家长的希望落空。目标定位应以适中为宜，也就是说，孩子必须经过努力才能达到，稍有放松就难以实现，并使他们时时看到希望、事事想着目标，这才是父母应协助孩子完成的。

2.搞清孩子成长过程中一些以前未曾注意的因素

当今社会是一个开放的社会，孩子的成长环境已远远不同于其父母当年求学时的情景。家长应经过认真分析后，再与孩子就人生目标的问题平心静气地谈谈自己的想法，以求得共识。

第10章

用良好的沟通帮助孩子搭建人际关系的桥梁

帮助孩子正确对待偶像崇拜

　　网上有一则报道：大连市一位崇拜张国荣的16岁少女自杀，起因是她的母亲认为马上就要考试了，没有给她买张国荣的歌碟。少女自杀后，母亲找到孩子的日记，她在日记中写道："看到他，我不知哭过多少次。我喜欢他，不是因为他长得帅，而是他的那种与众不同的性格。他的一举一动、一喜一悲都令我心动。""我想他，哪怕一天能看一眼他的样子，我就满足了。""在我的世界里只存在张国荣，我只为他而活。"

　　近些年来，青少年因为追星而影响学业的现象很普遍，因为疯狂崇拜偶像而导致的自杀悲剧不断发生。

　　偶像崇拜是青春期的特征之一，由于这个时期的孩子已渐渐脱离父母的庇护，触角向外伸展，父母、老师不再是"伟大"的化身，而渐渐地有了新的"伟大"的标准。也许是容貌姣好，也许是地位卓越，可能是歌艺超人，也可能是机智不凡，一旦某人的特质让青少年心仪、羡慕，他们便很容易献出全部的热情，将他当成学习、模仿或仰慕的对象。"人不轻狂枉少年"，可以称得上是偶像崇拜的最佳诠释。从心理学的观点来看，适度的偶像崇拜对成长中的自我认知有相当大的帮助，孩子还可能透过对偶像的模仿学习到一些正向的行为模式。

　　现今年轻人崇拜的偶像变化极快，但每一轮的崇拜中，他们都那么狂热。何以明星的偶像生命并不长久，偶像崇拜现象的生命力却如此顽强？从心理学的角度来说，青少年们崇拜偶像主要有三个原因。

　　首先，追星的青少年是要追寻自我。当他们或早或迟地走过童年，面对纷繁的世界时，往往会感到无所适从："我是谁？我从哪里来？我要到哪里去？"他们这种内心深处的困惑缘于心中没有建立起一个稳定的自我形象，即所谓"自我同一性"。此时，他们开始思索自我的意义，他们急需一个看得见、摸得着的活生生的形象作为自我的代表。他们在公众人物中寻找那些具有自己欣赏的特点的人物，于是明星出现了。如果明星能够有足以让他们佩服的表演，就会成为被崇拜的偶像。从这个角度来说偶像是崇拜者的代言人，是崇拜者的理想自我，也是崇拜者心目中的未来。

其次，偶像也是青少年心目中父母的替代品。青少年在生理上有了突飞猛进的发展，但心理上的发展却远远滞后。由于生理上的发展，他们认为自己已经长大了，希望能够独当一面，渴望摆脱父母的控制。然而，他们有限的生活经验又使他们不能没有父母的帮助，这种矛盾状况使他们感到很苦恼。因此，他们选择崇拜拥有能力、地位和独立精神的偶像，希望通过偶像崇拜来实现独立自主的目的。某种意义上，这不过是将偶像代替了父母，让偶像来行使父母对自己的控制。

再次，偶像崇拜也是青少年融入自己团体的一种手段。有些追星族是为了保持与同伴的一致而被卷入追星的行列的，相形之下他们是"二流"的追星族。他们追求的是让自己有所归属，是为了让自己和别人知道他们属于那个团体，所以他们需要知道大家正在讨论的明星的生日、星座和爱好。

客观地说，崇拜偶像能满足孩子的某些心理需要，对其成长有一定的好处。特别对于青少年而言，随着年龄增长，自我意识增强，父母和老师的权威减弱，但自身还未真正成熟，所以需要有新的参照和学习对象。由于娱乐明星外貌或才艺出众，而且总处于大众关注的焦点，显得很风光，所以很容易成为青少年追随和模仿的对象。崇拜偶像也有一定的情感寄托作用。青少年逐渐脱离对家人的感情依赖，但是青春期情绪波动不稳，仍需要有外在的情感依托和情感表达对象。对偶像适度的追随和模仿，有助于使青少年确立自我认同，宣泄和平衡情绪，并为进入成年角色做好准备，而且对他们来说，欣赏和喜爱影视、歌曲作品，本来就是一种精神享受。

大多数孩子的"追星"仅限于收藏几张他喜欢的"星"照贴在床头，听该"星"演唱的歌曲，或偶尔花钱买票听该"星"的演唱会，搜集该"星"的一些生活资料……如果仅限于这些，做家长的不应横加干涉。孩子紧张学习之余，听听流行歌曲，让生活丰富多彩些，会更有利于其健康成长。

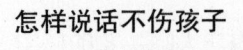

但是，追星是一种非常情绪化的行为，容易理想化、浪漫化、绝对化，出现极端、冲动甚至疯狂的情绪和行为，不仅危害孩子的身心健康，还可能拖累家人。所以在肯定崇拜偶像有一定积极作用的同时，应该防止孩子崇拜偶像走火入魔。

亲子正面沟通秘诀

研究发现，有些人年少时选择具有领导能力的人作为偶像，他们长大后比一般人更能承受责骂、父母离异甚至重病的打击。可见，为孩子选择偶像有多重要。其实，孩子生命里的第一个偶像大多是自己的父母，其比例可达82%，为人父母者真该小心言传身教。

有乐观的父母才会有开朗的孩子，不论你是热爱工作，还是待人热诚，孩子都会全盘模仿，并会以你所拥有的办事效能、技巧、成就甚至体能作为榜样。可能你会觉得自己做什么都不在行，但你待人接物的态度，你的理想、志向、信念都是献给孩子的最丰厚的礼物。

随着孩子日渐长大并开始独立，他们所崇拜的偶像也会有所转移，新目标可能是祖父母、玩伴的父母、家庭医生、电视剧中接触到的人物等。此时，父母可以多鼓励孩子模仿这个人物的正面行为，不妨多安排些聚会，让孩子与他的偶像多多接触。

那么，做父母的应该怎样帮助孩子对待偶像呢？

1. 要让孩子明白偶像只是在某个方面很杰出，在其他方面也很普通

可以引导孩子主动说出自己偶像身上的不足，比如其偶像的发型、服饰、表情、习惯动作、口头禅等。同时要帮助孩子学会分析，用理智来面对明星。让孩子清楚认识到明星也是人，他们一定也有许多缺点，并不是所说的每一句话都是真理，每一种行为都是美的。

2. 帮助孩子看到明星的艰难

有意引导孩子多向思维，不要一味批评，不要激化矛盾，应学会支持孩子对的一面，指出片面的地方。告诉孩子，明星的成长历程也有勤奋、有辛酸，要看到他们鲜花掌声后面踏实的努力。

3. 要培养孩子多种兴趣爱好

帮助孩子把注意力从偶像身上转移到其他活动中，比如运动、书画、音乐等。日本著名心理学家森田正马指出，大多数心理疾病的原因都是"精神交互作用"：对某些片面信息注意越多，越容易把它看得很重，如此形成恶性循环，最终导致心理障碍。当从许多活动中都能得到乐趣时，就不容易执著于某一种乐趣。而且当某种活动受到挫折的时候，还能从别的途径获得乐趣，从而保证心理状态不失去平衡。

帮助孩子树立正确的审美观

场景一：雯雯的妈妈每天早上给雯雯穿衣服时都会被她气晕头。因为雯雯每天一早穿衣服要自己选，而且选的衣服经常跟天气情况不符，如果你不满足她，她就大哭大闹。老师说六一儿童节那天要统一着装，雯雯就每天问："今天老师要给我们穿新衣服吗？"等到发服装这天，老师告诉小朋友："只能试一下，要等到表演时才能穿。"可雯雯就不听，妈妈知道她会这样，还专门让老师单独给她讲了一遍，可雯雯还是一回家就忘，想穿新衣服，便开始跟妈妈闹。

场景二：孙先生最近很苦恼，他是一名普通职员，家庭收入有限，但他儿子却特别爱穿名牌，衣服、鞋子，甚至连书包都要名牌产品。给他买吧，力不从心，不给他买吧，儿子又吵闹不休，弄得他不知道该怎么办才好。孙先生说，每次拒绝给儿子买名牌产品时，儿子都要反驳说，他们班级里大部分学生都穿名牌、用名牌，凭什么自己就不能拥有呢？儿子的反驳让孙先生无言以答，他觉得很为难。

进入青春期的少男少女，如同蚕休眠、蝉蜕皮、蛹变蝶，是一个脱胎换骨、自我认知的过程。青春期的孩子追求美，是他们自我意识觉醒、追求独立自主和完善自我的必要成长过程，而并非学坏。青年男女进入青青发育期后开始出现关心自身的美、关注异性身上的美的心理，这是性审美心理的一种体现。

孩子从懂事起往往就有种种爱美的表现，但爱美心理的真正觉醒，并鲜明地表现在行为之中，是伴随着性的日益成熟而来的。追求自己更美一点，表现出对自己的美的欣赏与喜悦，表面看来好像只是为了自己，其实深埋在这种表象后面的本质却是为了他人，特别是为了给异性欣赏。

尽管有人打扮自己有引起别人注意的明显意图，有人则只是一种潜意识，其本质是一样的。对自身美的关注与追求所体现的爱美心理间接地反映了人们的性审美意识，对异性美的关注与追求所体现的爱美心理，则更为直接地反映了人们的这种意识。对自身美的关注与追求正是为了吸引异性从而达到对异性美的追求，这是一个事物的两个方面，它们都体现了爱美心理的性审美特征。

因此，随着性成熟而觉醒起来的爱美心理是符合人的生理心理规律的正常心理。

女孩子或者是男孩子在一段时间爱打扮是正常的，因为对异性好奇和感兴趣，希望吸引别人对他们的关注，有一种特别的表现欲，希望大家关注他们。其实，现在处于青春期的孩子都很"爱美"，可是，他们的审美观常常出现偏差。在他们眼里，时下流行的就是美。于是，在没有考虑是否符合自己身份、年龄的情况下，就盲目地去效仿、跟风。他们上身穿校服，下身穿着运动裤，腰间挂着几根金属链。原本好好的头发，非要弄得像乱草一样。

如果女儿只是尝试用妈妈的化妆品，或者儿子换了一种新潮的发型，家长大可以把这种现象当做普通的爱美之心，并对他们进行小小的肯定。如果反对孩子的某个装扮，就应心平气和地和他们讲清楚反对的理由。千万不要拿出家长权威，居高临下地强迫孩子接受自己的意见。

但是如果孩子迷恋奇异的装扮，狂热的追求名牌，这就需要正确地引导了。

孩子爱穿名牌，主要出于以下两种心理。一是显示自己身价。名牌服装不仅在审美情趣上要高出普通服装，在价格上更要高出普通服装几倍甚至几十倍，所以许多孩子都把穿名牌服装看做显示自己家庭经济实力和审美水平的标准，似乎只有穿上了名牌才能抬高自己的身价。二是从众心理作用。名牌之所以成为名牌，并不是从一开始设计出来就成为名牌的，而是经过人们多年的使用之后得到认可，才在公众中树立起一种稳定的信誉和牢固的地位。孩子们看到某些明星穿名牌，在从众心理的作用下，便产生了想穿名牌的念头。这两种心理还是不够健康的，攀比心理会分散学习精力，从众心理是盲目的，而且还会加重家庭的经济负担。父母要耐心教育孩子克服这些心理问题，让孩子对名牌有个正确的认识。

亲子正面沟通秘诀

家长是孩子的第一任老师，又是孩子体验美的开拓者。父母在引导孩子树立正确的审美观方面应该注意以下几点。

1.走进孩子的审美标准

不要总是说孩子不听话，因为父母可能不了解孩子。要教育孩子，首先要了解他们，连他们正常的心理发育都不了解，很难因势利导。出现问题之前就要有预先的防备，否则提前的教育就很难展开。要做21世纪的好家长，不要以祖祖辈辈留下来的旧观念教育孩子，因为21世纪信息量是很大的，孩子的阅读能力和对信息的接受跟家长小时候相比是有天壤之别的，社会改变了，家长如果不跟上，就无法教育孩子。父母与孩子之间容易产生审美标准上的分歧，这应通过讨论、比较、相互沟通来解决，而不应将自己的认识、观念强加给孩子。

2.告诉孩子你的底线在哪里

孩子们在青春发育期受到来自各方面的压力，他们身体的里里外外都在变化，经常想知道真实的自我是什么。因此，家长和十几岁的孩子要敞开胸怀真诚地交流，对孩子的选择表示尊重很重要。同时，在你真正尊重孩子的选择的时候，你还需要和他有坦诚的交谈，谈谈底线、责任问题，让他知道什么是你能容忍的，什么是你不能容忍的。谈话可以包括各种不同的话题，这样他就不会觉得你只针对一件事，也要了解什么是他能容忍的，什么是他不能容忍的。

3.拒绝孩子的过分要求

在经济条件允许的情况下，家长可以偶尔给孩子买一些名牌产品，而对于过分迷恋穿名牌的孩子，家长不要轻易"投降"。有的孩子由于家长不能满足自己的欲望，便又哭又闹，甚至以不吃饭、不学习相威胁。家长们在又气又恨、又怜又爱的心情下常常会作出让步，这只能助长孩子的高消费心理和一意孤行心理，使他们得寸进尺。因此，家长们在遇到这种情况时，一定不要向孩子妥协。

4.让孩子了解家庭经济状况

许多孩子从小生活在优越的条件下，不知父母的辛劳之苦，更不知道家中每月的收入多少、支出多少、余额多少，对于父母每天要付出的劳动更是不了解。所以，如果有可能的话，家长可以带孩子到自己的工作单位去参观一下，让他们了解父母劳动的艰辛以及工资的来之不易。家长还可以让孩子记录家中的收支情况，使孩子了解家中的消费水平。即使经济条件比较好的家庭，也要教育孩子懂得节俭，这对每一个家庭、每一个人来说都非常重要。

5.避免诱发孩子的名牌心理

孩子心中的"名牌热"，有些可能是父母无意识诱导的结果。他们无非认为父母给自己买的衣服贵就是名牌，而父母往往有意无意地说些推波助澜的话，比如这是什么牌子的，穿了就是漂亮等，使孩子有了胜人一筹的优越感，更有可能让孩子滋生炫耀心理。因此，身为家长，平时不要过多谈论名牌，也不要炫耀和过分追求。

作为家长要承认你的孩子是个独立的个体，尊重他的选择，赏识孩子装扮上的长处，哪怕这种选择与你所希望的不同。

当然也要帮助孩子理解青春自然美和修饰美的区别。告诉孩子"只买对的，不买贵的"，关键是要大方得体、适应场合。

鼓励孩子多与老师交心

　　有一位表现积极、工作负责的体育委员，在一次体育课外活动中，体育教师没有认真听取他的合理化建议，武断地对他进行了批评，挫伤了这位学生的工作积极性，使他对体育教师产生了对抗心理。具体的表现是：情绪低落、孤僻，对学校的体育活动不再像以前那样积极负责了。

　　这位学生的这些变化未能引起体育老师的重视，致使师生之间的心理距离越来越远。上体育课时这位体育骨干不光是消极对待学习，偶尔还故意犯些小错误。每次犯错误后，体育老师都采用简单的方法处理，有时是粗暴地批评，有时是不闻不问，后来干脆撤销了这位同学的体育委员职务。

　　职务被撤销之后，这名学生的情绪更是一落千丈，上体育课总是迟到，甚至旷课，后来产生严重的厌恶体育的心理，干脆再也不参加体育活动了。

　　这名体育委员的行为，其实是青春期孩子在特有的应激反应之下所产生的激动情绪的极端化表现。青少年的大部分时间在学校里，就免不了和老师交往。多数人都有这样的体会：与哪个老师关系比较融洽，喜欢上哪门课，哪门成绩就好；如果与哪个老师关系不和谐也会殃及那门课，这大概也是爱屋及乌的反映吧。

　　小学生几乎都把老师当成偶像，认为老师是世界上最有学问、最值得尊敬的人。到了中学，随着自我独立意识的增强，初中生们渐渐学会了评价老师，对老师不再盲目地喜欢和崇拜了。有的人更是只看到老师的缺点，说老师太严厉了，对学生没有好脸色；说老师太偏心了，就向着学习好的学生；或者认为老师太主观臆断，不调查清楚事实就乱批评人等。这些同学对老师有了意见可又不愿意给老师提，怎么办呢？就用一些不妥当的行为来发泄，比如给老师起绰号、上课故意捣乱、当众顶撞老师等。这样做的结果必然会造成师生之间出现矛盾、关系紧张，其最终结果是影响孩子的学习和身心健

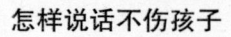
康。那么，都是什么原因导致孩子不喜欢老师呢？

（1）没有得到老师的重视。老师没有让孩子当小干部，没有给他一定的工作任务，甚至在课堂上很少向他提问，或者老师从来没有跟他交谈过。

（2）孩子对某科的学习缺乏兴趣，成绩不好，即使老师没有对他批评、责备，他自认为学习不好，老师不会喜欢自己，于是对老师缺乏感情。

（3）因为纪律问题或个别错误受到老师的批评过多、过于严厉。受到太多、太严厉批评的孩子，在老师面前缺少成功、愉快的心理体验，易造成感情上的隔阂。

（4）被老师冤枉过，老师又没有认真承认自己的失误。老师教育、批评学生时，难免出现错误，有的孩子被冤枉了，耿耿于怀，产生委屈甚至怨恨情绪，与老师感情疏远。

亲子正面沟通秘诀

一般来说，孩子不喜欢老师是因为不能忍受老师对自己冷淡的态度，或不能接受老师对自己的批评而对老师产生的一种抵触情绪。而这种负面的情绪会直接影响孩子的学习兴趣和学习效率，应该引起老师和家长的重视。家长要做好以下工作。

1.给孩子创造宽松、自由的诉说氛围

要给孩子创造一种宽松的、自由的发表意见的心理氛围，使孩子毫不隐瞒地讲清楚老师批评自己的原因，以及对自己的态度和自己接受批评时的心情。家长一方面要认真听取孩子对事情的全部经过的陈述，以及孩子对老师批评和处理意见的看法。另一方面要冷静地分析孩子产生抵触心理的主要原因，并采取适宜的方法予以解决。

2.让孩子学会换位思考

要注意培养孩子的"同理心"（即人的心理具有的识别他人的情绪，并对其作出适当反应的一种能力），让孩子学会站在他人的角度考虑问题和处理问题，创造情景让孩子亲身体会老师的难处，并在这个过程中改善师生间的关系，减轻或避免孩子对老师的抵触情绪。切忌在没搞清事实真相之前就

简单粗暴地批评孩子或对老师表示不满。应教导孩子：一方面要尊敬老师，尊重老师的劳动；另一方面，要正确对待老师的过失，委婉地向老师提意见。告诉孩子，人无完人，老师也难免有缺点，对老师要理解和宽容。

3.积极配合老师教育好自己的孩子

家长要了解孩子在学校的表现，老师也要了解孩子在家中的行为，这对家长和老师共同教育孩子、避免孩子对老师产生抵触情绪是极其重要的。而只有家长与老师经常保持密切的联系，才能步调一致、有的放矢地对待孩子成长过程中各种合理的需要，并施以有效的教育，使孩子在老师的教育中体会到受教育的愉快。当然在某一个问题或某一件事上，家长与老师可能有不同看法和意见，这时候要避开孩子互相交换意见，而不可以当着孩子的面争辩。否则，会造成孩子思想上的混乱或无所适从，甚至使孩子养成两面派的坏毛病，或造成家庭教育和学校教育两种教育作用相互排斥或抵消的不良后果。特别要强调的是，家长切不可当着孩子的面讲有损老师尊严的话，同时，要让孩子懂得，对老师的尊重并不等于认为老师做的都对，对老师有意见就应该向老师提出来，只是需要讲究一些策略，最好是在事后找老师谈心，说明实情，消除误会。

作为家长要多鼓励孩子多与老师交心。如果孩子过于害羞、胆怯，那么可以鼓励孩子以书面形式与老师交流，并主动写出自己的想法和打算。

接纳孩子的伙伴，鼓励其多交朋友

"一起去公园转转吧！"节假日里，父母好不容易安排妥当一次充满温馨的出游，可孩子的反应已远远不再是童年时的欢呼雀跃，取而代之的那份勉强与拖拉倒像是你让他去拔牙："非得我也去吗？"更有甚者，干脆一口拒绝："不行，我和同学还有事呢！"后来你才得知，所谓"有事"不过是陪同学或朋友去商场挑一张音碟而已。

为了孩子的生日，父母转了无数商场，跑得腿脚发软，精心挑选了合体的衣服作为礼物，可是孩子完全不领情。更让父母伤透心的是，在孩子甜言蜜语向自己争取到生日聚会的赞助以后，名单中却没有自己……

如果你已经有了上述案例中类似的经验，切莫气愤伤心，因为你并不孤独，有许多家长与你一样有着共同的感受；如果你还没有这样的"机会"，也别太早得意，因为你恐怕在劫难逃。在子女的青春期内，这是一道少不了的风景线。不必埋怨孩子"没良心""不懂事"，更不用怀疑自己什么地方没有尽职以致孩子疏远了你。就如同孩子在三四岁时，曾有一段什么都要"我自己来"一样，这是又一次生命的飞跃。

心理学家对此有个十分贴切的称呼：心理"断乳期"。身为父母者都知道，无论是母乳还是牛奶喂养，婴儿断奶后的营养非同小可。蛋白质、维生素、脂肪、糖类等样样都少不得，因为这些将替代母乳和牛奶供给孩子身体发育所必需的一切，几乎所有的家长对于孩子断奶后的营养问题都关心不已。从人的心理发展来说，青春期与婴儿断奶期十分相似，是一个心理"断乳期"，而友谊则是心理"断乳期"的食粮。

在童年时代，父母亲可以说是孩子最重要的心理支撑，不懂的事情问父母，不会做的事情找父母，是非的判断顺从父母，得失的取舍请教父母……一切都那么自然。而到了青春期，由于独立感和成熟感的出现，使得他们不愿意再像以往那样依赖父母，不仅如此，他们还非常自觉和迫切地渴望摆脱父母的控制。但实际上，青春期的所谓独立和成熟依然是十分有限的，并不能够真正保证他们应付生活中的复杂内容，这就形成了孩子既不愿意依靠父母，又不能够真正独立的现象。于是，就像离开了母乳却不能离开蛋白质、维生素、脂肪等其他营养物质一样，同龄人的关系密切和突出了，并且在他们的生活中占据了无可替代的重要地位。因为同样的发展和变化，使得青春期的同龄人经历着同样的感受，体验着同样的需求，他们每个人都在完成着生活重心的转换——从依附性为主到独立性为主。这些共同的感受和需求使得同龄人之间形成了深深的"利益共同体"，他们一同经受"成长的烦恼"，一同品味"成长的欢欣"。顺理成章，他们彼此之间最情愿也最能够提供相互需要的支持，提供相互需要的帮助。于是，他们将朋友看得特别重要，他们对友谊无比忠诚。他们在一起，似乎有说不完的话题，为了彼此的利益，甚至顶撞家长。他们常说，"我们同学都是这样说的""人家都是这样穿衣服的"等。在种种家长们看来没有道理甚至近乎荒唐的言行后面，实际上存在着一大堆的道理，那就是：同龄人的行为准则就是我的行为准则。

即使最溺爱孩子的父母，也不会盲目到让子女靠母乳或牛奶长大。对于青春期子女的交往和友谊，也应抱有同样理性的态度。友谊是他们心理"断乳期"的精神食粮，千万别加以剥夺或者进行阻碍，除非你想让孩子一辈子停留在童年。可以说，没有密切的同龄人关系，没有在一定程度上的与父母的疏离，孩子的青春期就是有缺憾的，他们从童年到青年的过渡就是不完美的。如果你的孩子基本没有朋友，那绝对是一件值得重视的事情，你应当帮助他找到原因，补上这青春期的重要一课。

社会心理学常识也告诉我们，每个人都是从他人的眼中认识自己的，因此，如果你希望孩子具有健康的自我意识，那么请鼓励他去结交朋友，他在与同龄人的交往中会获得建立准确的自我概念所需要的各种信息，在团体活动中体验自我价值。

亲子正面沟通秘诀

如果你希望孩子具有健康的自我意识，那么请接纳孩子的伙伴，让他在团体活动中体验自我价值。作为一名开明的家长，要做好以下的工作。

1.请为孩子提供一个宽松民主的家庭氛围

家庭氛围宽松、民主才能培养出性格平和的孩子，孩子才能平和地与别人交往，成为同学们心目中的好伙伴。让孩子在充满善意的、宽松的环境中长大，保证他有健全的人格、健康的个性品质，这是孩子成为受他人欢迎的人的基础。

平时串门时尽可能把孩子带上，使孩子有机会接触各种各样的人，有机会学习一些社交的礼仪和规矩。培养孩子倾听、赞赏他人的技能，让孩子公开地表达自己的感情，并杜绝他们吃吃喝喝交朋友的想法。

2.请不要对孩子的交往横加干涉

建议家长少发这样的议论："你为什么要与某某来往？他……"首先，这是十分不公平的，大多数青春期的孩子还未定型，随便地给他们贴上"坏孩子"的标签太轻率了。其次，孩子选择朋友有他自己的标准，可能某个孩子确实有这样那样的毛病，但更可能具有你所不知道的某种可贵之处，而那正是你的孩子极为珍视和需要的：或许他们有共同的爱好——足球、集邮，或许他们在性格上互补——一个内向谨慎，一个活泼开朗。另外，少男少女的友谊往往比成人纯洁得多，用成人世界中或多或少的功利甚至势利的经验来评判，本身就是对孩子们美好情谊的亵渎。

3.请不要让孩子有某些特权

让孩子多接触同龄的孩子，要给予他们发展独立性的自由，尽可能让孩子与邻里的孩子交往，要以平等的观念待人。并让他在穿衣、交通、玩耍、零花钱等方面与其他孩子一样，不要让孩子有某些特权。不要使自己的孩子产生一种以自己为中心的思想，这样会不利于孩子今后的发展。

4.请培养孩子尊重他人和赞赏他人的习惯

让孩子努力倾听和了解周围人的思想和感受，积极沟通情感。认真听完别人的讲话，不要轻易打断别人的讲话，别人的个性、特长、信仰、习惯、爱好等均要尊重。要做到不侮辱别人，不伤害他人的自尊心。并学会尊重他人、信任他人、谅解他人、乐于助人，学会调节集体和个人的关系。在孩子的交往过程中，培养他们多看别人长处、少看别人短处，向前望而不要向后看的习惯。在让孩子感受到他人优点的同时，还要提醒孩子赞扬他人的优点，并从他人身上学习各种可贵的品质。

5.请正确对待孩子交往中出现的冲突

孩子们在交往的过程中出现一些冲突和争执是很自然的，家长不应过多干预，要尽量让孩子们自己去解决。通过独立解决冲突和争执，使他们学会协调、同情、忍让等处世技巧，这往往是在与成人的交往中学不到的。同时，家长要注意培养孩子化解矛盾的责任心和能力，使孩子在调解冲突的过程中学会倾听对方的陈述和观点，从而掌握解决问题和化解矛盾的能力，并

学会判断，能够创造性地解决争端，而不是采取被动或侵犯的方式；懂得必须照顾每一方、每个人的需要，使各方都在最小矛盾的情况下和平相处。

正确对待孩子的异性朋友

小百合读初三，是班上品学兼优的好学生。最近妈妈发现小百合的书包里有男生的电话号码，而且放学常有男生陪伴回家。为此，妈妈大为恼火，决定采取强硬措施，将这些不良苗头消灭在萌芽状态之中。于是妈妈严格规定，小百合放学15分钟后必须到家，此外还时常出其不意地出现在小百合放学回家的路上，以观其动态。

在家里，妈妈一听到有男生来的电话，马上挂断，并一个劲地询问打电话的是谁。小百合自幼都很听妈妈的话，但对妈妈的这种做法百思不解。她哭着对妈妈说："这些都是班上的同学。最近班上开展一对一活动，自己是干部，有责任帮助同学。再说，我们也没有做什么嘛。"妈妈一听更火了，大声地说："帮助同学干吗非找男生？马上就要中考了，自己都忙不过来，还帮别人，万一帮出事怎么办？不行，我不同意！"

没过几天，当妈妈又发现小百合和一男生在放学路上边说边走时，顿时怒不可遏，冲到那个男生面前，气势汹汹地说："你跟着我们小百合干什么？小流氓，给我滚开！"小百合一听着急了，拉着妈妈说："我们在谈明天的活动课。"妈妈根本不听，不由分说地拉住小百合就走了。

回到家后，妈妈把小百合狠狠打了一顿，并且非要让女儿说清楚和那个男生是什么关系。无论小百合怎么申辩她都不信，干脆把小百合关在屋里，并说："不说清楚不准吃饭！"小百合被关在屋里越想越伤心，她不明白为什么妈妈会变得如此反常，自己又错在哪里。如果班上同学和老师知道了，该怎么想？她突然感觉有口难辩，伤心至极，大声地哭了起来。

许多孩子都对家长的过分管束非常不满。有的孩子说，父母经常私拆他

的信件，偷看他的日记；有的孩子说母亲"像特务一样"监视他与异性同伴的交往；还有些孩子埋怨母亲一发现自己与异性同学在一起，便格外紧张，不给异性同学好脸色，弄得自己很难堪……

应该说，家长的这种心情是可以理解的，现在的独生子女生活条件好，性成熟提前，早恋现象在中学已很普遍，家长适当地过问孩子与异性的交往也是无可厚非的。但家长同时应该明白，处于青春发育期的孩子，渴望与别人交流心里的感受，渴望别人的关注、认同，他们渴望友谊就像植物渴盼阳光一样，他们不但喜欢同性、同龄、同志趣的朋友，更渴望结交异性朋友。

进入青春期的青少年，性生理上的急剧变化引起了心理上的一系列微妙而复杂的反应。异性间的相互交往及由相互吸引而产生的愉悦的情绪体验是一种良好的、积极的情绪体验，它不仅对身体健康十分有益，而且对整个心理活动都会产生良好的生理效应，它可激发人的潜能，使人敏捷活跃而奋发向上。这就是所说的"异性效应"。

这种"异性效应"对中学生有着积极的影响："异性效应"可使同学间相互取长补短、丰富完善个性；利用"异性效应"可以提高学习与活动效率，男女同学在一起学习有可能相互启发，使思路更加开阔、思维更加活跃，思想观点相互启迪，往往能触发智慧的火花；利用"异性效应"可以提高自我评价的能力，男女同学在评价对方的同时，当然也一定会注意规范自己、塑造自己、完善自己，从而在评价别人中学会评价自己，使自我评价的能力得到提高；利用"异性效应"可以激励自己奋发向上，青春期的男女学生都希望引起异性的关注，都希望能以自己某些特点或特长受到异性的青睐。男孩往往为此激励自己成绩优异，女孩子也不知不觉地对自己提出了要求：学习刻苦努力，举止优美大方，待人温文尔雅，言谈风趣，富有修养。这种相互激励就成为男女同学发展的动力和"促进剂"。

家长对孩子与异性同学的交往应保持一份平常心，纠正五种误解。

误解一：学生的主要任务是读书，与异性交往是长大以后的事。其实，成长包括很多方面。读书求知主要涉及智力发展，只是成长的一个方面。学会与人交往，包括与异性交往，是个人成长不可或缺的内容，因此，它也是

学生学习的任务之一，是一门意义重大的功课。这门课不在升学考试的科目之列，却会考人一辈子。如果真的等到离开学校，走上社会以后才开始学习与异性交往，很可能就会因为缺乏锻炼而成为这方面的"困难户"。

误解二：学生还不成熟、不懂事，不具备与异性交往的条件。人的心理成熟不可能靠坐等得到，与异性交往的技能也只能在实践中去摸索、去提高。事实上，一个没有学会与异性交往、没有达成异质社交性的人很难说是一个成熟的人。在一定的程度上，学习与异性交往是青少年走向成熟的一个重要途径。

误解三：与异性交往会分散精力、影响学习。研究发现，一个与异性交往很成功的人，往往情绪饱满、精力充沛，学习和工作的效率都很高。因此，与异性交往本身并不会对学生造成负面影响，相反可能还有积极作用。

误解四：与异性交往很容易发展为"早恋"，使孩子犯错误。心理学的研究表明，异性交往的动机多种多样，在很多时候并不是为了谈恋爱。即使是一对一的男女约会，也不能与谈恋爱画等号。虽然青少年还不成熟、容易冲动，但是他们都有自我保护意识和自制能力，在恋爱问题上一般会相当慎重。

误解五：如何处理异性关系不需要别人指导，到时自然就懂。对涉世不深的青少年来说，与异性交往是一个全新的领地，有很多的疑问和困惑。资料表明，在社会风气十分开放的美国也有相当一部分大、中学生把与异性交往当做一个难题。在观念相对保守，而且对青少年异性交往充满偏见的中国，不难想象青少年在这个方面的问题和困难更多。据一些心理咨询专家反映，我国青少年来电来信所寻求帮助的问题中，与异性交往有关的占了相当大的比例。

亲子正面沟通秘诀

异性友谊与"早恋"和"堕落"是不能简单画等号的。完全禁止孩子与异性朋友正常交往，反而会强化其好奇心。正确的做法如下所示。

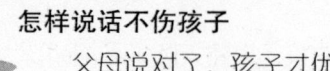
1.支持孩子与异性正常交往

男女同学正常交往和共同的集体活动符合学生的心理需要，有利于淡化中学生对异性的神秘感和好奇心，促进其形成健全的友谊关系，使人格得到健康发展。

2.对孩子进行理想前途教育

中学生处于求知的黄金时代，是智力发展的高峰期，对宝贵的时光要倍加珍惜。要帮助孩子树立正确的人生观、世界观，有崇高而远大的追求目标，避免其无谓地浪费时间和精力，这是防止和纠正早恋行为的最有效的办法。

3.充实孩子的学习和生活内容

在家里开展形式多样的学习和娱乐活动，丰富孩子的生活，使孩子充实、兴趣多元化。另外，家长要以身作则，做好榜样示范。父母的行为习惯对孩子的影响很大，家长作风的不检点很容易导致青春期的孩子好奇模仿。

4.使孩子正确把握与异性交往的分寸

应教会孩子正确把握与异性交往的分寸：

不宜过分亲昵。过分亲昵不仅会使自己显得太轻佻，引起他人的反感，而且还容易造成不必要的误会，即使是有一定亲缘关系或非常熟悉的异性同学之间也不要随意流露热情和过分亲昵。比如，在异性同学面前忸怩作态、举止轻浮，或异性同学之间拉手、拍肩，更有甚者，与异性同学进行亲吻、拥抱等。

不宜过分冷淡。因为冷淡会伤害对方的自尊心，也会使人觉得你高傲无礼、孤芳自赏。更不能对异性同学歧视、轻视或爱理不理等。

不必过分拘谨。在和异性的交往中，要该说就说、该笑就笑，忸怩作态反而使人生厌。反之，过分随便也不好，男女毕竟有别，有些话题只能在同性之间交谈，有些玩笑不宜在异性面前开，这都是要注意的。

同性依恋不等于同性恋

瑶瑶今年15岁，有个要好的同伴娜娜。一次，娜娜的妈妈在自家窗户外，发现两个女孩子在接吻，气得娜娜的妈妈把娜娜叫进屋就是一顿暴打，还说了一些比较重的话："你知道这是什么行为吗？这是同性恋，会毁了你……"

第二天上午，娜娜妈妈就给瑶瑶妈妈打电话说了此事，瑶瑶妈妈也挺意外。中午瑶瑶妈妈去瑶瑶学校接她放学，路上问她知道为什么接她吗？她说："知道，娜娜妈妈给你打电话了吧？"妈妈说："没有呀，她找我有什么事呀？不过有个电话我没接。"瑶瑶说："回家告诉你。"到了家，瑶瑶笑着有点不好意思地把那天的事说了，妈妈问她为什么这样呀？她说就是逗着玩，没什么意思，是娜娜妈妈误会了。瑶瑶妈妈当时没发火，就是像谈心似的和她说说两个女孩不要这样，谁看见都会那样想的。瑶瑶妈妈知道，这两个孩子平时在学校也是常在一起，书信以老公老婆自称。面对这样的情况，她真的很苦恼，怕说深了伤害到孩子，又怕没及时引导影响了孩子的将来。

很多学生喜欢将自己谈得来的同性伙伴称为"死党"，她们往往是同班同学，有着相同的性别和说不完的共同话题，整天形影不离。在校园中，经常可以看到两个女生或两个男生特别要好的情形，尤其是女生更为显著。她们一起上学，一起玩耍，一起分享快乐与忧愁，对其他同学的介入还会产生嫉妒。对父母、老师、亲戚都不说的秘密，她们相互交流。应该说，同伴中"死党"是处于青春期的中学生无话不谈的密友，是最了解自己"秘密"的伙伴兼"亲信"。

从儿童期过渡到青年期的生理和心理发育，大致要经历：两小无猜期、两性疏远期、两性爱慕期和恋爱期。但有些青少年在两性疏远期中可能有另

一种自然倾向——同性依恋。

心理学研究表明，青春萌动前期的少男少女渴望友谊，同时他们又正处于对异性的排斥阶段。在学校里，异性学生之间不能大大方方地交往，出现明显的男女生分界。在与同性朋友交往中，有些女孩子渴望结识年龄稍长的、能保护、了解和爱护自己的"姐姐"，有些男孩子则愿意和见多识广的人交往，特别崇拜有创造性、有独立见解、事业有成的"哥哥"。开始时是效法，进而发展成为爱慕依恋，这种情结的发展在两性疏远期是十分自然的。因为在这一阶段，异性之间的交往和亲近最容易受到同学们的注视和非议，而同性间的接近和亲热，则显得自然和安全，这种同性的友谊也容易带有爱慕色彩，进而出现依恋情结。这种青春期同性依恋毕竟与同性恋有区别，我们决不能把学校里的男女同性间比较要好或亲密现象一概视为不正常。

有同性依恋倾向的青少年，绝大多数很快会成长到两性爱慕期。同时，同性依恋并不等于同性恋，同性依恋与同性恋是两个截然不同的概念。正值青春期的少男少女，急切地寻找能理解自己的人，以能促膝长谈，倾吐心中的悄悄话，同时，他们又排斥异性。所以，他们的亲密朋友都是心心相印、以诚相待、息息相通的同性同龄人，这是正常的现象。由于这一时期的少男少女性生理处于发育阶段，性成熟现象普遍存在，这与他们幼稚的思想意识相矛盾，朦朦胧胧的性心理促使他们通过各种盲目的手段体验性感觉，如拥抱、亲吻、玩弄外生殖器等。其发泄对象多是他们亲密的小伙伴，所以不应该视为同性恋。

尽管如此，对少年时期这类同性相依现象切不可掉以轻心。因为同性之间过分地依恋，容易丧失自己的独立性和完整的人格，产生社会交往的不适应感，将自己囿于狭小的人际交往圈中，成人后容易发展成同性恋。如果青少年和同性关系异常、密切依恋，会产生只有和同性在一起玩耍交往才舒适协调的意识，到了和异性进一步交往的年龄时，可能仍然不愿意或害怕与异性交往接触，此时若缺乏正确的引导和教育，很可能导致其拒绝、厌恶异性，追求同性或独身。所以说，同性依恋现象也可能会对孩子的身心发展产生不利影响。

亲子正面沟通秘诀

虽然同性依恋不等于同性恋，但是正确的引导还是必要的。作为家长，要注意以下事项。

1.判断孩子依恋的原因

拿出一张纸来，让孩子想想如果和依恋对象分开，自己会怎样。不要单纯地让孩子写出：焦虑、伤心、难过等情绪，要让孩子写的是，比如和他分开自己就只有一个人，和他分开他就会和张三好……通过其写下来的线索，你可以知道孩子的依恋到底是出于哪种原因：对独立的恐惧？对父母依恋的转移？逃避异性爱？这样，你就可以知道在孩子的依恋后面真正需要的东西。一般来说，找到孩子真正需要的东西，着手解决就很容易了。

2.帮助孩子通过同性得到成长

因为孩子依恋的对象通常具有孩子自身没有而希望有的一些品质，现在，将孩子最欣赏依恋对象的品质写下来，并考虑通过什么样的方法，让孩子也能够拥有这些品质。当孩子也具有这些品质以后，他和依恋对象的关系就会变得自然了。

3.扩展孩子的同性交往圈

可在温馨亲切的气氛中，采取循循善诱的方法，鼓励孩子多交朋友，有意识地介绍几个与其志趣相投的男女同龄人给他认识，让他们共同学习、娱乐、交往，以逐渐减少特定的同性之间的依恋感。

4.鼓励孩子与异性交往

让孩子在与异性的交往中，感受到异性的优点，即便起初孩子因羞涩或者由于某些特定习惯觉得异性不好，做父母的也不应斥责或者冷眼相待，而应该鼓励孩子与异性继续交往下去，通过慢慢熟悉达到慢慢理解的地步。

5.鼓励孩子以独立心态交友

告诉孩子：同学之间关系亲密很正常，不过即使两个当事人之间没有问题，也要考虑到自己的行为能否被周围环境认可。同性间的交往，还是顺其自然为好，这样周围的人也才会感到自然。同时，要注意以独立的心态、独立的人格来进行活动与交往，不要对孩子言听计从，要让孩子学会保留自我。

早恋不可怕，关键在转化

曾小雪和妈妈就像好朋友一样，无话不谈。但是，自从小雪进入初中后，情况似乎发生了一些变化，她开始偷偷写日记，日记本上还上着小锁。女儿是怎么啦？妈妈可真想打开女儿的日记本看一看。但妈妈知道，女儿的秘密如果丢失了，心就会锁上，会对父母失去信任。于是，妈妈有意识地增加了和女儿在一起聊天的时间。

有一次，妈妈主动和女儿谈起自己青春期的一些心态，谈到自己少女时代对异性的好感。说到一些趣事，小雪竟听得哈哈大笑。笑过后，小雪若有所思地说："想不到你那时也这样。唉！"

"你是不是也有什么苦恼？"妈妈关心地问。

"妈妈，我很喜欢我们的班头，他的成绩非常好，而且长得很高大、帅气。只要一想到他，我就心跳加速，总是希望他能注意我。我该不是不良少年吧？"

"噢，这很正常的啊！你想想，你已经进入青春期了，进入对异性有感觉的人生阶段了。如果没有这种感觉，那才是不正常的呢！"

"你说我这算不算是早恋？"女儿忧心忡忡地问。

"傻孩子，这叫什么早恋啊！这只能算是异性之间的好感而已。当然如果你不用理智去控制，也有可能发展成早恋，那就会对学习、对人生带来很大影响，所以一定要学会控制。你已经长大了，我相信你一定能把握好自己！你不是希望他也注意你吗？你可以把自己各方面搞得更优秀，努力把学习成绩提高，争取超过他，让他反过来对你刮目相看啊！嘿，那时候你才荣耀呢！"

"对呀！"女儿高兴地说。

由于女儿化"爱情"为动力，加倍努力，期末考试时，她的成绩大幅提高，已接近班长了。小雪信心百倍地对妈妈说："下次考试我一定要超过他！"

青春期，人生旅途中一个非常特殊的时期——幼稚与成熟同在，烦恼与希望并存。青春期是直接关系和影响一个人一生荣辱与成败的关键时期。谁说"少年不识愁滋味"？少年时，确实会面临许多烦恼，会充满迷惘、感到困惑甚至手足无措，这是每个人成长都要经历的。

孩子早恋的常见心理原因可分为以下几个类型。

第一种是精神空虚型。青春期正是人的精力特别旺盛的时期，是长身体、学知识的大好时光。但是一部分孩子未能把充沛的精力用在学习上，他们对学习缺乏兴趣，又找不到合适的方式发泄这部分过剩的精力，于是早恋便来到了他们空虚的心灵之中。有的甚至同时与几个人"谈朋友"。

第二种是爱慕虚荣型。这种类型以女孩子居多。随着青春期的到来，加上流行的爱情歌曲和表现性爱的影视及书籍的诱导，少男少女的潜意识里产生一种渴望被认可、被赞美甚至被追求的冲动。如果她平时在学校里因成绩好或表现好常受到表扬，或在家里能得到家长的肯定，这种需要就能得到满足，分心的危险也就小些。如若不然，加上外部因素的诱惑，比如有人向她表示好感，甚至自认为别人在向自己表示好感，或遇到居心不良者出面介绍撮合，她就会分心。

第三种是盲目钟情型。进入青春期的中学生迈进了多梦的年华，对异性的好奇、对两性问题的兴趣有明显的增加，都或多或少地有了怀春的萌芽。大多数人的这种感觉如浮光掠影，一闪即逝。不过也有少数多愁善感的孩子会被它困扰。

第四种是好奇心理。随着年龄的增长，以及生理及性的逐渐发育成熟，青少年不同程度地对异性产生强烈的神秘感和好奇心理，并且时时有一种蠢蠢欲动的探索和尝试的愿望。他们积极观察异性，并试图通过同学、朋友、报刊、影视等途径寻求答案，或者用不正常的方式发泄和尝试。

第五种是模仿心理。有的青少年并不明白爱情的真正含义，但看见别人在谈"恋爱"，自己也跃跃欲试。而且群体之间有着"平行影响"，一个班级只要出现一对，马上就可能会有第二对、第三对。

第六种是逆反心理。有一种心理效应叫"罗密欧与朱丽叶效应"，是指青少年在恋爱初期，外人越反对，两个人的关系越紧密。外界越不让怎么做，自己越要怎么做，这就是逆反心理的表现。

对于青春期的孩子，家长最怕的就是孩子掉进情感的旋涡。因为家长有一套理论：孩子对异性发生兴趣，就一定会影响学习，甚至影响前程。所以，他们一旦发现孩子有什么情感方面的蛛丝马迹，不是搞侦察追究，就是围追堵截，采取各种手段防患未然。

对于青春期的男孩子长胡子、变声了，女孩子来月经、乳房发育了等现象，家长可能都极其平静，将其视为生命成长的一种自然。但青春期的孩子对异性有好感，喜欢跟异性交往了，家长就立刻感到紧张焦虑，甚至惶恐不安。

为什么我们尊重孩子生命的自然，却不尊重孩子的感情呢？原因很简单，因为我们没把情感看做是孩子生命的一部分，看做是孩子成长中自然流动的一种生命气息和情绪。其实，此时的孩子并没有真正接触到爱情的本质。在他们的感情世界中，具有和爱情截然不同的感情特点。

（1）朦胧性。越是紧张的时候，恋情越容易点燃。因为情绪太紧张了，人的感情变得异常脆弱，需要宣泄。这种情况下，谁能理解孩子，孩子就容易跟谁亲近，恋爱可以给人的情感以暂时的安慰，也可以让人逃避紧张带来的压力，还可以给害怕竞争的人以借口。孩子以为这是在恋爱，其实呢，他们还分不清在这种情感中友谊与爱情的界限。

（2）变异性。18岁之前的"爱情"的特点是：主要是被异性的外貌吸引，其次是性格或专长的吸引，因此常常很不稳定。也许孩子今天对一个人迷恋得茶不思、饭不想，几天之后又觉得他一无是处。

（3）单纯性。孩子只觉得和对方在一起很愉快，没有成年人谈恋爱时对家庭、经济等多方面的理智考虑。

（4）矛盾性。面对感情变化的漩涡，孩子无法自拔，内心充满了矛盾，既想接触又怕被人发现，过程中愉快和痛苦并存。

亲子正面沟通秘诀

如果你的家里有一个正值青春期的少男或少女，在其早恋这个问题上该怎么处理呢？

1.理智地面对

当你发现孩子的情绪有了波动时，不要慌张，也不要"横刀立马"地挡在孩子面前，请认识到孩子的成长，并对他的长大表示祝贺，它说明你的孩子已经被人关注、被人欣赏了。但同时，也要提醒孩子，这其中的喜欢，并不是真正的爱情，它是青春期性发育成熟时的性意识萌动，它飘忽不定，很难长久。

2.让孩子正确对待，敢于说"不"

必须让孩子明确，此情暂不宜接受。可以告诉孩子，此时两个人前途未定，可变性还很大，实际最终成功的可能性极小。从情感上说，大都是一时的冲动，难以永久；在意志上，自制力差、感情用事，易做出"越轨"的事情；从经济上看，远未具备恋爱的经济基础；从精力和时间上看，必然出现与学习争精力、争时间的矛盾现象，从而影响前途、丧失机遇，那真是得不偿失。总之，要让孩子意识到，无论从哪个方面看，都不宜贸然接受人家轻率抛来的绣球。

3.帮助孩子进行冷处理

自己和孩子一道注意保护对方的自尊心。告诉孩子不宜轻易嘲讽、训斥、谩骂对方，或随意报告老师，向同学公开，使人家难堪。这样是不理智的，也是不文明、缺乏修养、不尊重人的表现。对方写信、递纸条多半是在一时的感情冲动之下进行的一种试探，对此孩子可装作若无其事的样子，照常与之正常交往，既不过于疏远和回避，也切不可过于热情、亲近，可略冷淡，让对方了解自己的心意。这样既不伤害人家，也让对方知道这只是一厢

情愿，并顺便给其一个"鸣金收兵"的台阶下。

4.将孩子的爱慕对象朦胧化

青春期孩子的爱慕对象比较朦胧，常常是某一类型的理想化人物或是生活中的近似人物。家长往回拉一拉，就可以拉回到友谊上来；推一推，就可能推向早恋。如果孩子接到的情书，正是他所喜欢的对象，我们用近似人物将爱慕对象模糊化、群体化，是有效果的。比如对所有有特长的学生进行评价，将每个同学的优点帮孩子进行一下分析，让他感受到，自己喜欢的对方不过是大众中的一个。

5.采取接纳的态度，认真听取孩子的感受

只有孩子信任父母了，才有可能采纳父母的意见，接受父母的影响。平时应该建立良好的亲子关系和畅通的沟通渠道。经常制造亲子密切交流的机会，多倾听、多了解孩子的心声。注意不要有偷看孩子的日记和跟踪孩子等不适当的行为。